李双辉 编著

FALÜ DE WEIDU
FALISUYUAN YU SHIDAIZHIBIAN

法律的维度

法理溯源与时代之辨

中国政法大学出版社

2025 · 北京

图书在版编目（ＣＩＰ）数据

法律的维度：法理溯源与时代之辨 / 李双辉编著. -- 北京 ：中国政法大学出版社，2025. 9. -- ISBN 978-7-5764-2059-3

Ⅰ. D920.0

中国国家版本馆 CIP 数据核字第 202569SY96 号

出 版 者	中国政法大学出版社
地 　 址	北京市海淀区西土城路 25 号
邮寄地址	北京 100088 信箱 8034 分箱　邮编 100088
网 　 址	http://www.cuplpress.com (网络实名：中国政法大学出版社)
电 　 话	010-58908586(编辑部) 58908334(邮购部)
编辑邮箱	zhengfadch@126.com
承 　 印	北京旺都印务有限公司
开 　 本	720mm×960mm　1/16
印 　 张	15
字 　 数	260 千字
版 　 次	2025 年 9 月第 1 版
印 　 次	2025 年 9 月第 1 次印刷
定 　 价	59.00 元

编委会

指　导：李双辉

编　委：李诗格　陈　果　张铭芯　李明润　邹一帆　高　源
　　　　徐亦畅　陈映竹　徐纤瑞　王　忞　汪嗣杰　赵子博
　　　　袁祥悦　陈　萱　肖琼芳　廖桢钺　张杨杨　邓伊鸿
　　　　尹铭育　高家农　何钰婷　田沛鑫　王艺潼　夏静远
　　　　郑萌雨　高妍丹　杨曾曾　张永坤　李南希　周　瑞
　　　　聂天成　闫丹丹　梅艺凡　马钰涵　黄安笈　何香仪
　　　　陈培杰　江文馨　魏嘉琪　王悦桐　高亦悦　郭奕萱
　　　　朱俊洁

目　录

第二编　英美法哲学精粹

第三编　欧洲法学综观

第一编
中国法治演进

法治现代化语境中中国传统法律文化的定位
——读张中秋《中西法律文化比较研究》

　　20 世纪 80 年代，我国掀起关于文化研究的热潮，至 20 世纪 90 年代，关于我国传统法律文化的研究如雨后春笋一般问世。张中秋《中西法律文化比较研究》（以下简称《研究》）的第一版也是在此时面世的。正如张中秋在书中所写的那样："文化的中西比较与中国的现代化有着深切的关系……只要现代化对我们来说仍是一个有待实现的理想，文化研究是永远不会冷却的，真正的文化研究只能说刚刚开始。"[1]随后，我国的学术界确实也对法律文化的研究保持着较高的热情，张中秋《研究》一书已经经过了多次修订。

　　相关的学术成果早已卷帙浩繁，本文将目光聚焦于张中秋的《研究》一书主要考虑两个方面：一方面，《研究》在三个维度上仍有挖掘出为法治现代化建设提供"燃料"的可能性。从时间的维度来看，根据对已有的成果进行的考察，《研究》是我国关于中西法律文化比较研究的"开拓者"之一。[2]从内容的维度上来看，《研究》中的结论是建立在作者对大量有价值的材料分析的基础上，具有系统性和真实性。从功能的维度上来看，《研究》中贯穿着有关于法治现代化的思考。值得注意的是，《研究》对法治现代化的启发并不局限于书中的知识，也与为知识设定框架的方法相关。其中最有意思的是，《研究》四次修订揭橥的价值倾向也在理念层面为法治现代化提供了宝贵资源。另一方面，挖掘《研究》仍有必要性。通过梳理《研究》的书评，发现

---

〔1〕　张中秋：《中西法律文化比较研究》，南京大学出版社 1991 年版，后记。

〔2〕　徐忠明：《比较视野中的中国传统法律文化之特点——张中秋〈中西法律文化比较研究〉读后》，载《比较法研究》2000 年第 2 期。

最直接的原因大致可以分为三类：①对全书本身展开介绍性的评论。[1]②通过某一理论视角分析书中涉及的具体问题。[2]③认为书中某些观点存在"瑕疵"并与作者商榷。[3]站在"前人的肩膀上"，不免发现这些宝贵的学术资源面对法治现代化这一大工程简直是"杯水车薪"。法治强则国强、法治兴则国兴，没有法治化就没有现代化。[4]关于如何将中华优秀传统法律文化转化为推进法治现代化"燃料"的技术路径探索成果早已汗牛充栋，但是人们似乎都预设中华优秀传统法律文化具有助力法治现代的自然能力。但是从纯粹理论的角度来看，法治现代化旨在实现从传统向现代的历史性转变，[5]其中传统更多扮演的是应然上要"抛弃"的角色。质言之，我国优秀传统法律文化与法治现代化两者之间存在张力。本文不聚焦于原有的技术路径探索，而是尝试通过厘清两者的张力，以疏解在探索中国优秀传统法律文化与法治现代化两者之间的张力问题时遇到的阻滞。

一、知识：我国优秀传统法律文化与现代法律制度联结的描述性阐述

我国优秀传统法律文化与现代法律制度的联结是一个宏大的命题，欲通过某些命题或结论进行一劳永逸的概括无疑是"痴人说梦"。正如"无论用什么模式来概括历史，都不可能事事解释得通"，[6]职是之故，本文放弃对该联结的抽象本质进行终极意义上的关怀。本文将转而运用描述性阐述的方式，

---

〔1〕 陈景良：《比较·分析·见识——评张中秋〈中西法律文化比较研究〉》，载《中国法学》1992年第1期；汉风：《中国法律文化需要迎接挑战——张中秋的〈中西法律文化比较研究〉评介》，载《社会科学》1992年第7期；花敏：《中西法律的一次尝试性对话——〈中西法律文化比较研究〉读后》，载《大学图书馆学报》1993年第2期；徐忠明：《比较视野中的中国传统法律文化之特点——张中秋〈中西法律文化比较研究〉读后》，载《比较法研究》2000年第2期；任强：《方法、思路与问题——评〈中西法律文化比较研究〉（第三版）》，载《法制与社会发展》2007年第3期。

〔2〕 李玉生：《文化比较与法制现代化——兼评张中秋〈中西法律文化比较研究〉》，载《南京社会科学》1992年第2期；柯伐江：《法律及其比较的意义——读张中秋〈中西法律文化比较研究〉感语》，载《南京大学法律评论》1994年第2期；佘文博：《"人的文化原理"新探》，载《中西法律传统》2021年第1期。

〔3〕 芹夫：《关于中国法律文化的几个问题——张中秋著〈中西法律文化比较研究〉若干观点商榷》，载《比较法研究》1993年第2期；胡旭晟：《〈中西法律文化比较研究〉之求疵》，载《比较法研究》1995年第3期。

〔4〕 张文显：《法治现代化的"共同特征"和"中国特色"》，载《政治与法律》2024年第2期。

〔5〕 公丕祥：《法治现代化的中国方案》，载《江苏社会科学》2020年第4期。

〔6〕 陈嘉映：《语言哲学》，北京大学出版社2003年版，第15页。

通过举例来论证我国优秀传统法律文化与现代法律制度的联结。从肯定方面来说，只要在此次研究的定义域内存在至少一例，便足以打破我国优秀传统法律文化与现代法律制度必然对立的荒谬论断。从否定方面来说，解答本质的理论难度巨大，采用描述性阐述这一方式无端增加了说明的成本和论述的负担。同时，从逻辑上无法确保获得的内容是关于"本质"本身的，而并非表象的。实际上，这样的思路也与《研究》聚焦"要素"展开论证的思路不谋而合。

回归至《研究》之中，该书条分缕析地阐明了中西法律文化对比的"对极性"的八个方面：部族征战与氏族斗争、集团本位与个人本位、公法文化与私法文化、伦理化与宗教化、封闭性与开放性、律学与法学、人治与法治、无讼与正义。[1]其中，我国传统法律文化都与如今的法律制度有直接联结，在此将通过"枫桥经验"予以阐明。

严格意义上来说，"枫桥经验"并不能算严格意义上的法律制度，但是其是实现中国式法治现代化的构成性要素之一，同时，"枫桥经验"也成了一些具体的非诉讼纠纷解决机制的构建依据。从外观来看，"枫桥经验"具有注重调解、重在"治未病"的特点。这些特点能够直接与"无讼"的传统法律文化特征相联结。从价值倾向来看，"枫桥经验"承载司法为民的因素，这同样与集团本位的传统法律文化特征相联结。更进一步而言，"枫桥经验"是建立在性善、可道德教化的逻辑预设上，与"德主刑辅、明德慎罚"的治国理念一脉相承，与"重义轻利、义在利前"的文化基因相契合，展现出与中国传统法律文化的伦理性特征相联结的图景。

无独有偶，坚持依法治国与以德治国相结合的主张，也与用道德教化治理百姓，百姓会从内心产生廉耻感并主动纠正自己行为[2]的传统法律文化伦理性特征相联结。再如，宏观上强调法的公开性、平等性、客观性和稳定性与我国传统法律文化的公法文化特征相联结等。这些描述性的例子在一定程度上从知识的维度纾解了中国优秀传统法律文化与法治现代化两者之间存在的张力。

---

〔1〕 张中秋：《中西法律文化比较研究》（第4版），法律出版社2009年版，第101页。

〔2〕 何勤华：《深入研究中华优秀传统法律文化蕴含的法治思想》，载《人民日报》2024年2月19日。

二、方法：关于我国优秀传统法律文化的理性历史检视而非纯粹直觉

《研究》聚焦"法律文化"这一"具体的普遍性"，那么就尝试以"法律文化"本身作为突破口来探赜方法维度上的问题。就笔者所掌握的资料来看，"法律文化"一词首先由劳伦斯·弗里德曼在《法律文化与社会发展》一文中正式提出并被明确界定为"与法律体系密切关联的价值与态度，这种价值与态度决定法律体系在整个社会文化中的地位"。[1]有鉴于此，法律文化被化约为价值和态度。毫无疑问，价值和态度作为带有主观色彩的概念，为纯粹直觉的运作提供了巨大的空间。

综观《研究》整本书，关于我国优秀传统法律文化的理性历史检视代替纯粹的直觉判断，使得法律文化研究不再容易陷入虚无主义的泥沼。理性历史检视建立在充分的历史实证和分析的基础之上，其主要表征在两个面向：

第一，《研究》注重对法史界似乎已成定论的理论进行自觉性反思，充分体现在方法维度上对分析的重视。以传统中国的律学起源为例，其中最有影响力的结论是认为律学始于汉代。[2]而《研究》却给出完全不同的答案，书中认为中国传统律学可以追溯到秦代。汉代的律学是秦代律学一脉相承的结果，两者之间只有外观——主体和依据——的不同，不存在实质性差别。这一结论并非作者天马行空的纯粹直觉，而是基于对材料的科学把握和认真解读。依此，就推出方法维度上的第二个面向。

第二，《研究》注重从直接的材料着手，充分体现方法维度的历史实证。实际上，承接方法维度的第一面向，这一面向在两个面向中具有逻辑上的优位。因为对于一个理论的自觉性反思总是以具体的历史资料为依托。例如，《研究》立足秦简这一直接的材料，通过对其中"如果有人盗采他人桑叶，赃值不满一钱，何论？"[3]进行研究，合理判断当时具有"民事法规刑法化"的特征。同时，《研究》通过对直接材料的解读，最终得出我国传统法律文化具有公法文化的特征。

---

〔1〕 Lawrence M. Friedman, "Legal Culture and Social Development", *Law and Society Review*, Vol. 4, No. 1, (1969), p. 34.

〔2〕 李玉生：《文化比较与法制现代化——兼评张中秋〈中西法律文化比较研究〉》，载《南京社会科学》1992 年第 2 期。

〔3〕 《睡虎地秦墓竹简》，文物出版社 1978 年版，第 154 页。

值得注意的是，上述关于方法维度的论述虽通过具体的例子展开，但不是退回知识维度的论证。实际上，这些内容不过是方法维度的证成，具有可替代性。而关于我国优秀传统法律文化的理性历史检视的方法是不可替代的。同时，这一方法打破了通过纯粹直觉获得我国优秀传统法律文化理性认识的幻影，但不确保任何我国优秀传统法律文化和法治现代化的内容本身的正确，不过它为知识维度的结论提供了逻辑正确性的保证。换言之，《研究》在知识维度得出的关于我国优秀传统法律文化和法治现代化关系的任何结论都不能被轻易否定。

三、理念：超越文本透析文本中的传统法律文化

《研究》以中西法律文化为比较对象，而上文的论述暂未明确涉及西方法律文化以及两者的比较问题。这并不是遗漏抑或是定义域使然，而是有意识的搁置。因为理念的探赜是来自文本而又超越文本，这意味着首先需要厘清文本维度的问题。而文本维度的问题又主要集中在知识和方法维度，故本文并没有一针见血地直指理念维度。在知识维度证成我国优秀传统法律文化与现代法律制度的可联结性，能够初步扫除我国优秀传统法律文化与法治现代化是"非此即彼"的错误观念。方法维度从形式确保论证的可信度的基础上再进入理念维度的分析。

理念维度分析的结构大致遵循超越文本来透析文本的原则。简言之，此处将把目光聚焦于《研究》本身在几次修订中的变化，将《研究》本身作为研究的范畴。超越文本并非漫无边际的胡言乱语，也不是脱离研究定义域的文学探讨、纯粹的历史探讨等，而是在我国优秀传统法律文化与法治现代化的限定框架之内。整体来说，《研究》的修订主要表征为对待中西文化的三个不同态度，这三个不同态度直接表征了如何从客观意义上理解我国优秀传统法律文化与法治现代化的关系。

第一阶段，在特定的语境下"存异"。《研究》的初版是在20世纪90年代完成的，此时我国对于"法律现代化""法治现代化"的理解还停留在表层，甚至还陷在"现代化等于西方化"的迷思中。因此，张中秋在写作时有意无意地以"西方"作为尺度，以揭橥我国传统法律文化与西方传统法律文化的不同。但是，从现在的眼光来看这种"西方化"是人类走向文明理想模

式的神话是错误的。因此，初版《研究》的这一理念是值得怀疑的。

第二阶段，在自觉反思下"求同"。张中秋自己也意识到了相关问题，在第二版《研究》的序言中，他反省道："没有深入地考虑从'法律文化原理'到'法律文化异同'的阐释路径。"[1]遗憾的是，通篇读来并没有感受到张中秋所提到的"异同"。相形之下，他尝试去缓冲中西传统法律文化对立的过程给人的感受却是落入"求同"的另一个极端。究其根本，不论是"存异"还是"求同"，其本质都是以西方化为参照。

第三阶段，在共识价值下"求同存异"。在经历前两版的尝试后，人们不禁更加质疑"中国传统法律文化与现代法治建设之间有无历史连接点"。幸运的是，张中秋在《研究》的第三版专门增添了第九章"人与文化和法：从人的文化原理比较中西法律文化"，与题为"辩异·求同·会通：我的中西法律文化比较的经历与体会"的附录。[2]就两者之间的关系，作者找到"人"这一共识价值作为中介，来弥合两者之间的简单二元对立。

"历史永远是当代史"[3]，所以对于当时的具体理念也不必用现在的价值观念来衡量。我们只需要刺破具体理念的表象，探寻到寓于其中的普遍规律即可。不难发现，不论是中西传统文化比较"存异""求同"还是"求同存异"，其中都存在一个"最小公约数"，即与法治现代化有千丝万缕的联系。无需判断其中的关系究竟是积极的抑或是消极的，总归而言两者之间客观上存在联系。

四、结语

三个维度的分析都是在预设了"作为法治现代化根脉的中国优秀传统法律文化"的前提下，把其作为自明之公理然后展开论述。这并不是陷入以"方法作为结果"作为包装工具的认识论难题，而是如凯尔森为"纯粹法学"预设的"基础规范"一般，是理论展开的必然。从客观上来说，理论一定需要终端，不能够无穷溯推。法学理论需要起点和前提，这一问题的论证同样

---

〔1〕 张中秋：《中西法律文化比较研究》，南京大学出版社1991年版，序言。

〔2〕 张中秋：《中西法律文化比较研究》，中国政法大学出版社2006年版，第407~452页。

〔3〕 ［意］贝奈戴托·克罗齐、［英］道格拉斯·安斯利英译：《历史学的理论和实际》，博任敢译，商务印书馆1982年版，第一编"历史理论"。

需要起点和前提。

换言之，只要这种逻辑预设是可接受的，那么我国优秀传统法律文化作为法治现代化根脉的结论就必然为真。对此，我们诉诸数学公理的类比以证成这一逻辑。许多人认为数学公理系统具有理性可接受的特征，其自明性易于被接受。但是，人文社科的许多预设性前提却难以让人接受。实际上，这是不妥当的，因为数学和人文社科在自明公理这一交叉点没有本质性区别。著名的哥德尔不完全性定理早已说明：“它表明了数学的不可穷尽性，确定了形式系统（或计算机程序）的局限性。”[1]也就是说，一个理论体系不可能穷尽所有的问题而达到完全自足自洽。[2]

总而言之，三个维度的论述共同指向对作为法治现代化根脉的我国优秀传统法律文化命题成立的预设。而对于任何领域来说，都需要存在一些逻辑上的自明自理作为理论基础。而此次的论述中，作为法治现代化根脉的我国优秀传统法律文化就被作为一种自明之理而必然成立。当然，有人认为这样的判断即使成立也过于决断，但是只要存在这种或然性，都足以证明我国优秀传统法律文化与法治现代化两者并非绝对的对立。

（李诗格　中央财经大学外国语学院）

---

〔1〕 ［美］王浩：《哥德尔》，康宏逵译，上海译文出版社1997年版，第203页。

〔2〕 梁晓俭：《试论凯尔森基础规范理论的合理性》，载《现代法学》2002年第1期。

变法与本土资源：中国法治现代化转型的双元透视

——读苏力《法治及其本土资源》

在审视中国法治的历史进程和现代化转型中，变法与本土资源作为两个基础性的构成元素，一直以来都势均力敌。苏力所著的《法治及其本土资源》一书深刻剖析了中国在法治建设道路上跨越传统与现代的模式，试图连接本土资源与现代变革。本文旨在探索和解读法治现代化的复杂性，特别是变法与本土资源在相互作用下对法治体系发展的影响。从对立的表象到深层的张力，再到最终的交互作用，这三个层面不仅勾勒出了一个立体的法治现代化轮廓，而且为我们提供了一种理解我国法治进程中矛盾与协同发展的视角。

一、变法与本土资源论的逻辑理路

包括我国在内的许多第三世界国家都选择"变法"模式这种强调政府运用强制力规制经济和社会的法制建设模式，[1]以此来实现国家的现代化。众多学者也提出政府应当充分利用国家强制力迅速构建一个适应现代社会的法律体系。此外，为了更有效地与国际社会接轨，国家需要加快吸收和借鉴经济发达国家和地区的法律制度。此种观点的盛行从改革开放以来所流行的一个口号"市场经济就是法治经济"便可窥见一斑。

这种理论的争议性引发了学界对法律与社会关系的思考——法律究竟是"镜子"还是"剪刀"。本文借由这两种理论来评析变法与本土资源对法治发展的影响机制与逻辑。"镜子理论"的核心在于法律并非一个独立自足的规则架构，而是受各种社会因素的制约，因而其必须随着社会的动态发展而运转。"剪刀理论"的核心主张是法律可以充当制造社会变革、改变社会的工具，法

---

〔1〕 苏力：《法治及其本土资源》（第3版），北京大学出版社2015年版，第3~4页。

律可以形塑社会。[1]对中国"变法"模式的警惕，问题意识的核心指向中国应当实行什么样的法治和怎样去实行法治，根本上源于法律与社会之间是何种关系。本文将从两个方面展开论述。

第一，法治在中西方社会中形成了不同的发展路径，也表现出了不同的历史命运。同西方法治所表现出的自下而上的演进模式相比，我国的法治进程形成了自上而下的建构模式。[2]西方法治的渐进式发展深植于其社会基础，因此展现出持久和稳定的特征。这正体现了"镜子理论"所主张的法律与社会条件紧密相连，它的成功运作需要建立在特定的社会环境之上。而在自上而下的建构之下，国家强制力对法治进程的绝对支配使得其以十分易变的形式发展，意即手握法律的人可以把社会"剪"成他所希望的样子。

哈耶克曾经指出，在一个传统和惯例使人们的行为在很大程度上都可被预期的社会中，强制力可以降到最低限度。[3]苏力先生从无谓的意识形态之争中跳脱出来，充分认识到了彼时我国复杂的境遇。

第二，从知识论的角度理解，制度之所以能慢慢形成，正是建立在人们的共识之上而非建立在知识的差异性、特殊性之上。[4]社会自治是"国家建构所必备的'另一条腿'"，[5]法律制度是人行动的结果，而非人设计的结果，试图以人的有限理性构建一个穷尽所有地方性知识的法治体系是不可能的。与其相对的"剪刀理论"可能过于强调法律的独立功能和变革力量，而忽略了法律实施的效果往往需要依赖特定的社会环境和条件。

二、东风与西风激荡间的巨大张力

上文提到的变法与本土资源论对法治发展的影响机制表面上似乎呈现出一种理论上的不兼容状态，然而深究其内在本质却并非如此。东风与西风激

---

〔1〕 王启梁：《法治的社会基础——兼对"本土资源论"的新阐释》，载《学术月刊》2019 年第 10 期。

〔2〕 柯卫：《中西方法治意识的差异及启示》，载《求索》2006 年第 12 期。

〔3〕 [奥] A. 哈耶克编著：《个人主义与经济秩序》，贾湛等译，北京经济学院出版社 1989 年版，第 23 页及其注 2。

〔4〕 劳东燕：《也谈本土资源与法律多元——对本土资源论的一些思考》，载《华东政法大学学报》2000 年第 3 期。

〔5〕 丁轶：《国家主义的两重维度》，载《政治与法律》2017 年第 1 期。

荡之间，恰好碰撞出了两者的巨大张力——作为本土资源论内在理论预设的现代化范式。[1]

"外来"——从"本土"的表面含义很容易想到的与其对立的词意味着什么呢？一如福山所说的那样，"外来"意味着一种全球性现代化的模式，即人类文明的最终走向。这个范式的内涵也相当丰富："在政治上，是强调自由与平等的民主法治体系；在经济上，是明确私有财产权与自由市场的资本主义；在社会上，是肯定个体自由与占有的个人主义。"法律移植论之所以广受推崇，根源在于其理论与各国追求现代化的普遍发展需求紧密契合。

同时必须明确的是，"本土资源"这一概念的核心关注点是"法治"，而非仅仅局限于"实在法"等较为狭窄的范畴。本土资源也不是静态的存在，而是活跃地流淌在亿万中国人的日常生活中，切切实实地影响着他们的观念和行为模式，具有深刻的社会意义和实践价值。建立在本土资源上的制度更能获得人们下意识的接受和认同，在短时间内即能有效运作，从而驱动法治发展。本土资源论所关注的终极目标乃是"法治"理想而非"本土资源"。[2]换言之，如何尽本土资源之用来实现我国法治现代化转型的理想，是本土资源论所专注的问题。

然而，在这一对立中，不管是"西风"的鼓吹者，还是"本土"的捍卫者，都给本土资源论划定了是此还是彼的阵营，因而忽视了本土资源的实际面向恰恰在于二者之间的张力。然而不可否认的是，苏力先生借助本土资源概念内涵和外延的泛化与含混化，达到了逻辑论证上的自圆其说，[3]其书中的论述也有否定法治设计，提倡自发主义之嫌，"所以他'利用本土资源'建设起来的'法治'至多是本土法治而已"。[4]但他指出的"没有人想从孔孟老庄那建立起一个纯粹的中国的理论和制度"以及他在书中所强调的不能直接移植西方的法律制度，就非批判者所坚持的"本土资源说是一种面对

---

〔1〕 赵斌：《民间法研究中的"现代化范式"与"法律多元"》，载《江海学刊》2010年第4期。

〔2〕 赵斌：《民间法研究中的"现代化范式"与"法律多元"》，载《江海学刊》2010年第4期。

〔3〕 劳东燕：《也谈本土资源与法律多元——对本土资源论的一些思考》，载《华东政法大学学报》2000年第3期。

〔4〕 刘大生：《从"本土资源"到"本土法治"——苏力本土资源理论之学术解构》，载《山东大学学报（哲学社会科学版）》2001年第3期。

社会变革而在任何时候都会必然产生的文化保守主义的法学版"了。[1]实际上，在现实社会中也并不存在完全纯粹的西方历史原型或完全纯粹的中国历史原型。

"本土资源"所依据的参照点在他的论证中也有着潜在的统一——既不是过去的本土，也不是过去或现代的西方，而是内涵在"本土化"过程中所呈现的具有"传统/现代"混合特质的社会现实。这对西法东渐和法律全球化的当今社会有着深远的借鉴意义。近年来，我国"从社会自身发展的逻辑来探讨和思考社会治理的问题"，[2]尝试谋求社会的合作，恰是变法与本土资源论张力的反映。回溯二十年前人们对外源性法治原理、知识倾注很大热情，充满理想化期待的背景与场景，我们不能不对苏力敏锐的理论思维和独特的视角付以应有的敬佩。[3]

三、变法与本土资源的交互作用

"秋菊的困惑与山杠爷的悲剧"一文中揭示了中国的正式法律的运作逻辑与本土社会背景之间存在的某种脱节现象。秋菊的行为未能契合涂尔干所说的那种由"社会连带"而形成的集体良知，因此，她可能在无形中遭受某种非正式的社会压力，比如人际关系的紧张等。这是"产品"与"市场"的不匹配，在现代社会中并非孤例。"最有意思的就是一个落后的国家要尽快现代化的过程中，这种权利表示得也最清楚。"费孝通先生清楚地看到了法律与乡土习惯之间的张力，一个国家在现代化的过程中越是落后，它的民间习惯可能保留得越完整。[4]对于我国法治需要何种现代化转型的问题，苏力先生给出了他的答案："我们不得不在改革中逐步积累经验，实际是积累资源，逐步建立起一种'传统'。"

这个结论反映了他对变法和本土资源交互作用的思考，然其似乎未能较好证成本土资源驱动法治发展的必要性，反而因暗含了法律移植的可行性而

---

〔1〕 谢晖：《法治保守主义思潮评析——与苏力先生对话》，载《法学研究》1997年第6期。

〔2〕 关爽、郁建兴：《国家治理体系下的社会治理：发展、挑战与改革》，载《江苏行政学院学报》2016年第3期。

〔3〕 顾培东：《"苏力问题"中的问题》，载《武汉大学学报（哲学社会科学版）》2017年第1期。

〔4〕 郑戈：《寻找法治中国化的道路——以苏力〈法治及其本土资源〉为样本的分析》，载《探索与争鸣》2017年第5期。

与上述结论有所矛盾。

　　苏力先生对一些微小的却不利于自身论证的因素有所忽视。比如他在提及激烈的法国大革命之后，认为人们还是"在不知不觉中从旧制度中继承了大部分的感情、习惯、思想……"却忽略了或是没有证据证明人们的思想确是有所改变的。又如他以《企业破产法》[1]难以执行为例证明单纯变法的不可行，却忽略了该法十余年来"已经处理了二万四千多起破产案件"，[2]而这却是为他的中国法治建设不能向国际看齐、不能同世界接轨的先行观点服务的。[3]所有变革性的制度在一开始势必不为人们全盘接受，然而，就如苏力本人所说的"逐步建立起一种'传统'"，人们的接受度想必会随着时间的推移而提高。这也启发读者将目光深入现实，事实上，"民间"绝不可能排斥国法秩序的存在，也并不全然为习惯或习俗统治，进而形成一个封闭自治的体系。[4]

　　然而苏力先生主张在司法层面而不是立法层面为民俗留下一定空间，这是一种十分明智且务实的主张。[5]他指出："从法制建设来看，司法是一个最有可能有所作为并产生实际影响的途径，其影响力可能远远超过立法。而且，由于司法是具体操作的，法官所面临的各种社会因素将是法学家难以想象的，因此司法实践更可能是法学理论发展创新的基础，而不是相反。"民众的评价往往基于情理、道德和风俗，有时会与法官的专业评价产生冲突。苏力先生站在中国法官的视角，试图寻找一种平衡——存在于民众逻辑中的本土资源与司法裁判的平衡。实践表明，在经济和文化发展较慢的地区，法治的理念往往难以化约为民众内心深处的信念和行为习惯。居民倾向于采用融合情、理、法于一体的裁判模式，他们对那些仅仅重视确定法律身份和物质分配，忽视情感恢复与家庭和解的判决方式感到不适应。在这里，苏力成功地实现

　　〔1〕 为表述方便，本书中涉及我国法律文件直接使用简称，省去"中华人民共和国"字样，全书统一，后不赘述。

　　〔2〕 曹思源：《绕不开的私有化》，载《改革先声》2000年第4期。

　　〔3〕 刘大生：《从"本土资源"到"本土法治"——苏力本土资源理论之学术解构》，载《山东大学学报（哲学社会科学版）》2001年第3期。

　　〔4〕 孙康：《习非成是的舶来品：在中国重新审视"习惯法"与"民间法"》，载《史学理论研究》2023年第6期。

　　〔5〕 郑戈：《寻找法治中国化的道路——以苏力〈法治及其本土资源〉为样本的分析》，载《探索与争鸣》2017年第5期。

了抽象的本土资源理论和实证的基层司法过程中的调解及作为其理据的习惯法之间的会合。[1]

经济体制的变革使得现代法治主动兼容本土资源，变法以国家强制力的形式在其中起到了推动和引领的作用，变法与本土资源的交互作用终会在中国法治的现代化转型的宏大进程中呈现"整体大于部分总和"的效果。这种成效不仅体现在法律制度的完善上，更体现于法律文化、法律实践以及社会整体法治观念的深刻变革中。同时，在变法与本土资源的交互作用上，有以下议题可供发散：①交融的界限与差异：在哪些领域，二者可以实现和谐地结合，又有哪些元素本质上难以通约；②对于一种融合之后"四不像"的新传统，人们内心的期许如何。

四、结语

《法治及其本土资源》虽然没有给出一个结论性的答案，但无疑给了我们方法论上的启发，提醒我们运用本土视域去探寻对立中蕴含的交融，从中挖掘出有关中国法治现代化转型的路径。无论是法学研究，还是法治的实现都需要方法论的支撑。[2]我们对本土资源的研究并不仅是为了构建一个专属的中国式范畴，而是通过解决本土问题更好地实现法治的现代化转型。本土资源蕴含着深厚的学术价值和文化底蕴，亟待深入挖掘和体系研究。笔者借给此书作评之机期望我国未来的本土化研究不过多地关注教条式的价值灌输，而是植根于中国特色社会主义法治道路的丰厚土壤，服从于"为人民服务"的根本宗旨。[3]

（陈果　西南政法大学人工智能法学院）

---

〔1〕　解永照、王爱君：《多维视角下的司法调解理论反思》，载《山东社会科学》2014 年第 4 期。

〔2〕　陈金钊：《法治与法学研究中的"方法"问题》，载《法学论坛》2016 年第 5 期。

〔3〕　凌斌：《法教义学、社科法学与群众路线：法学方法论反思》，载《地方立法研究》2022 年第 6 期。

权利与权力视野下的程序正义

——读陈瑞华《看得见的正义》

　　《看得见的正义》是陈瑞华教授结合罗马法格言与我国刑事司法实践创作的一部法律随笔集。文中作者将罗马格言与中国现实案例相结合，将刑事诉讼法的原则和精神向读者娓娓道来。实现正义如同画圆，完美的圆只有在工具的帮助下才能画出，正义亦是如此，实现真正的正义需要程序的辅助。[1]刑事诉讼中，个体权力与公权力之间力量对比悬殊，而程序刚好可以作为两者之间的缓冲带。[2]程序不仅规范了公权力的行使路径，更以程序性权利为个体提供防护，防止公权力之滥用。因此，程序正义之精髓不在于外在形式，而在于其深层功能，即通过程序机制来精细调控权力与权利间的微妙平衡。程序正义的实现，始终贯穿着权力与权利的互动与制约，它强调正义应基于公众之信赖得以展现，司法审判过程中适当倾听社会舆论，通过舆论监督强化司法公信力。同时，正义应在平等地对抗与公平司法中得以彰显，确保控辩双方权益得到均衡保障，任何行政上的权力都不能干涉审判机关的独立审判权。

一、审判公开：舆论与司法的良性互动

　　"正义根植于信赖"，陈瑞华在书中阐述，没有公开、透明的审判，公众无法对司法裁判进行监督，也无法获知裁判结果的产生依据和理由，当然也就无法形成对司法裁判的尊重与信赖。法院在案件审理中，尽管贯彻了审判公开原则，但裁判的透明性受到多方面限制。法院公开的大多仅是裁判结论，

---

〔1〕　罗翔：《法治的细节》，云南人民出版社 2021 年版，第 8 页。
〔2〕　廖凡：《略论程序正义的权利内涵》，载《中国青年政治学院学报》2000 年第 4 期。

而不是结论赖以形成的理由和根据。即使某些规定旨在确保司法裁判者独立行使审判权，但同时也为自由裁量权的滥用增添了风险，导致公众无法全面理解案件，进而对司法审判产生疑问。[1]当实质公开得不到保证，自由裁量权的滥用也就有了机会，随之而来的是权力与权利之间失衡，公平与正义无法得到强有力的保障。在司法中尽量保证权力与权利的平衡，实现二者的相互监督，是作者在书中的核心观点。审判公开时，这种"监督"在公权力机关与群众之间则主要表现为舆论监督和监督舆论。舆论监督的目的是保障人民群众的知情权，最大化实现司法透明度，利用公众舆情推动审判更加公允。司法权力在本质上与公民的权利接近，司法制度及司法程序是为了公民而设置，而不是为了国家和法官而设置，司法权是保障公民权利的权力，对司法开展舆论监督，实际上是针对司法不公而展开的一种权利救济，具有明显的纠错性质，[2]舆情发展有时候能指明当下法律的痛点与空缺，体现公众当下共同的价值追求，包含着人民群众对公平正义的渴望与追求。以"于欢案"为例，此案的公开与改判，建立在理性和程序正义的基础上，也是对法律中蕴含的德性的思考。法律程序虽然具有高度技术模式化的特性，但它始终坚持法理基础。基于道德的舆论应该被司法裁判所思量，这在一定程度上能提高刑事审判的准确性和说服力，使得公众切实感受到法律的力量。刑事案件社会影响力大，所引起的社会舆论亦不可忽视，舆论与法律条文之间的冲突需要司法机关合理审视，在不同个案的处理上实现公民对公权力的有效监督。

　　"于欢案"量刑的调整，并不代表司法审判对舆论的妥协，它仍然是依据客观事实公正裁判的结果。舆论本身是把双刃剑，公众的认知程度参差不齐，无法保证所有舆论都不带有偏向性。因此公权力接受舆论监督的同时，也应当依据法律对舆论进行引导，特别是对媒体的正确引导。媒体在一定程度上充当了司法与公众之间的信息桥梁，主流媒体承担着满足公众的政法信息需求，促进司法透明公开的责任，其报道和观点应当着重围绕知情权、报道权与监督权来展开。[3]互联网商业媒体和自媒体将重点放在流量上，但也需要在法律的轨道上对事实进行报道，接受监督，防止泛娱乐化、片面化等现象

---

〔1〕　陈瑞华：《看得见的正义》（第3版），法律出版社2019年版，第101~105页。

〔2〕　刘海贵、庹继光：《论传媒与司法的良性互动》，载《新闻传播》2011年第12期。

〔3〕　孟威：《舆论场域、动力结构与政法新媒体的专业性再造》，载《传媒观察》2022年第8期。

阻碍公众了解事实，当舆论出现偏向时，司法机关应当及时作出补救措施，把握舆论主导权。

让公众信赖司法，正义得到实现，除了在实体结果裁判上符合法律和最低道德标准，更重要的是让他们行使权利，目睹司法权力的运作方式，不仅仅是裁判结论的公开，更是裁判过程及裁判依据的全流程公开。正如作者所说，"阳光是好的防腐剂"，没有实质上的公开透明，法官滥用自由裁量权和权钱交易的概率会大大增加，司法公正不能完全被公众认可，自然得不到尊重和信任。

二、控辩平衡：公私两权的平等对抗

"平衡方能永葆公正"，陈瑞华认为"没有控辩双方的平等对抗，司法公正也就是一句空话"。为什么控辩双方平等如此重要？这需要追溯到刑事诉讼制度最初产生的形态。

弹劾式诉讼模式伴随着国家，法律的产生，被普遍认为是世界最早的刑事诉讼模式。在这种模式下刑事诉讼严格遵循不告不理原则，法官居中审判，控辩关系保持着一种最原始的"平等"色彩，这时国家权力与控辩双方呈现均衡态势。[1]随着社会条件的变化，司法经验的不断累积，国家统治者对犯罪的认识发生的改变，犯罪不再是个体性冲突而被认为威胁社会安全和国家统治，纠问式诉讼结构渐渐形成。[2]国家开始主动控诉，审判与控辩不再泾渭分明，控辩双方的力量对比发生了巨大变化，整体呈现出一种不均衡模式的样态。后续出现的诉讼模式也是纠问式或弹劾式的不同程度的结合。由此可知，各诉讼模式间最大的不同在于国家权力是否介入，国家权力改变着权利行使状态，控辩双方地位也就自然而然地发生改变，即诉讼模式的演进主导控辩关系的发展，国家权力影响个体权利的行使。我们所追求的控辩平等对抗，也无非在公权力主导下的刑事诉讼中，个人能充分实现权利且不被公权力机关随意侵害。

---

〔1〕 陈慧慧：《论控辩关系的良性建构——以刑事诉讼模式及平等原则为视角》，载《犯罪研究》2018 年第 6 期。

〔2〕《刑事诉讼法学》编写组编：《刑事诉讼法学》（第 4 版），高等教育出版社 2022 年版，第 41 页。

控辩平等的重要性不局限于抽象上的权力与权利的关系，从实体正义的角度来看，控辩平等对抗有利于案件真相的发现。辩护制度为揭示刑事诉讼的真相服务，控告方和辩护方之间的对抗被视为促进真相浮出水面的最佳机制，因为"真相能通过双方对同一问题强有力的陈述而获得最好的发现"。[1]在刑事诉讼中，控辩双方通常追求自身利益，这一行为也在无意中推动了真相的揭示。从程序正义来看，控辩平等让控辩双方都有充分机会进行质证与辩论，一方面，被告尽最大努力进行防御，在受到公权力机关的尊重下自愿接受最后的判决；另一方面，控辩平等对抗增加了司法审判的公信力，让个人面对国家公权力时没有担心被蒙冤的忧虑。

作者在书中阐释控辩平等时提到的公平游戏规则凸显了司法诉讼行为所需的最低限度公正性。[2]在此规则下，作为司法裁判者的法院，应保持最大限度的中立性，不偏袒任何一方。必须确保控辩双方按照平等、理性的原则展开诉讼行为。诉讼过程中，双方需尊重对方的人格尊严，给予对方提出观点、证据并进行反驳的机会。此外，控辩平等还可以从平等武装与平等保护两个层面进行剖析。平等保护是平等武装的前提，为控辩平等提供了相同机会。控辩双方在法律面前的平等很大程度上是通过在纠纷裁判者面前的平等而实现的，[3]法官不仅应在身份上做到对控辩双方一视同仁，而且还应该平等地看待双方的观点、意见及其证据。在平等保护所营造的"公平"氛围中平等武装赋予控辩双方平等的权利，同时还基于控方天然的优势和主动地位，对控方施加特定的义务，赋予被追诉方抵御控方的一些"特权"。但在控辩对抗时，个人权利在公权力面前显得尤为弱小，辩护权在司法实践中难以得到充分保障。被裁判者常被采取刑事强制措施，不便亲自调查取证，加之，被裁判者往往教育水平有限，无法与法律专业人士进行有效对抗，故被裁判者委托律师进行辩护成为保障辩护权的关键环节。现实中存在一些检察官错误地将辩护律师视为追诉的障碍，不愿与其进行充分交流，导致控辩双方权利失衡，增加了律师在诉讼中维护权益的难度。社会也同样对刑事辩护律师存在偏见，作家萧乾在《一个中国记者看二战》中质疑："很难理解法官为何不

---

〔1〕 熊秋红：《刑事辩护制度之诉讼价值分析》，载《法学研究》1997 年第 6 期。
〔2〕 陈瑞华：《看得见的正义》（第 3 版），法律出版社 2019 年版，第 407~408 页。
〔3〕 冀祥德：《控辩平等之现代内涵解读》，载《政法论坛》2007 年第 6 期。

着急对这些穷凶极恶的战犯进行定罪，甚至容忍他们聘请律师辩护。"这种质疑声并不罕见，甚至普遍存在。审判并非泄愤或报复的同义词，律师的存在也不是为了让具体个人逃避刑罚。正如前文提到的纽伦堡审判，法官充分尊重了战犯的辩护权，通过程序保障作出了让世界信服的判决，以至于 70 多年来没有出现任何冤假错案。律师的委托辩护是被告平等武装的一种方法。律师为辩护权而辩护，通过专业知识弥合被告与法律专业人士之间的法律视野差距，从而更好地保护被告的诉讼权利。专业的律师与检察官的对抗也是控辩平等的一种体现。

要让正义在平等对抗中实现，关键在于保障被裁判者的辩护权。学界通常认为刑事诉讼的历史，就是辩护权逐渐加强的历史，一个国家对辩护制度和接受辩护人的程度，可以说，在很大程度上反映着这个国家的文明与法治程度加快建成。[1]

三、司法公正：明晰公权力内部边界

正义如同普罗透斯之脸，真相往往只有当事人心知肚明，大众很难悉知，而程序正义则成为司法公正的显性表征，通过明确的司法裁判规则和法律程序，为公众提供了一套可感知的公正标准，确保了司法的合理运行。相较实体正义，法律程序的正义更具透明性、确定性和可操作性，在司法裁判中占据着不可或缺的地位。

然而，我国司法领域存在"重实体，轻程序"倾向。这种倾向不仅体现在司法工作人员对裁判结果的过度关注上，也反映在普通群众对法律程序的忽视上。过度强调权力导致被裁判者和被管理者的尊严受损，使他们沦为实现社会、国家目标的工具。[2]从法律角度审视，"权力"象征着权威，其背后是国家的强制力，是施加于他方的强力规范，与"权利"相比，它多了一层政治属性，国家意志的表达和权力的行使除了需要在法律的框架下进行，还大多以行政命令、指示、发挥等形式表现。[3]

---

〔1〕 李奋飞：《失灵——中国刑事程序的当代命运》，上海三联书店 2013 年版，第 224 页。

〔2〕 陈瑞华：《看得见的正义》（第 3 版），法律出版社 2019 年版，第 14~15 页。

〔3〕 陈子盼：《法治理念中权利与权力的冲突及平衡——立足于法律规范视角》，载《天中学刊》2016 年第 1 期。

我国司法与行政之间的地位与权力边界并不完全清晰。在君主专制统治时期，我国司法服务于政治，审判权大多由行政官吏直接掌握。古代中国在专制集权统治下形成了一个严密而复杂的官僚等级体系，下级官员必须服从上级官员的命令，司法官员也必须听从上级行政官员的指示。这种官本位的体系导致司法难以独立运作，形成了行政司法合一的制度体系。[1]

拉德布鲁赫曾说："行政是国家利益的代表，司法则是权利的庇护者，同一官署忽而忙于维护国家利益，忽而又将国家利益弃置一边，忙于维护正义，显然极不协调。"该书中，作者主要聚焦于公权力与被告权利之间的对抗来彰显刑事诉讼中限制权力的必要性，这里的公权力似乎更指向公检法机关在司法裁判过程中的权力，但客观现实时刻提醒着我们，权力的限制不能仅限于公检法机关，对公权力内部的行政与司法关系明晰划界，让司法拥有实质上的独立权，是实现程序正义的一个重要课题。

四、结语

司法裁判中，法律程序通常被视为维护实体正义的工具，但也不能否认程序自身平衡公权力与个人权利的独特价值。程序正义旨在用程序性权利防止国家权力的恣意行使，将裁判者与被裁判者平等武装，保障被裁判者在审判过程中受到合理公正的待遇。正如康德所说"人是目的，而不是工具"，这被他视为社会正义的最低要求，而这也是程序正义的灵魂所在，我国程序正义的构建不在制度的完美设计，重点在于平衡两权关系，通过设计程序以权利制约权力，我们才能真正走向程序正义。

（张铭芯　西南政法大学人工智能法学院

李明润　西北政法大学民商法学院）

---

〔1〕 贾利荣：《法院上下级关系去行政化研究——主要基于刑事诉讼视角的考察》，内蒙古大学2023年硕士学位论文，第20页。

非传统法学视域下对制度文明逻辑的思考
——读桑本谦《法律简史》

传统法学研究主要依据社会关系及其调整方法的不同将法学划分为若干部门，并在此基础上开展教义学的研究。该书写作思路则反其道而行之，以强烈的联结色彩试图缓解学科内部乃至学科之间的割据状态，意在借助全新的视角，将法学与生态学、经济学、生物学等学科做一次联结，以此将之汇入人类文明的知识洪流。分割与整合是学科研究中相辅相成的两套分析模式，与之对应的结果或是——割据思维将简单问题繁琐化、细致化，联结思维则在较高视角下寻求解决问题的捷径。传统法学将法律向不同门类进行了一次又一次的分割，而该书所进行的动作恰恰相反，是在"整合"，并在该整合的形态之下寻求一套底层逻辑，对历史进行知识编码，抽象出法律由简至繁的历史模型，实质是对法律制度文明逻辑探索的一次回归。

一、法律制度的文明之根——古老习俗中的返还法则

法国思想家卢梭在其名著《社会契约论》"论立法者"一章中提到：要为人类制订法律，简直是需要神明。[1]公意必然被要求具备超然属性，然而现实中个别意识往往具有偏私性，加之立法者之法难以向人民之法转化的困境等，使得从原始之初人为设计一套完整精密而成体系的法律几乎不可能。[2]故而法律的形成绝非单靠某位设计者的美好憧憬与向往，就在社会中占能从一个简单的起点出发，历经演化与变异，如此往复地在历史的遴选机制之下演化，臻于全面化、体系化。讨论制度演化需要选取一个原点，而演化的出发点，

---

〔1〕 ［法］卢梭：《社会契约论》，李平沤译，商务印书馆 2011 年版，第 22 页。
〔2〕 葛宇宁：《卢梭的立法者难题及其中国解决方案》，载《天中学刊》2024 年第 1 期。

恰是塑造了人类肉体与灵魂的、刻写在 DNA 中的基因。

人性可以被视为某种算法，其中很大部分已由基因进行编辑，它就是写进人类骨子里的制度。[1]倘若人类不具有一个先天的心理结构用于适应法律，则法律的有效性与复杂性均是不可思议的。故而作者主张法律的基础应当为生物学，而非哲学——后者是对法律追求目的的指向，而前者强调以科学的视角探究其历史之根在于何处、成何模样。质言之，如今看来白纸黑字的法律条文背后的基本逻辑，奠定于自然选择对人性的锁定。

倘若追溯根源，人类制度文明发展过程中的古老起始点应当是一个极简单的基础性法则。符合猜想的简单法则或许是演化博弈论中的著名策略，也即 Tit for Tat（TFT，以牙还牙策略或返还法则）。[2]倘若用数学语言对该原则进行翻译，返还法则可以被直观地表示为一条斜率为一的正比例函数图像，其中横轴表示外界刺激，纵轴表示对外反应。在如此的算法模型视角下，返还法则的基础性、简单性均得到了充分表现。以牙还牙的规则可以追溯到已经被取代的血亲复仇的古老习俗，是社会控制的一种形式，与早期人类社会的社会发展阶段相适应。而或正是由基因中人性所决定的，返还法则亦是人类群体性道德直觉的表现，其已是人类对于公平正义价值追求的一次集中体现。返还法则在近代的霍布斯的自然法理论中仍有所体现，如其所言："禁止人们做那些损毁他生命的事或剥夺保全他生命的手段，或者禁止人们不去做他认为最有利于生命保全的事。"[3]时至今日，它仍在身处道德框架内的人类相互关系中发挥着调节器一般的作用，以隐形又极具重量的地位存在于人们的生活之中。

站在现在的视角回顾返还法则时，难免窥见其中的局限之处，首先，现代的惩处已不再以野蛮暴力为导向；其次，该原则只简略地强调同态复仇，而在现实语境下难以对"同态"进行严格规范；最后，从经济学原理分析法律原则亦有不合理性，[4]正如电影《甘地传》海报上所言："以眼还眼只会

---

〔1〕[美]悉达多·穆克吉：《基因传：众生之源》，马向涛译，中信出版社 2018 年版，第 197 页。

〔2〕桑本谦、李斐斐：《牙齿的定价：一个关于人身伤害法律制度的生态学分析》，载《社会科学》2024 年第 1 期。

〔3〕[英]霍布斯：《利维坦》，黎思复、黎廷弼译，商务印书馆 1985 年版，第 98 页。

〔4〕[美]布莱恩·阿瑟：《复杂经济学：经济思想的新框架》，贾拥民译，浙江人民出版社 2018 年版，第 82 页。

导致一个全盲的世界。"由于上述的与其他种种原因，以牙还牙策略在如今几乎消亡，因为随历史发展，一个简单的原则总需要不断演化以适应愈发复杂的问题。而依此思路将以牙还牙策略认定为法律制度文明的历史之根，则民法和刑法就有了共同的祖先。

二、返还法则的演化发展——重审罪刑相适应的算法尺度

返还法则对复仇存在"同态"的要求，既禁止失之轻纵又禁止过于严苛，以法律的力量控制复仇强度，也即"同态"是对复仇的量化限制，因此返还法则可被视为罪刑相适应原则的最早萌芽。在该意义上，现代人身伤害的制度体系，亦可被视作返还法则演化发展的成果。

贝卡里亚早在他所在的时代中就开始思考罪责刑相适应这项如今看来再基本不过的刑法原则。[1]他设想了犯罪的阶梯与刑罚的阶梯，并试图将这两条阶梯的顶端、底端与中间都作精确的相互对应，使任意严重程度的犯罪均有与之对应的程度的惩罚。但由于罪犯人身所能承受的折磨范围有限，名为惩罚的阶梯长度较短，从罚金刑至死刑而已。某些废除死刑的国家看似能将监禁刑的期限无限延伸，然而超出寿命的刑期亦无非名义刑而已；即使是在封建时代也无非由酷刑增加了部分的长度，诸如车裂、凌迟、株连等残酷封建刑罚；[2]而名为犯罪的阶梯却漫无边际，连环杀人犯、战争罪等罪行使得这条阶梯几乎望不到尽头。故而罪与罚之间绝非简单的线性关系，要如何用一条较短的阶梯搭配一条漫长的阶梯，或是这项原则面临的最大挑战。[3]

"比例尺模型"是对目标对象进行等比例放大与缩小，用于两条阶梯的匹配不免显得缺漏过多。基于此，在探索罪与罚的制度如何从返还法则具体演化而来时，可将视角转移到人类微小的神经元之上。生物学表明自然界内诸如声、光等刺激信号的跨度实际跨越了十几个数量级，神经元却只能以 0 至 100 赫兹左右的放电率为人类传输信号。人类生活要用如此有限的刻度去丈量跨度如此之大的外部刺激，有如上述的两条阶梯之间的关系——惩罚之阶梯

---

〔1〕 [意] 切萨雷·贝卡里亚：《论犯罪与刑罚》，黄风译，北京大学出版社 2008 年版，第 19 页。

〔2〕 杨源哲、沈玮玮：《缇萦救父释疑：汉文帝废肉刑之际的央地政治关系》，载《地方法制评论》2021 年第 0 期。

〔3〕 桑本谦、王越：《罪刑相适应的尺度和算法——基于〈刑法〉第 269 条的司法现状》，载《中外法学》2023 年第 5 期。

有限即犹如神经元放电率的动态范围有限，罪行之阶梯漫长即犹如自然刺激的巨大跨度。生物机体在解决神经元接收刺激的问题时有其独特的运作机制，该机制并非针对基于线性变化产生的"比例尺模式"，而是涉及压缩边际的"神经元模式"，神经元的编码刻度有限，则用基于歧视策略的刻度分布弥补。[1]极轻的刺激变化无法危及有机体的生存，在进化之下神经元不为此类下游刺激消耗过多刻度。相对而言，上游的刺激变化虽然有威胁有机体生命安全的可能性，却是无力控制的风险，故而上游的编码亦被压缩。神经元真实的编码方案是集中于刺激变化的中游地区，使得有机体对外刺激的反应更加高效节能。若以该模型对应到罪与罚的体系构建，下游区段的犯罪或许数量庞大，然而单次造成的违法损失不足以动用昂贵且繁复的司法程序，上游区段的犯罪虽然后果严重，然而重罪的门槛极高同样意味着此类犯罪的罕见，故而上述两类区段的刑罚编码应同样是不敏感的。若以横轴为罪，纵轴为罚，罪刑相适应的算法模型由此可构建为两端曲度平缓的曲线。

该书试图假借自然科学模型构建社会科学模型，虽则两种模型绝不能一概而论，但在该逻辑分析之下，神经科学、生物学上的"神经元模式"与立法者解决罪责刑相适应问题时所考虑的方案有诸多共通之处。刑法中诸多现象，如情节轻微不视为犯罪、法不责众等，恰是对神经元下游编码压缩的对应；"窃钩者诛，窃国者侯"恰是对神经元上游编码压缩的对应。

在生态学视角下，自被视作"文明之根"的返还法则至罪刑相适应的法律理论的制度演化的脉络得以呈现。现代刑法的体系与早期社会的古老习俗看似千差万别，而在算法构建的视角下却可见其中密切的联系。现代关于人身伤害法律制度的算法模型的构建，实质亦与返还法则有着高度同构性，压缩边际、钝化两端的罪行适应算法尺度，到底也是对返还法则的一次线性回归。

三、从分析算法至理解现实——再谈理性选择与公平正义

自既有的法律视角出发，公平正义通常是哲学问题或伦理问题。而该书通过公平观念的分析，将其归结到了人类群体性的道德直觉，也即以牙还牙

---

[1] ［美］保罗·W. 格莱姆齐：《神经经济学分析基础》，贾拥民译，浙江大学出版社 2016 年版，第 273 页。

策略上；其分析过程中亦包含着演化的众多逻辑，并通过由此逐步建设出的理性选择表现，上述罪行适用的尺度与算法即是极具代表性的理性选择之成果。而无论这一论断是否绝对成立，皆是对法理学研究视角的一次创新性丰富。

理性选择与公平正义共同作为构成法律内部属性的要素，二者本质是同位阶的概念，而并无秩序先后与价值高低之分。换言之，"理性选择先于公平正义"的真正内涵在于理性选择是先于公平正义出现的概念，理性选择是更微观的视角。理性选择的核心关乎成本收益分析——决策的可能收益、决策的可能代价、收益是否会被成本淹没。相对公平正义而言，理性选择是基础性的考虑，而公平正义此时可以被视作处于更高一级的位阶，但此处表述的"更高"仍然并不意味着公平正义可以支配理性选择，而意在表明基础性的考量会指向更高位阶的价值，即公平正义是压缩过的理性选择。

法经济学理论指出法律思维之中仍然存在成本逻辑，从该角度出发，法律决策与其他任何决策别无二致，都受着显性或隐性的成本约束。[1]追求公平正义自然是法律人心之向往，而作者同时强调"不向成本屈服的正义，迟早要面对死亡"。制度与制度之间亦存在某种生态竞争关系，在同等效能的前提下，高成本的制度往往会落败于低成本的制度。这种理论的背后实质是经济学原理，[2]在具体实际的司法过程之中，如在分配责任的选择上，经济学原理已体现出很强的现实参考价值。[3]出质人对质押物的价值承担举证责任，如果他无法举出任何证据，法院就按质权人认可的价值推定质押物的价值。之所以是出质人而非质权人承担举证责任，其中一个原因即通常情况下出质人会更加了解质押物，因此能以更低的成本固定与保存证据；其二因为倘若发生错判，错判出质人的后果最大不过质押物的全部价值，而倘若错判质权人则错误的规模难以预料——若出质人叫价上亿，问题则很难予以处理，并且这样的判决亦无法为社会创造一种有益的激励。[4]故而决策意义上的错误，往往可以参考成本而进行界定，即成本视角下对错误决策的认识为：该项决

---

〔1〕 赵含宇：《经济学视角下的法律成本与效益分析》，载《理论与现代化》2016年第2期。

〔2〕 ［美］理查德·波斯纳：《法律的经济分析》（第7版），蒋兆康译，法律出版社2012年版，第45页。

〔3〕 桑本谦：《对证明责任分配的经济学分析》，载《法哲学与法社会学论丛》2001年版第1期。

〔4〕 桑本谦：《对证明责任分配的经济学分析》，载《法哲学与法社会学论丛》2001年第1期。

策所带来的收益无法覆盖由此而引发的成本。人类文明发展的宏观脉络已呈现出该思路：错误是难以坚持的，因为成本会把我们逼向正确的轨道。

然而，若要求法官在任意具体案件中适用上述的成本—收益的比较分析方法解决纠纷，由于该模式在实证主义视角之下往往是较大的智力挑战，所以在更高的视角之下，该模式反而会让法官不堪重负，随之而来的亦有各种社会矛盾。这一事实在客观上要求形成以全称命题为表征的一般性规则，重视理性选择的理性思维由此发展到了"法律人思维"。在柏拉图对于理想国的设想之中，法律制度文明不再有存在的必要，取而代之的是贤人之治。"哲人王"能够对世间一切案件纠纷进行近乎完全精确的判决，作出完全正确的决策。[1]然而这一想象背后所隐含的信息是："哲人王"对案件的来龙去脉以及完整细节、当事人的偏好与策略选择、资源的初始分配情况等都了如指掌。在理想国之中似乎不需要考虑这背后的各项成本，然而在现实生活之中成本绝非能够轻易忽视的变量。故而现实世界采用一般性规则的代价是对精确性的折损，由于层出不穷的各类案件都共享同样的规则，难免只能确保每个案件都仅仅追求到"近似的正义"。"法律人思维"的核心即以牺牲法律决策的精确性来换取法律决策的稳定性和统一性，并且这种牺牲在更高站位上的考量是明智的。[2]"法律人思维"也并非对理性思维的背离，真实的论断恰恰反之——"法律人思维"是对理性选择的一次变形与回归。

（邹一帆　西南政法大学人工智能法学院）

---

〔1〕吕叶、梁馨元：《浅析柏拉图〈理想国〉中的政治哲学思想》，载《今古文创》2021年第48期。

〔2〕桑本谦：《"法律人思维"是怎样形成的——一个生态竞争的视角》，载《法律和社会科学》2014年第1期。

环境法典的法哲学基础：
法典与"人""自然""法律关系"

——读吕忠梅《梦想与行动：中国环境法典之证成》

中国环境法典是法律认识论与方法论有机统一的产物，而"人""自然""法律关系"是环境法典编纂过程中不可回避的立法哲学问题。在环境法典编纂工作中要充分体现环境法典中"人"之价值，做到使法典取之于民，用之于民，利之于民。环境法典中的自然，体现为"资源—环境—生态"三个不同方面，它们都是"人"生存发展中不可或缺的要件，但值得注意的是，三个方面对人类的生存和发展效能却不尽相同。法典中的法律关系是指法律主体依据环境法的要求，在进行和环境有关的物质经济活动过程中所形成的对环境的权利义务关系，其内容塑造了环境法典的核心体系。环境法典应当找到人与自然间法律关系的平衡点，让环境法典的效能发挥到最大。

一、人与环境法典：环境法典中人的价值

一切法律的主体都是"人"，法律以赋予主体权利，保护人类的共同权益为任务，同时在权利主体享受权利的同时，赋予其一定的义务，以实现个人、社会、集体的共同权利价值。"多种多样的人的特性表现为鲜明的、本质性的，这是法律制度化的重要的起点。"[1]现如今环境法律体系是围绕怎样保护自然生态环境以使得人对自然资源有规划地加以利用、对生态破坏或环境污

---

[1] [德] 古斯塔夫·拉德布鲁赫：《法律智慧警句集》，舒国滢译，中国法制出版社2001年版，第142页。

染预防治理两个方面形成的统一整体。德国生物学家恩斯特·海克尔所阐释的生态学作为研究人类与其环境之间关联的自然学科，逐步发展为剖析物种及其所处生态关系的科学。日本植物学家将其学说传播至亚洲，中国植物学家将其概念引入中国。环境科学中的"环境"一般都围绕着人类，包含能直接或间接地影响到人类生活发展的自然因素。[1]这一概念则着重强调人类这一环境因素的重要性。

因此，环境法典要立足于人类生活实际的需要，反映广大人民群众的利益追求，并且成为被广大人民群众所能够遵守、信服的法律，将环境法律法规法典化则可以达到此种目的。环境法典要综合纳入环境单行法中的内容，同时吸收相关环境行政法规部分或全部内容，坚持以生态文明建设为背景要求。依据欧根·埃利希所提出的法社会学原理，环境法典化所应当具备的要件有三：明确人类主体的需要；明确的社会需要；充足的部门法和法律间的共性联系。[2]所以将"生态环境"一词作为环境法典的起点是恰当的，"生态环境"蕴含着环境法典必备要件，由此将自然人与生态环境有机结合，就形成了环境法典的概念。

环境法典作为自然人主体演进过程中形成的法律，所阐释的重点是人如何控制自身的自然的本质。"在今天的地球村居民时代，日益严重的环境问题不断发出警告。自然是严格的裁判官，它不会给予人类反复试错的机会。我们必须通过前瞻性和预警性的视角，高度重视并构建面向未来的反馈机制，采用全新的法律思维，确立一种人与自然和谐共生的人类观。这不仅是时代的呼唤，更是生存和发展的必然要求。这种新的人类观，要求我们在追求当代人生存与发展的同时，深思熟虑地考虑后代人的生存与发展需求。这样的发展方式，既符合我们当下的需求，也为后代的繁荣和进步预留了空间。"[3]法律是约束原始本能与求利本性的有效利器，同时也彰显了人类对美好社会的愿望与憧憬。人类生存下去的自然属性依赖空气、水来实现，其社会属性则需要通过体现共同价值、共同利益的法律来实现。自然人拥有美好善良的一面，但我们也不能忽视其内心深处贪婪、邪恶的一面，通过法律这一客观

〔1〕 王曦编著：《国际环境法》，法律出版社 1998 年版，第 4 页。
〔2〕 参见［奥］欧根·埃利希：《法社会学原理》，舒国滢译，商务印书馆 2023 年版，第 54 页。
〔3〕 吕忠梅：《环境法典编纂视阈中的人与自然》，载《中外法学》2022 年第 3 期。

外在约束对其予以规制，人方能获得征服外部自然的最大力量，去创造更加灿烂的物质文明。

在编纂法典的过程中，我们必须将人与生态环境之间的紧密关系纳入重点考量范围，要通过创新法律主体、法律责任等理念，以创造性的含义、崭新的形式来实现人这一主体在生态环境保护中的价值。首先，对法律主体的理解要摒弃人类发展与自然保护对立的观念，但也要重视辨别主体、客体，重视法律主体尊重和保护生态环境的核心要点，具体体现在环境法典对于法律主体制度的设计之中，在新时代现代化背景下给予人类新的定位以及新内涵。其次，在认识到法律主体的基础上对所构建的法律内容进行合理化、科学化考量，尤其要改变现实中生态环境资源面临可以被随意开发利用的观念，既要关注主体对主体的义务，又要厘清主体对客体的保护义务，完善发展法律关系内容，从根本上将人与生态环境写进环境法典的规制范畴。最后，应当完善、发展环境开发利用行为责任理论，使环境法律责任化为对行为人的约束，重中之重是生态环境修复工作等责任方式需要在主体与自然环境的视域下进行约束和规制，实现在环境法典中进行完善、发展，创新法律主体的法律责任方式和法律责任基本理论的目标。

二、自然与环境法典：自然是环境保护的重中之重

"生态环境"中的"环境"指向社会可持续发展，在法律规制意义上表征"在不超出支持它的生态系统的承载能力的情况下改善人类生活质量"。[1] "生态环境"中的"生态"指向环境可持续发展，[2]体现"自然生命共同体"的价值取向。[3]在探讨生态环境时，"资源"的概念不仅关联着经济的可持续发展，更在法律规制的层面上体现了其深层含义。法律在规制经济活动时，应当确保资源的利用既满足当前的需求，又保障未来的可持续发展，从

---

〔1〕 世界自然保护同盟、联合国环境规划署、世界野生生物基金会合编：《保护地球——可持续生存战略》，国家环境保护局外事办公室译，中国环境科学出版社1991年版，第3页。

〔2〕 罗慧等：《可持续发展理论综述》，载《西北农林科技大学学报（社会科学版）》2004年第1期。

〔3〕 巩固：《环境法典自然生态保护编构想》，载《法律科学（西北政法大学学报）》2022年第1期。

而实现经济、社会和环境的共赢，[1]体现“人与自然和谐相处”的价值目标。[2]“生态环境”的“一体三面”与可持续发展价值高度契合，这使得环境法典可以在可持续发展价值目标下调整范围，同时，可持续发展价值目标也为法典编纂提供框架和基石。在可持续发展核心价值下，环境法典必须规制的环境污染、生态功能丧失、资源枯竭三大问题可以通过“生态环境”的三个面向展开。[3]在环境法典的编纂中，上述逻辑得以全面展开，形成了由总则引领，涵盖污染控制编、生态环境责任编等部分的清晰的框架结构。这一结构不仅体现了环境作为持续发展的基础，也彰显了经济持续发展的条件性，同时明确了社会持续发展的最终目标。通过这样的法典设计，我们能够更加系统地应对环境挑战，推动绿色、低碳和可持续的发展模式的形成。[4]

回望历史。先秦时代，我国诸子百家就“天与人”之间的讨论十分深刻，其中“天人合一”自然哲学观则是其中具有代表性的重要观点，直观地展现了自然与人的最佳的应然状态。老子遵从的“道”的理念，以“道”为自然的核心，[5]老子认为生境之中的“道”是看不见摸不着的，只能去用心体悟，也只有悟出了“道”之规律，才能真正参透万事万物的内在奥秘。在人与环境关系论述中，老子思想有两层含义：其一，世间万物为一体，物与物之间紧密相连，并没有明显的分界线。其二，人与自然和谐共生，没有边界与障碍；唯有深刻理解和把握自然规律的“道”，我们才能从根本上实现人与自然之间关系的平衡。要实现人与自然的和谐共生，必须确保人类与自然之间的联系遵循自然规律和自然法则，以此作为我们行为的指南。庄子针对人与自然关系的阐述则更为简练，“天地与我并生，而万物与我为一”。[6]自然和人类本是统一存在的，万物和人为一体，所以“人是‘天’所生，应当顺应自然”。[7]同时庄

〔1〕　[英] 戴维·皮尔斯、杰瑞米·沃福德：《世界无末日：经济学、环境与可持续发展》，张世秋等译，中国财政经济出版社1996年版，第59页。

〔2〕　张忠民：《环境法典绿色低碳发展编对可持续发展理念的体系回应与制度落实》，载《法律科学（西北政法大学学报）》2022年第1期。

〔3〕　王全兴、樊启荣：《可持续发展立法初探》，载《法商研究》1998年第3期。

〔4〕　吕忠梅：《环境法典编纂视阈中的人与自然》，载《中外法学》2022年第3期。

〔5〕　陈鼓应：《老子注译及评介》，中华书局1984年版，第203页。

〔6〕　（清）郭庆藩：《庄子集释》，王孝鱼点校，中华书局2013年版，第203页。

〔7〕　（清）郭庆藩：《庄子集释》，王孝鱼点校，中华书局2013年版，第416页。

子强调："夫明白于天地之德者，此之谓大本大宗，与天和者也。"[1]依庄子所看，唯有洞悉自然的规律，人类方能与自然和谐共生。由此可以看出，法律制度是否有效合理的重要评价标准，在于是否形成人与自然的最佳关系状态，要合理认识自然这一概念，不能让人类在自然的世界里变为孤独的生命独行客。如今应当在回望先哲们提出"天人相睦"的自然形态之下，正确指引完善法律秩序建构。当下环境法的形成以及一系列环境法律法规的创制，都是从价值和规范层面对自然这一重要核心问题的正确回复。

三、法律关系与环境法典：实现法典规范体系绿色化

法哲学中的人与自然关系，为我国环境法典夯实了世界观和方法论基础，因为环境法典编纂工作是在一定理论观念作用下进行的法律制度体系化工程，环境法典编纂过程中环境法律制度特点中的技术性特征指导价值理念转化为法律规范表达。将法哲学观念转变为环境法典具体的价值导向，为了维护环境权益，确保其与生存权、发展权之间的平衡，我们应当明确环境法律制度所调整的关系，确立其调整范围。这一过程中，我们需要以立法的形式来正式确立环境权，使其与生存权、发展权相互制衡，共同促进社会的可持续发展，并通过重构法律关系的方式细化为对人的行为具有约束力的法律规范，规定法律主体具体的权利义务，才能发挥环境法典调整社会关系、建立和维护环境社会秩序的作用。我国《刑法》自1997年修订以来，在生态环境和资源保护领域作出了巨大努力。立法机关多次修改《刑法》，司法机关多次出台司法解释，刑法生态化趋势明显，"绿色"越来越成为我国刑法的一大特色。这中间最根本的进步在于扩大了环境法的保护对象和保护法益：从"环境"和"资源"逐步拓宽到了"生态"，而且"生态"的内涵和外延还在不断得到拓展和深化。[2]《民法典》的制定把"绿色民法典"作为目标，就是一个典型例证，公益诉讼制度的建立完善也有对"生态文明"的考量，[3]是将生态

---

〔1〕 葛兆光：《中国思想史》（第1卷），复旦大学出版社2001年版，第103页。
〔2〕 杨朝霞：《织密生态环境保护刑法之网》，载《法治日报》2023年8月30日。
〔3〕 吕忠梅等：《"绿色原则"在民法典中的贯彻论纲》，载《中国法学》2018年第1期。

环境领域"改革共识"提升为"宪法共识"的基本途径。[1]以此为鉴，环境法典可以通过确立体现人类未来发展方向与目标的可持续发展；与此同时，以可持续发展所蕴含的人性观、自然观、时空观、公平观对传统法律的公平、正义、自由、安全等价值进行重塑，形成与传统法律相一致但又体现环境法特质的生态安全、环境正义、代际公平、公益保障等工具性价值，协调环境法律体系与相关法律的关系，维护既有的基本经济社会秩序，增强环境法的合理性。在目的性价值与工具性价值统一、实质正义与形式正义整合的基础上，形成环境法典编纂的逻辑主线。[2]

为了节约立法成本和资源，我国环境法典的编纂应当充分合理利用、整合、吸收已有的法律制度。对于实践效果良好的环境单行法，可以充分加以利用，如目前环境法的基本原则、价值理念、适用程序是应当为大众所共同遵循的，在编制环境法典内容时，我们可以运用"提取公因式"的方法，将环境法中的一些核心原则和基础规定提炼出来，并以法律的形式进行确立。通过这样的方式，我们可以制定出一部结构完整、内容精练的环境法总则，为环境法律体系的进一步完善和发展奠定坚实基础。张梓太教授认为通过整合创新可将总则分为六章内容：序言、基本原则、基本制度、基本责任、资金费用和教育宣传。[3]在形成总则的基础上，对环境部门法进行筛选整理，通过此种方法将共同要素抽离出来，形成环境法分则。

四、结语

经济社会不断向前发展，也带来了更复杂、更多变的环境问题，由于更高质量、绿色可持续发展道路成为众多国家关注以及设法寻求的出路，环境法典的编纂确实是一条值得探索的可行之路。在当前新时代背景下，我们应充分利用我国环境法典编纂的有利条件，并紧密结合我国的实际需求，合理地确定环境法典的结构安排。这样的做法将有助于构建一部既符合国情又具备前瞻性的环境法典，为环境保护事业提供坚实的法律保障。目前我国的社

〔1〕 陈海嵩：《中国环境法治发展总体结构与环境法典编纂指引——以"生态文明入宪"为中心的分析》，载《法学论坛》2022年第4期。
〔2〕 吕忠梅：《中国环境立法法典化模式选择及其展开》，载《东方法学》2021年第6期。
〔3〕 张梓太、陶蕾、李传轩：《我国环境法典框架设计构想》，载《东方法学》2008年第2期。

会关系是基于新时代新发展阶段、新发展格局而形成的新社会关系，对高层次法律制度有新的需求，同时环境法典还应当着力解决当今环境法律制度内部的矛盾、具体规制内容之间的交叉重叠等问题。在新时代中国目前的实际状况下，环境法典编纂不能仅仅停滞于环境法典是否应当编纂这一初阶段命题，而是应当在未来着重思考以及推进到如何有效合理制定并推行环境法典层面。针对这一问题，环境法学家在认真分析讨论后达成了合意，即挑选部分符合要求的环境法律制度进行适度化的环境法编纂，加速推动环境法典的编纂进程；同时这种方式也将有效提高环境法典的灵活性和适应性，符合环境法容易随着社会物质文化变动而适时调整的特征。

（高源　西南政法大学刑事侦查学院）

本土犯罪论体系的整体性内部逻辑分析

——读车浩《阶层犯罪论的构造》

　　"以刑法总则的规定为基础，探讨犯罪成立的一般要件"的犯罪论在传统中华法系中付之阙如，[1]然而近代中国刑法学界却有两种结构各异的犯罪论体系并驾齐驱：四要件犯罪构成理论与阶层犯罪论体系。车浩教授所著《阶层犯罪论的构造》，凝聚了其针对犯罪论体系以及根据犯罪论体系产生的思考，不仅直接回应了"上述环境为何而存在"这一现实问题，更在此基础上对不同犯罪论体系的理论与实践情况等内部逻辑进行了详细拆解与比对。全书涵盖了对于犯罪论从"总体到局部"的全面体系性阐释，管见以为绝无可能在如此短的篇幅内周延性地评述，端视此而定，略析该书上篇之"阶层犯罪论的整体考察"，以回答"中国本土各犯罪论体系存在之原因及其理论与实践的对比反思"这一问题。

一、犯罪论体系内部逻辑之发展路径回溯

　　开篇起笔，车浩教授择历史之视角，探求各犯罪论体系于中国本土存在的原因，依序检视孕育犯罪论体系的学术土壤之变化。

　　不同于西方社会对于法学高度抽象性与概括性的追求——诸如"人和神的事务的概念，正义和非正义之学"此类的描述，[2]"20 世纪之前中国刑法学，是受儒家思想影响的、以条文注疏为主要研究模式的传统律学"。[3]车浩

---

〔1〕　[日]西田典之：《日本刑法总论》，刘明祥、王昭武译，中国人民大学出版社 2007 年版，第 44 页。

〔2〕　[古罗马]优士丁尼：《学说汇纂》（第 1 卷），罗智敏译，中国政法大学出版社 2008 年版，第 14~15 页。

〔3〕　车浩：《阶层犯罪论的构造》，法律出版社 2017 年版，第 34 页。

教授于书中提明，纵清代学者对于刑律之注解已达到了相当精致之程度，但仍系解释性质律学。

此环境所折射的本质即车浩教授回答"为何传统中华法系难以产生犯罪论学说"这一问题的侧重视角——分析古代中西方的思维模式差异。"犯罪构成是一种理论模型，是建立在对犯罪成立条件的理论概括基础之上的，构建理论模型需要具备相当程度的逻辑水平与思维能力，尤其是形而上的抽象思维能力。"[1]而这却恰恰是古代中国所欠缺的，我国传统学术"很少精细严格地论证""不追求体系化"，[2]精于对条文的解释，却疏忽了理论体系的建构。此点的确不同于彼时的西方社会，已然存在肥沃、丰饶的哲学研讨土壤。西方社会科学善于以概念和公理为起点，在此基础上通过逻辑的层层递进和分析，演绎构建学术体系。这无疑满足了形成犯罪论学说对于"逻辑水平与思维能力"的严苛需求。因此，西方国家能够最终产生高度抽象的犯罪论体系，是不足为奇的。车浩教授将这种差异概括为"诗与哲学的冲突"，由此推理渐进，得见传统中华法系始终缺乏滋生出某种一般性的、具有内在逻辑性理论模型的学术土壤。

事实上，上述疑问仍可援另一视角解释，管见以为，其还源于封建中国以皇权为中心的高度政治集权。一方面，秦并天下后，政治背景发生了根本性的变化，从平行主权之间的列国竞争格局变成了单一主权之下的国内常规治理。这一特征在进入汉朝后更加明显。前文已述，律学之源起，广受儒家思想之影响。"儒家思想适用于大一统格局，法家思想适用于世界竞争格局。"[3]"在大一统政治格局之下，只有一个最高的中央政权。这个唯一的中央政权不再需要与其他对等的政治实体进行残酷的生存竞争，因此法家也失去了其利用价值。"[4]因而律学兴起，法家衰落。另一方面，"犯罪的构成理论，是刑法科学中极其重要的理论"[5]，"科学最重要的基本特点，是从事科学研究的

---

〔1〕 陈兴良：《犯罪论体系：比较、阐述与讨论》，载陈兴良主编：《刑事法评论》（第14卷），中国政法大学出版社2004年版，第61页。

〔2〕 苏力：《川上曰》（《阅读秩序》一书的序言），载苏力：《批评与自恋：读书与写作》，法律出版社2004年版，第220页。

〔3〕 喻中：《法家三期论》，载《法学评论》2016年第3期。

〔4〕 喻中：《从法家三期论看律学的兴起与衰落》，载《河南大学学报（社会科学版）》2018年第6期。

〔5〕 焦旭鹏：《犯罪论体系的评价标准》，载《环球法律评论》2023年第6期。

人处在一种自由的状态"。[1]在皇权的高度权威性之下，"君臣之间的关系单纯了，单纯得只剩下雇主与佣工的关系"。[2]所有的司法工作需以国家颁布的律令为准则，任何具有"创新性"的法学理论，都有可能触犯皇帝的统治权威，社会不存在科学的犯罪论体系产生所需的必要自由环境。在这种生态下，解释性质的律学大放异彩，一度造就了魏晋律学、《唐律疏议》的繁华。但科学的犯罪论体系，在古代中华法系中仍为空白。

进入近代，我国刑法学界逐步发展出两种类型的犯罪论体系。民国时期，中西方刑法文化进一步碰撞交融，初步抽象出了"责任""违法性"等一系列近现代阶层犯罪论的关键性普遍性要素。然而在新中国成立后，刑法学界学习和移植的目光却由德日转向了苏联，整个法律体系又开始由"大陆法系"转向了"社会主义法系"，效仿其所推崇的"四要件"理论。两种学说并驾齐驱，甚至一度"互不相让"。

这种尴尬场面的背后其实也有令人无奈的成因。车浩教授紧接着于下文着重评述近代中国犯罪论体系的总体发展水平，揭示此种境况的深刻来源，即"频繁的社会变革"和"目标上的功利性"。中国近代修法的核心原因为当时与西方现代化进程的严重脱节，一切的政治活动、图强维新，都建立在"求变"这一底色之上。质言之，整个中国的近代社会都是动荡不已的。如此环境不适合需要稳定思考的学术界，这一点自无需赘述。此外，由于容错率低、试错成本巨大，"变革"时期的研究工作一定是具有极强的效率导向性质的，以此顺应社会变法图强的时代潮流。采严刑峻法体制之秦于乱世一统天下，即运用法家"富国强兵"之战略思想。"在法家看来，改革变法是时代潮流，是推进富国强兵这一战略目标的根本动力"，[3]为此能否高效地调动国内生产力成为立法的唯一考量标准。此现象也同样发生在近代中国的变法修律过程中。吸收德日的阶层论之时，更多是鉴于日本通过此种模式一跃成为世界强国，因而效仿；承袭苏联的四要件之时，实在追随苏联本身的强大。

综上言之，封建的土壤没能孕育独属中华的科学犯罪论体系，使得近代

---

〔1〕 参见车浩于 2024 年 4 月 19 日在"金开名家讲坛"上的讲话。

〔2〕 许倬云著，陈宁、邵东方编：《历史分光镜》，中华书局 2015 年版，第 52 页。

〔3〕 钱锦宇：《中国国家治理的现代性建构与法家思想的创造性转换》，载《法学论坛》2015 年第 3 期。

中国不得不功利性地去综合各国有参考价值的文献与体例，造就了两种犯罪论体系并存的现状。但此种路径并非全然遗憾的，而系一种"未竟的循环"。"这种影响不可能在一个早上就用扫帚全扫光"，[1]事物拥有螺旋上升式的进步空间，这是一个艰难但同样可喜的必经历程。

二、犯罪论体系内部逻辑之理论结构对比

我国刑法学界在踯躅多年后，终于诞生了两个特征鲜明的犯罪判断方法。意欲解决"四要件"与"阶层论"之间的涵摄差异问题，车浩教授择取回归问题最本源之方法——从最基础的概念入手，拆分犯罪论体系的理论本体。

四要件学说，存在诸如"行为、目的、结果、动机"等一系列的简单原始概念。在此基础之上，学界进行了更进一步的抽象整理，推导生成了"客体、客观方面、主体、主观方面"这四个普遍概念。诸如"客观方面"，其中就囊括了"危害行为、犯罪对象、危害结果、因果关系"等经验性的原始概念。但车浩教授颇为犀利地指出，这已经是四要件理论的逻辑最高层次，学科体系化最为关键的"连接点"——基本概念，并没有出现。

这就直接导致了四要件理论的评价范围被限缩在了一个并不能够让人满意的程度。一方面，判断犯罪的角度因此而变得非常单薄。四要件的底层逻辑应该是这样——抽象出所有的犯罪特征，从正面的视角评价一个行为。如果该行为满足了全部犯罪特征（即归纳出的四个普遍概念），就可以被评价为犯罪行径。但是，即使所有的犯罪都包含着"四要件"的特征，却并不代表所有具备"四要件"的行为都是犯罪。"'四要件犯罪构成理论'中的四个要件，都属于积极的'入罪'要件，而无消极的'出罪'要件。"[2]简而言之，"四要件"仅仅是犯罪的必要条件而非充分条件。另一方面，基本概念的缺失削弱了四要件学说的包容度。如"客观方面"只是一个记叙性的概念，仅仅针对行为、对象、结果、联系等词语作出了一个简单的归纳处理，并没有显示出一种经过整合后的功能增量，达不到"量变产生质变"的理想效果。

基本概念的缺失不可避免地使逻辑挖掘显得苍白。"客体""客观方面"

---

[1] 参见邓小平于 1979 年 3 月 30 日在党的理论工作务虚会上的讲话。
[2] 赵国强：《高铭暄教授"四要件犯罪构成理论"评述》，载《北京社会科学》2024 年第 3 期。

"主体""主观方面"，这四个语词之间缺乏逻辑推导性，是一个耦合式的机械组合结构。"四组要件作为平面耦合的结构只是下位要素的集合性记叙，抽象和体系化程度弱、目标性差。"[1]运用该理论分析案件时，各个要件往往一拥而上，并驾齐驱地占据思考者的脑海。纵有教科书按犯罪主体、犯罪客体、犯罪主观方面、犯罪客观方面的秩序排列，[2]也并不能得到学者的广泛认同。何种要件应当优先考虑，车浩教授认为，支持四要件的学者内部之间也无法得出一个统一的结论。所有采取四要件分析法的研究者，不得不做点对点式的比照，总结而言还是一种"要素集合"式的分析。

如此一来将有更为严重的其他影响，那就是研究者往往失去从整体视角把握犯罪行为的机会。四要件学说只是将犯罪行为简单地切为四块，让法务工作者仅仅从这四个点中揣测犯罪的内核。这样就有"盲人摸象"的风险。象鼻？象尾？象牙？这都不是大象本身，而是大象的组成部分。同理，客观要件、主观要件，这也不是犯罪的全貌，而是犯罪的一些必备构成元素。想要知晓犯罪的整体，还需更为科学的手段。

因此，"四要件"理论，可以概括为一门"点"的学问，从当下的视角来看，它有着缺失的部分。

相比之下，车浩教授以三阶层理论为阶层论之代表，解释其内部的精巧设计。行为、结果、目的，这些原始概念，以及主客观要件这些普遍概念，三阶层理论都有涵盖，同时，创造性地整理出了"构成要件""违法性"与"有责性"三个基本概念。此三者就完美地达到了全方位覆盖的连接性功能。以"有责性"作例，这个层次领域涵盖了除故意过失等一般主观要件之外的责任能力、违法性认识、阻却责任的紧急避险及期待可能性等元素。"责任"这个概念不是一个仅仅说明行为人主观情况的事实性概括，而是还具有某种规范性和价值判断的功能，系统地回答了违法犯罪行为能否归责于行为人的问题，并且明确给出答案——不满足此阶层的行为人皆以责任阻却事由出罪。通过如此的性质检验，三阶层理论将普遍概念上升为一整个"面"。

据此我们可沿用同"四要件"一样的分析次序，得知基本概念的完备带来了逻辑上的自洽。"构成要件""违法性"与"有责性"，这三个语词本身

---

[1] 熊琦、徐澍：《中国犯罪论体系之争的省思》，载《中国法律评论》2023年第3期。
[2] 何秉松主编：《刑法教科书》（上卷），中国法制出版社2000年版，第208页。

具有不可更改的判断顺序。操作者需要在第一个肯定性和假定性的阶层判断满足之后再进行下两个阶层的否定性检验，逐层排除，最后得出是否成立犯罪的结论。拿前两层"构成要件"与"违法性"作例，二者实质上是一种烟与火的微妙关系。有火必定有烟，但烟的产生并不必然昭示火的到来。所有违法行为必然会满足刑法分论上的各个构成要件，但满足了构成要件的行为并不一定具有违法的性质。此种情境下，还有在第二阶层"违法性"出罪的空间。阶层论"不是意味着将通常作为一个整体来理解的犯罪分解成具体的部分，而是从不同的角度研究之"。〔1〕质言之，四要件中所出现的仅从正面视角评价行为的问题被完美解决，三阶层理论从正反双面完整地判断一个行为是否为犯罪，并同时以有责任的第三阶层做最后的补充，展现了评价一个行为整体的多重视角。

总结而言，阶层论在犯罪认定中彰显出了"面"的涵盖程度，使得过程有了整体性的机能与多重维度，这是四要件"点"之集合式所不具备的。

三、犯罪论体系内部逻辑之司法实践运用

车浩教授将"四要件"理论概括为"大众话语"模式下的产物，并预测犯罪论体系的下一步理论发展走向定为"精英话语"模式下的阶层犯罪论体系。管见以为，这是一个必然的发展走向，但"四要件"顽强地根植中国司法土壤多年，因而仍不容小觑。

四要件的最大优势在于判断过程的简明，即便是缺乏系统法学训练的行外人甚至都有在短时间内掌握精通的可能性。这种理论满足了一般司法工作人员甚至广大群众的理解能力，并不一定需要专业而长期的培训，人们一般能很快掌握这种理论。高铭暄教授对于四要件的辩护也是从此出发："从司法实践上看，可以毫不夸张地说，目前我国从事司法实践工作的学者，不管其他法学知识掌握得如何，一般都会对犯罪构成的基本理论包括犯罪构成的四方面要件有一个基本的了解，并自觉以该理论为指导，去认定现实生活中的各种犯罪。"〔2〕

---

〔1〕 ［德］汉斯·海因里希·耶赛克、托马斯·魏根特：《德国刑法教科书》（上），徐久生译，中国法制出版社 2017 年版，第 275 页。

〔2〕 高铭暄主编：《刑法学原理》（第 1 卷），中国人民大学出版社 1993 年版，第 457 页。

这种简练性的确为许多现实问题提供了一个可行的解决方案，可以应对诸如先前特定时期下曾出现的为缓解办案压力与填补司法人数空缺而导致的法官专业化程度不高之问题。这一社会现象所映射的司法改革与法官职业化之间的结构性矛盾曾引起社会各界重视。四要件的普及，事实上一定程度地缓和了这个矛盾。该理论可以快速且高效地填补法官自身存在的法学理论空白。在法官快速地掌握了简易的四要件理论之后，社会上将减少相当基数的冤假错案与重刑判决。"'四要件犯罪构成理论'恰恰将定罪的客观方面的要件和主观方面的要件巧妙地构筑在一种理论体系之中，使其'无偏无颇'，得以彰显刑法的公正公平之本意。"〔1〕与此同时，"四要件"的简明判断过程满足了现社会阶段民众置自身于司法实践中的广泛渴求。此理论恰恰承担着诸如"净土宗"之于佛教的地位。此宗信徒可无需经过背诵繁复经文而皈依佛教，一举扩大了后者的社会接受程度。同理，在以法为业的工作者掌握精细阶层论之时，民众若想以较低的成本参与到社会案件的判断过程中来，"四要件"无疑是"低门槛"的选择。

那么反观"精英话语"模式下的阶层理论，这是否只是"高高在上"的学者提出的乌托邦式的自娱自乐？答案也显然为否。欲反驳此观点，车浩教授将论证的笔墨集中于阶层论的最大特征——逻辑性的判断过程之上。而这恰恰也在司法领域发挥了威力。操作三阶层的法官，好似一个高效率流水生产线的工人，仅需按照操作守则启动运行机器，一丝不苟地将案情套入，逐层排除，就可以得到一份系统全面的分析结果。"既可以节省精力，也可以避免遗漏应当检验的要件。"〔2〕与此同时，阶层论的适用对于司法审查工作而言也是福音。由于有章可循，每一个适用阶层论的法官必须严格按照三大步骤，依顺序对案件进行拆分解释，是一种固定化、标准化的检验流程。对于司法监督部门而言，挑出冤假错案的冗长过程也可以简化为"依采购清单一般"比照的、相对轻松的工作。

四、犯罪论体系之争的小结

车浩教授曾在书中援引陈兴良教授对中国本土各异犯罪论体系交锋的当

---

〔1〕 赵国强：《高铭暄教授"四要件犯罪构成理论"评述》，载《北京社会科学》2024 年第 3 期。
〔2〕 张明楷：《刑法学》（第 6 版）（上册），法律出版社 2021 年版，第 126 页。

前结果的概括——"三阶层与四要件之争已硝烟不再"。[1]简言之，理论学界已经不再执着于为阶层犯罪论体系取得中国刑法语境下的"学术合法性"的争论，而是慢慢回归于阶层理论进场后的本土化改造与理论构建的深层研究，甚至借用阶层犯罪论体系视角下的"德国问题"与"德国观点"解决当前"四要件"犯罪构成理论所遭遇的结构性困扰。其中最典型的例子便是通过阶层犯罪论体系中的"一元论"观点处理"被害人同意"在四要件理论中的体系性地位问题。"被害人同意"的上位概念"正当化事由"，始终"游离于犯罪构成体系之外"，[2]因而难以处理"四大构成要件对判断犯罪与否起决定性作用"与"被害人同意仍可作为出罪理由"之间的结构性矛盾。德国刑法学界中的"一元论"甫一引入，便提供了可操作的解决路径：既然"一元论"侧重借"被害人同意"全面排除行为构成，那自然也可以在传统犯罪论体系中转化为排除"四要件"的根据，类似于张明楷教授以"因承诺而导致法益没有受侵害"[3]作为被害人同意的根据。如此一来，"一元论"可将"被害人同意"置于"排除犯罪客体"这一地位，回归到了四要件本身的层次当中，形成逻辑自洽，达到改良的效果。

如上的论述即反映了当今四要件犯罪构成理论与阶层犯罪论体系之间形成的共存甚至交融借鉴的良好环境。鉴于这样的多元化发展趋向，在可以预见的未来，各种犯罪论体系很难再有如此"针锋相对"的差异，将渐渐演变为学者讨论刑法问题"任君自取"的分析工具。有关犯罪论体系的探讨，也不再会导向"优胜劣汰的自然结果"，[4]而是进入"百花齐放"的从容时代。

（徐亦畅　西南政法大学民商法学院）

---

〔1〕 陈兴良：《刑法教义学的发展脉络——纪念1997年刑法颁布二十周年》，载《政治与法律》2017年第3期。

〔2〕 田宏杰：《刑法中的正当化行为》，中国检察出版社2004年版，第144页。

〔3〕 张明楷：《刑法学》（第6版）（上册），法律出版社2021年版，第296页。

〔4〕 车浩：《阶层犯罪论的构造》，法律出版社2017年版，第10页。

从古至今：探究"准五服以制罪"的演变与影响

——读瞿同祖《中国法律与中国社会》

　　我国古代法律推崇的是礼法结合，将礼制纳入法律范畴，其中"准五服以制罪"制度是以礼入法的重要内容。瞿同祖先生提出了"服制定罪"的理念，这是对古代"准五服以制罪"的有效解读，旨在按照丧服服叙对亲属之间的犯罪行为进行定罪和量刑，以维护家庭和睦和社会长治久安。随着丧服礼仪与古代法律制度的有机融合，服制成为古代司法审判中的重要依据。

一、"准五服以制罪"：古代法律中家族权力与中央控制

　　"服制定罪"即"准五服以制罪"制度，是以"五服制度"的确立为基础的、用于规范处理亲属间相互犯罪的法律原则，即依据犯罪者身份的尊卑和血缘关系的亲疏远近，对其定罪和量刑。如果是以尊犯卑，服制越接近处罚就越轻；如果以卑犯尊，服制越接近处罚就越重。[1]丧服制度与古代法律的有机结合进一步厘清了家族内部的尊卑长幼关系，有利于将伦理道德智慧融入法律中。

　　在古代，家族是政治、法律之基本单位，家族的形成、兴起和消失深受家族制度的影响。在古代政事法、民事法、刑事法方面"莫不含有家族之观点在内"。[2]"五服制度"是我国古代法制演进的重要标志，也是家族在古代法律体系中发挥关键作用的具体表现。在这个制度下，每个家庭成员根据与逝者的血缘关系的亲疏远近穿戴不同级别的孝服。根据丧服材质的不同，主要将其划分为五种丧服等级。古代丧服等级在服装材料上以粗糙、朴素程度

---

〔1〕　焦现恩：《准五服以制罪在中国法律传统上的地位》，载《社科纵横》2006 年第 2 期。
〔2〕　陈顾远：《中国法制史概要》，商务印书馆 2011 年版，第 136 页。

来划分，材料越粗糙，制作手法越简单，便象征着丧服的庄严程度越高、等级越高。五服制度起源于我国古代的丧葬习俗，最初只是作为一种社会仪式为人们所遵守。直到西晋时期，《泰始律》的颁布，正式确立了"准五服以制罪"原则在法律体系中的地位和法律实践中的价值，这不仅是对五服制度的法律认可，更是一种功能性的扩大，使其从简单的丧葬礼仪变成涉及法律惩罚的制度。

"准五服以制罪"在历朝历代中得以实践和贯彻，其存在的根本价值在于能够有效维护中央集权君主专制。准五服以制罪存在的表层原因是维护与君权相通的父权。[1]在先秦的儒家思想中，君臣关系是相对平等的；董仲舒对儒学进行改造之后，提出君主的权力是上天赋予的，并且臣子都必须绝对地服从君主，但其忽略了君主对臣民的义务，君主对于国家事务的管理有着绝对的权威，这使得君权得到进一步的扩大。在传统儒家思想中，家族是社会秩序的基本单位，而中国的家族是父权家长制，父祖在家族内部拥有绝对的权利。父祖在家族中利用宗法关系来对个人进行管理，解决家族内部的各种纠纷，对违反族规的行为进行处罚，其决策被家族成员遵守和贯彻。父祖在家族中拥有至高无上的权威，这种权威的延伸与君权的权威类似，父祖对家族内部的事务具有绝对的管理权，所作出的判决在家族内部具有权威性。对于统治者而言，统治者对于整个国家拥有绝对的管理权，在制定律法、执行政策等各个方面都拥有最高决策权。因此，巩固家族中父权家长的威严就是维护君主的权势，两者密不可分，通过维护家族的稳定能够强化君主权威，进而促进社会秩序的稳定。

深层原因则是迫使家族承担自我约束与管理的责任，从而更好地维护中央集权君主专制的统治秩序。[2]随着郡县制逐渐取代分封制，地方的民众不再完全依赖于贵族的个人统治，实现了从一种封建束缚向中央垂直管理的转变。这一转变彰显了中央对地方控制力度的加强，也对中央的管理方法提出了新要求。在领土面积不断扩大的情况下，路途遥远、交通不便等因素大大增加了中央对地方的管理难度，此时单纯依靠官吏对地方进行治理是显然不行的，政府更应该发挥宗族势力对地方进行有效管理。自父系氏族公社确立

〔1〕 屈永华：《准五服以制罪是对儒家礼教精神的背离》，载《法学研究》2012年第5期。
〔2〕 屈永华：《准五服以制罪是对儒家礼教精神的背离》，载《法学研究》2015年第5期。

以后，父权家长制家庭就逐渐成为我国社会的基层组织。[1]中央在对地方治理的过程中，应当充分运用宗族组织的势力，依靠乡村社会内部的力量和族权对族人的自然约束来维持乡村的稳定，充分调动家族自我管理和约束的能力，实现中央对地方的有效治理和控制。然而，一味利用宗族势力对地方进行管理也是不可取的，易出现权力滥用的情况，所以政府需要采取适当的监督措施，既发挥地方的自主性，减少权力滥用和社会不平等的情况出现，又不损害中央的权威性，维护中央集权君主专制。

二、古代中国法律中的家族制度与社会秩序密切相关

"准五服以制罪"制度本质上是家庭内部"同罪异罚"原则的体现，即根据服制差异，古代法律对实施相同犯罪行为的人施以不同的刑事处罚。亲属相犯异罚肯定了亲属之间存在着不同于常人的权利义务，是对亲属之间特殊的亲伦情感的正视和尊重。[2]这是对家族内部感情纽带的保护，是对家族在古代社会中特殊地位的认可，也映射出古代社会对家族伦理的尊重与维护。

在刑法适用中，"同罪异罚"原则表现为：亲属相犯，以卑犯尊者，处罚重于常人，关系越亲，处罚越重；若以尊犯卑，则处罚轻于常人，关系越亲，处罚越轻。但普通人之间的斗殴，轻伤则笞杖，重伤则徒流。在普世观念中，故意伤害致死或谋杀行为都是需要偿命的，而亲属间犯罪行为却不同。在亲属间的盗窃行为中，其犯罪行为受到的处罚与血缘关系的亲疏远近和身份地位呈现出反比的关系，血缘关系越亲近所受到的处罚也就越轻，血缘关系越疏远所受到的处罚也就越重。其中亲属相犯与亲属相盗两种犯罪行为的处罚差异，更是体现了"准五服以制罪"的核心精神，即保护人伦亲情秩序以及维护家族的和睦。发生在亲属间的斗殴行为不仅是对个人的伤害，更是对家族和谐与社会秩序的破坏，所以应当对该行为加重处罚；而亲属之间的盗窃行为，更应该考虑到亲属之间具有互相救助的道义，所以对该行为处罚应当减轻。从法律的视角出发，无论是加重处罚还是减轻处罚，其核心旨在强化家族内部的和睦，减少家族内部的分裂，以维护家族的整体和睦。

---

〔1〕 洪煜：《西周和秦汉时期的父权家长制》，载《殷都学刊》1997年第1期。

〔2〕 谢淑芬、曹旅宁：《从〈唐律疏议〉看中国古代的亲属相犯异罚》，载《鲁东大学学报（哲学社会科学版）》2014年第2期。

宗族制度的维系体现在"同罪异罚"之中，该原则规定同一种犯罪行为发生在常人之间和亲属之间所受到的刑罚是不一样的，并且凡涉及人身安全的案件中，尊长所受惩罚通常较常人轻；反之，卑幼则会承受更重的刑罚。所以"同罪异罚"具备双重意义，即令尊长与卑幼在法律上不平等，偏袒尊长压抑卑幼；这种尊长、卑幼处刑之别，不仅是两造之间对比的一重一轻，更是同凡斗的定罪比较。[1]由此可见，国家对年长者和宗族领袖的倾向性，凸显了国家对宗族权威的重视，以及宗族制度在古代基层治理中的重要作用，通过发挥宗族势力对地方的控制，维护社会秩序的稳定。法律之中融入了"准五服以制罪"这一规范，使得"同罪异罚"原则在具体法律条文中贯彻落实。但该制度在实践中也可能引发正义的失衡。在犯罪行为发生后，首要任务是对双方当事人的社会地位和血缘关系进行甄别，随后才能对犯罪行为进行定罪量刑。犯罪行为的惩罚受到犯罪者与受害者之间血缘关系和社会地位的影响，这种刑罚裁判的双重标准是不利于对公平正义追求的，这实质上是让个体的权利和义务受其家族地位的影响，是对独立个体基本权益的否定。

等级观念的体现，比如"同罪异罚"，在古代刑法体系中不仅限于家庭内部，更是经由法律机制延伸到社会层面。血缘亲属间的"五服制度"原属于传统宗法体系的核心，当"准五服以制罪"制度被法律采纳后，宗亲等级关系通过法律得以强化，进而将该制度的适用范围由家庭内部辐射到整个社会，影响整个社会秩序和人际交往的秩序。该制度的适用超越了家族的界限，其适用范围扩展到无血缘关系的人群。在这种情况下，奴婢可以被视为家庭的一部分，师徒关系被看作父子关系，这不仅是私人关系，也是社会关系，他们被赋予了宗族等级性的色彩。所以在他们发生纠纷冲突后，也是可以适用"准五服以制罪"制度来解决纠纷的。唐律规定，所有的奴婢谋杀主人者都要处以死刑，而主人杀死奴婢，只"杖一百"或"徒一年"。官员作为特权阶级，在法律上享有优越的法律地位；奴婢是贱民，面临不公平的待遇时，也难以获得法律的平等保护。所以当他们存在犯罪行为时，对他们的处罚也会受到社会地位的影响。"准五服以制罪"将宗族内部等级社会化，又将社会等级纳入宗族等级，两方面交融，形成了宗族等级与社会等级的紧密结合。[2]

---

〔1〕 冯尔康：《略述清律的诸种同罪异罚及制订原则》，载《文史哲》2007年第3期。

〔2〕 冯尔康：《略述清律的诸种同罪异罚及制订原则》，载《文史哲》2007年第3期。

这种"同罪异罚"的法律制度本质上将宗族等级制度社会化和扩大化，从而强化了等级制度，维护了既有的社会秩序和利益阶层，但也会加深社会的分裂和不公。

三、中国法律变革中的"准五服以制罪"：传统和现代的交融与冲突

"准五服以制罪"制度的产生和发展具有独特性，深受中国传统文化、经济发展状况、政治制度等多重因素的影响。正是由于社会环境的差异，中国传统法律与西方法律走上了截然不同的发展道路。就经济条件来说，中国古代以自给自足的小农经济为主，农民对土地耕作经验的依赖性较大、对抗自然灾害的能力也有限，所以需要依靠家族的力量共同抵御天灾人祸，这反映出"准五服以制罪"制度对家族和睦的重视。法律制度对社会发展具有推动作用，具有本土特色的法律制度能够更好地适用于社会发展。但是，当社会制度的性质发生转变时，不适应社会发展的因素应当被摒弃。在我国社会性质发生转变后，"准五服以制罪"制度不再适应现代社会的发展。

在鸦片战争后，闭关锁国的清朝被迫打开国门，中国与西方的联系也日益加深，西方法律思想的传入，给传统法律带来了剧烈冲击，也为中国法律的发展指明了方向。在法律领域，清末变法推动了一系列修律措施，其中"准五服以制罪"制度的发展状况深受"礼法之争"的影响。这场争论主要围绕亲属相犯、亲属相奸等传统法律条文而展开。礼教派和法理派是这场争论的参与者，其主要争议焦点在于改革的程度。法理派主张最大限度地引进西方的法律思想，而礼教派主张在引进西方法律制度的同时也应该保持本国传统。尽管进行了一系列争论，传统法律文化与西方资产阶级法律文化的矛盾冲突始终存在着，其发展趋势既融合又对立。在近代法律制度的发展中，立法者认为单纯依靠服制图认定亲属范围的做法过于繁琐细密，因此将亲等计算法引入法律应用中。然而立法者并没有完全抛弃传统法律制度对于亲属范围的认定方式，而是采用了与服制适用范围相一致的亲等计算法，使其应用更加便利简洁。虽然"准五服以制罪"制度的具体内容发生了变化，与西方法律文化发生交融，但是制度的根本精神依旧存在，亲属间犯罪的相关法律条文仍然被保留。从《大清新刑律》到1935年的《中华民国刑法》，仍可以从中找到与服制相关的法律条文和法治精神，这表明"准五服以制罪"制

度在近代仍有较大的影响力。

中国传统法律是以家族和宗族为核心的，注重血缘关系；而现代法律是通过明确的法律条文对社会进行管理，注重公平公正，两者存在根本性差异，因而"准五服以制罪"在现代社会的适用性大大降低。虽然现代法律对传统法律的继承十分有限，但在"准五服以制罪"中仍可以发掘出新的价值。

从道德角度来说，"准五服以制罪"制度的核心精神是保护人伦亲情秩序以及维护家族的和睦，对该精神的有效继承可以传承古代优秀文化，有利于和谐的家庭道德氛围的形成。现代家族观念逐渐淡化，家庭不再以家族利益为主，而是更加注重自身的利益。随着社会性质的转变、市场经济发展，传统的家庭亲情伦理关系遭受猛烈的冲击，但新的平等、尊重家庭个体的家庭伦理关系没有正式形成，正处于道德失范的社会状态。[1]社会上家暴、虐待老人等现象多次发生，新的家庭伦理关系的形成和发展已经刻不容缓。法治建设离不开所处社会基本人伦秩序与道德观念的滋养，[2]将良好的家庭道德融入基本人伦秩序的建设中，将为法治建设提供新动力，同时也将促进优秀传统文化的发扬。

从具体的法律条文来说，现代法律建设始终不能忽视我国两千多年的法律文化，应当理性继承并不断创新，使现代法律精神和中国传统法律精神达到一定的平衡，发展出既符合现代社会需要又具有中国特色的法律体系。除对其制度的精神进行继承之外，还应该对相应的法律条文进行调整。其中有关亲属间盗窃的司法解释就是对"准五服以制罪"理性继承的具体实践。最高人民法院出台的相关解释规定：偷拿自己家的财物或者近亲属的财物，一般可不按犯罪处理；确有追究刑事责任必要的，处罚时也应与在社会上作案的有所分别。[3]这一解释兼顾了法治和人情，在司法判决中充分考虑到家庭关系、经济条件等因素，是对传统儒家伦理纲常的有条件的认同，不仅维护了司法的严肃性，也体现了司法的人性化。除了亲属间财产犯罪，还应该关注亲属间人身犯罪。家庭内部的犯罪具有极强的隐蔽性，并且"家丑不可外

---

〔1〕 于巧辉：《论"准五服以治罪"历史传统及其当代借鉴》，苏州大学 2011 年硕士学位论文，第 10 页。

〔2〕 李德嘉：《法治与人伦：传统儒家法秩序的现代价值》，载《学术前沿》2019 年第 18 期。

〔3〕 最高人民法院《关于审理盗窃案件具体应用法律若干问题的解释》（已失效）第 1 条第 4 项规定。

扬"的思想禁锢着受害者，导致发生家庭内部的纠纷或犯罪难以得到彻底的解决。虽然现行的法律规定了"暴力干涉婚姻自由罪""虐待罪"等与家庭相关的罪名，以保障个人的人身自由和权利行使，但是在具体的适用中，法律无法充分地保障当事人的合法权益。在司法实践过程中，受传统观念的影响，加害者认为家庭内部的纠纷不需要第三方的插手，对司法机关的介入呈排除状态；即便司法机关参与到家庭纠纷的解决中，纠纷也难以得到有效的解决。此外，法律只给予了犯罪人与其犯罪程度和危害结果相适应的处罚，没有"加重"处罚的说法。[1]家庭成员较普通人之间多了一层血缘和亲情的联系，将亲人作为犯罪对象不仅违背了普遍的道德秩序，更是违背了人伦秩序，其主观恶性更为突出。因此在对亲属间的犯罪进行裁判时，应当充分考虑加害人的社会危害性和主观恶性。当家庭成员利用其优势地位对弱势的家庭成员进行虐待或侵犯时，法官应当充分考虑其主观恶性而对其加重惩罚，不能让受害者成为加害者的发泄对象。相反，当受害者因长期受到虐待而对家庭成员进行反抗并造成对方受伤时，法官应当从轻处罚，鼓励家庭受害者为维护自己的合法权益而斗争。

（陈映竹　西南政法大学民商法学院）

---

〔1〕 项子馨：《论"准五服以制罪"于现代法律社会之意义》，载《巢湖学院学报》2018年第1期。

民事法律行为的法域区分价值

——读朱庆育《民法总论》

法律行为不仅是德国民法的基础概念，也是整个大陆法学的基石。百年以来，针对其的研究不胜枚举。毫不夸张地说，法律行为是德国民法中学术积累和历史底蕴最厚重的领域。[1]然而，"法律行为"并非我国实证法上的法定术语，[2]取而代之的是"民事法律行为"。冠以"民事"二字，意在限缩法律行为这一概念，随着法学理论的不断发展与完善，渐有泛指一切具有法律意义行为的趋势。例如，法理学上的"法律行为"与"事实行为"并提，以及"行政行为不仅包括法律行为，而且包括事实行为"[3]相关理论不断出现，法律行为这一私法领域概念被无限扩大。

一、民事法律行为概念之沿革

针对法律行为概念的争议，作者直接从起源谈起：德国注释法学派被视为法律行为的开山鼻祖。许多学者认为，最早使用"法律行为"概念的是德国学者 Danielnettelblandt。当代德国民法体系乃 Pandektenwissenschaft 的产物，弗卢梅指出"法律行为理论是民法总则之核心所在"。[4]何以得见？先明其概念，对于法律行为，德国民法学者考量如下：一方面，从意思表示是法律行为的内涵来界定。如萨维尼在《当代罗马法体系》中的经典定义——"法

---

〔1〕 王琦：《德国法上意思表示和法律行为理论的新发展——兼论对中国民法总则立法的启示》，载《清华法学》2016 年第 6 期。

〔2〕 朱庆育：《民法总论》（第 2 版），北京大学出版社 2016 年版，第 88 页。

〔3〕 江必新：《司法解释对行政法学理论的发展》，载《中国法学》2001 年第 4 期。

〔4〕 Werner Flume, *Das Rechtsgeschäft*, Springer, 1992, S. 28.

律行为就是民事主体创设其意欲的法律关系而实施的意思表示"〔1〕。另一方面，法律行为是对现实中产生法律效果的各种表意行为的抽象进行概括。〔2〕例如，温德沙伊德（Windscheid）如是界定："法律行为是旨在创设法律效力的私的意思宣告"。

明晰概念后，作者从以下两个方面理解法律行为的功能：首先在形式上，因其抽象，一般性的公因式得以被民法典各编提取，从而促成了总则编的出现；其次在实质上，民法各自治行为在此体系基础上得到整合，从而使私法自治理念的技术化得以实现。随着2020年《民法典》颁布，已经有学者指出，法律行为更像是"活页环"，串起各类民事权利，形成一套民法体系，促进形成《民法典》总则编。法律行为制度，作为民法总则的核心制度，不仅具有较强的技术性，而且受社会政治，经济文化影响较小，因此法律行为制度就有更大的可借鉴、可移植意义。且看我国民法，部分概念和制度系继受外国民法而来，但在继受时对相应的历史基础考量欠妥，导致了许多误解和争议。〔3〕其中，亟待解决的是法律行为的"合法性矛盾"与"法域区分难题"。

既已明晰法律行为之起源，作者将视野转向我国国内"民事法律行为"诞生之历史：民法典在1949年以后1984年之前，历经三次起草，而"民事法律行为"概念均未在历次草案中出现。不过，在此之前，"民事法律行为"已在民法学界显现。此外，作者指出，据张俊浩教授考证，"民事法律行为"在《民法总则》（草案初稿）中，初次被提及。该稿所附《民事法律行为说明》指出："始见于德国民法的'法律行为'原本含'民事'之意。本章定为'民事法律行为'，意在遏阻法律行为这一概念，渐渐泛指一切具有法律意义和法律后果的行为的趋势。"〔4〕之后，《民法通则》正式从立法上肯定了法律行为制度，在保留"法律行为"概念原有含义的前提下，用"民事法律行为"一词替代"法律行为"，形成了具有中国特色、理论上更加完善的概念体

---

〔1〕 王利明：《法律行为制度的若干问题探讨》，载《中国法学》2003年第5期。
〔2〕 梁慧星：《民法总论》（第6版），法律出版社2021年版，第167页。
〔3〕 柯伟才：《法律行为概念的形成》，载《法学家》2023年第4期。
〔4〕 朱庆育：《法律行为概念疏证》，载《中外法学》2008年第3期。

系。由此，民事法律行为概念就成为统率民法中所有行为的总概念。[1]

然而，正如序言所提，随着法学理论的不断发展与完善，"法律行为"已经不仅仅是统率民法中所有行为的总概念，其涵盖范围已经延伸到了法理学等领域。于是，后文意在针对以下两个问题展开讨论：一是德国民法如何理解与界定法律行为与私法自治的联系？二是法律行为是否与行政行为等公法领域范围内的概念出现重叠？

二、明法律行为之核心——私法自治

"民事"二字的意义虽可由法域区分之考量加以佐证，但仅为区分法域，似乎难以承受"世界民法立法史上的一个独创"之重。[2]值得注意的是朱教授的思路———是精准把握住对于法律行为的讨论实质上由其本质产生；二是先将最根本的理论摆正，再从不同方面进行考量，不断对照根本辨析。复杂的问题随之逐渐清晰，自然而然得到解决，有时甚至可以称为迎刃而解。

重回主题，德国法学普遍认为，私法自治的工具是法律行为。既然我国效法德国民法，[3]为何存在此语用逻辑错误？事实是，最初法律行为被直接定义为"设定、变更或废止民事权利关系之行为"，削弱了意志与法律效果的内在联系。甚至可以说，此举有斩断前者与后者的指向性之嫌，无法彰显私法自治之理念。作者对此问题研究颇深，直言不讳：部分学者往往为了遵从意识形态，将私法自治原则与资本主义相绑定并进行批判。同时，由于我国民法起步较晚，尚未深入对法律行为制度的研究，无可避免地存在需完善之处。迟颖也指出，《民法通则》对于"民事法律行为"的界定与相关规定，更多体现的是国家强制，而不是私法自治。

意志决定性抽出后，学界的热情聚焦于"合法性矛盾"。作者不以为然，但也承认法律行为的"合法性矛盾"值得探讨。问题是合法性矛盾是否应当一直盘踞在中心？作者在此重申，于德国民法而言，法律行为制度的核心在于私法自治，换言之即行为人的私人意思表示与法律效果之间的内在关联，

---

[1] 佟柔主编：《中国民法学·民法总则》（修订版），人民法院出版社 2008 年版，第 76 页。

[2] 朱庆育：《民法总论》（第 2 版），北京大学出版社 2016 年版，第 91 页。

[3] 何勤华、周小凡：《我国民法典编纂与德国法律文明的借鉴——中国继受 1900 年〈德国民法典〉120 年考略》，载《法学》2020 年第 5 期。

而并非所谓的"合法性矛盾"。

回归主题，朱教授在此处以温德沙伊德《论法律行为与私法自治》为引，通过比较分析来阐明自己的观点。1862年，法律行为从"以变动权利为内容"，演变到1879年"变动权利的意思表示"，直至1887年，《潘德克顿法学教科书》的第六版才走向了法律行为概念的私法属性："法律行为是指向创设法律效果的私人意思表示。"[1]其不仅彰显了意志与法律效果的内在关联，而且更细致地阐明了法律行为的私法属性：

首先，法律行为是意思表示。一般而言，意思表达的效果应得实现，法律制度亦支持其实现。这也正好符合法律行为自由的一方面——对当事人自由意思的信赖。[2]然而，杨代雄教授有不同的观点。杨教授认为，个别单方法律行为除一个意思表示之外还要求其他构成要件。例如代书遗嘱需要两个以上见证人在场见证，其见证行为是遗嘱的特别成立条件。另外，二者的法律效力也不同。意思表示成立，才会有意思表示生效，之后才会出现法律行为成立，最终才是法律行为生效。[3]前者认为"法律行为就是意思表示"侧重表达意思表示于法律行为的重要性以及二者存在不可分割的联系，并未认同二者概念上全等。杨教授的观点更加深入地剖析了二者区别，也加强了二者联系。一定程度上，"法律行为就是意思表示"无伤大雅，并且更为清晰地印证了"法律行为是私法自治的工具"。

其次，法律行为是私人意思表示，从事法律行为，并非依据国家公权力。私法自治这一本质特征，也是法律行为与其他具有法律意义和法律后果的行为的本质区别。[4]《立法理由书》有如下记载："法律上行为是自动产生法律后果的行为，即法律后果的产生不取决于行为人是否希望产生，而是按照法律相关规定。"法律行为与法律上行为的法律后果产生机制截然不同，两相对比之下，更觉法律行为同私法自治的不可分割。

最后，法律行为指向且仅仅指向行为人创设的法律效果。[5]权利的设立、消灭或变更是实施法律行为的最终目的所在。至于法律行为是否能实现当事

〔1〕 Bernhard Windscheid, *Lehrbuch des Pandektenrechts*, Rütten & Loening, 1879, S. 176.

〔2〕 梁慧星：《民法总论》（第6版），法律出版社2021年版，第167页。

〔3〕 杨代雄：《民法总论》，北京大学出版社2022年版，第276页。

〔4〕 迟颖：《法律行为之精髓——私法自治》，载《河北法学》2011年第1期。

〔5〕 Bernhard Windscheid, *Lehrbuch des Pandektenrechts*, Rütten & Loening, 1887, S. 186ff.

人创设的法律效果，以及意欲的法律效果是否能立即得到实现，已经超越了法律行为的范畴。对私法自治原则的承认是法律行为制度的关键。私法自治就是法律行为制度的本质，法律行为是为实现私法自治而生的工具。法律行为来自各种表意行为，而抽象概括后的表意，不正是与私法自治严丝合缝地契合吗？作者基于此总结了自己的观点：指称私法领域中法律效果由意志规定的自治行为，是法律行为这一概念创造的初衷。那么只要公私之分仍属必要，无论如何，法律行为都不可能扩大到私法之外的领域。

值得庆幸的是，按照工作安排，编纂民法典采取"两步走"的工作思路进行，《民法总则》在 2017 年先行颁布，对于法律行为界定如下："民事法律行为是民事主体通过意思表示设立、变更、终止民事法律关系的行为。"以重申和落实意思自治为导向的《民法总则》，清理了 20 年来《合同法》与《民法通则》分头规范的局面，初步重构和确立了法律行为与意思表示的基本准则，被学者誉为"具有基础回填工程之意义"[1]。民法大厦的基石是意思表示和法律行为，《民法总则》最大的成就是让意思表示和法律行为制度回归正统。

三、辨法律行为之踵——行政行为

前述理论推衍，已经为法律行为烙上了"私法之印"。然在行政法领域，有不少学者认为，仍有一席之地为法律行为而设。开宗明义，仍然从德国法学出发定义行政行为——实施公权力者为设立公法上的法律关系而实施的单方行为。[2]我国对于行政行为的定义与其稍有出入。例如，部分学者如是界定——行政行为是行政主体作出的能够产生行政法律效果的行为。行政行为不仅与执行法、救济法、实体法与程序法领域都存在交叉，并且其在不同领域作用不同。例如，在实体法上，其可明确国家权力与人民权利义务之间的关系；在救济法上，其又作为提请救济的前提条件而发挥作用。此外，警察命令及形成性行政行为（如行政许可）等行为，能够直接发生行为人意欲创设的法律效果，似与法律行为有重叠之处。然而，作者仍直截了当地指出，行政行为终究与法律行为迥然有别。

---

〔1〕 姚明斌：《民法典体系视角下的意思自治与法律行为》，载《东方法学》2021 年第 3 期。

〔2〕 Werner Flume, *Das Rechtsgeschäft*, Springer, 1992, S4, S. 41.

作者引弗卢梅之概括来说明一般认为行政行为与私法意义上的法律行为的不同：其一，法律行为是私法自治的工具，适用自由原则。然而，私法自治原则不适用于行政行为，依法行政原则更与行政行为适配。原则上，法律法规确定行政行为的内容，并非行为人确定。其二，私法主体在法律允许的范围内根据自由意志构建法律关系，实现"自主决定、自我约束与自我负责"[1]，而行政行为的核心则在内容的法定性，即法律效果的发生不以行为人意思表示为限，而是以法律规定为限。其三，行政行为在一定程度上有意思自治因素，表现为自由裁量权。然而，这与法律行为中的意思自治有根本性的区别。一来是自由裁量权受到法律的各种限制，要考察该行为是否符合法定要件，以及是否依法律的指示而实施。[2]二来基于权衡实施公法行为的人始终应当顾及自己的义务与公共利益，不存在真正的公职人员的意志空间，不是真正意义上的"自治"，更超越了"私法"之界。

朱教授最后点明自己的观点：实质上，行政行为理论体系是在借鉴法律行为基础上建立的，终究是技术模仿之产物，其间核心理念与民事法律行为差别巨大。因此，行政行为并非法律行为，扩及至行政法领域的结果的不是行政法律行为，而仅仅是行政行为。再次回到法律行为概念的历史，法律行为就是在私法领域中产生的，而行政行为早已越过了私法领域。

然而，实务中却出现了分歧：如果将所谓的行政合同定性为行政行为，则该行政行为与民法上的法律行为存在诸多共性，最重要的共同之处在于法律效果与双方当事人表示内容的关联性。[3]在立法进程中，其性质仍然存在争议，亦受到质疑。例如，梁慧星教授认为："假设所谓的行政合同存在，那其也只能存在于行政权力作用的领域，属于行政法律关系。但现实生活中，即使一方当事人为行政机关，但行为本质上更契合市场交易行为的，如政府采购合同、粮食征购合同等，应当认定为民事合同。"[4]其在实践中难以清晰界定与辨认，并且法律缺位已成为影响行政合同自身发展及其功能发挥的瓶

---

〔1〕 易军：《私人自治的政治哲学之维》，载《政法论坛》2012年第3期。

〔2〕 Werner Flume, *Das Rechtsgeschäft*, Springer, 1992, S4, S. 41. ff.

〔3〕 杨代雄：《民法总论》，北京大学出版社2022年版，第259页。

〔4〕 杨锦华：《中国行政合同概念规范问题研究》，载《哈尔滨工业大学学报（社会科学版）》2021年第3期。

颈。[1]在公私法分离的背景下，比照民事合同所创立的行政合同概念与辨别标准，先天存在着概念不周延的风险。将视角转换至行政法，虽然中国行政法学界对此存在分歧，但目前更倾向认可在公法调整范畴内讨论行政合同。[2]无论如何，对于"行政合同"的争议仍然没有定论，亟待解决。

观实务与理论的参差，更能体会朱教授序言的意义。如果法学知识体系随时因实证法具体的变化而改弦更张，法学如何能够问心无愧自称"科学"？诚然，法学系规范性解释科学，然而构建知识体系的，不应仅是有效的具体规范，还应兼具具有正当性的抽象规范。因法规变化或者细微实际问题而导致知识体系混沌，这有违"法律非经解释不得适用"。"解释论"与"立法论"并非楚河汉界，应当将二者融合统一，共同构成解释过程、知识体系。亦如该书并不侧重提供有效规范适用于个案的操作指南，而是以追寻知识、追寻科学、激发法学教科书的生命力为要。

（徐纤瑞　西南政法大学人工智能法学院）

---

[1] 江必新：《中国行政合同法律制度：体系、内容及其构建》，载《中外法学》2012年第6期。

[2] 杨锦华：《中国行政合同概念规范问题研究》，载《哈尔滨工业大学学报（社会科学版）》2021年第3期。

在学派之争中讨论罪刑法定

——读张明楷《行为无价值论与结果无价值论》

行为无价值论与结果无价值论最开始是在违法性领域的争论，如今已经延伸到了犯罪论、刑罚论以及罪刑法定原则等方面。张明楷教授认为，二者的争论堪称现今的刑法理论之中的学派之争。[1]陈兴良教授同样是学派之争的倡导者，并且亲身实践，认为这恰恰是我国刑法学走向成熟的标志。[2]张明楷教授在《行为无价值论与结果无价值论》这本书中鲜明地提出了自己的观点，他采取了结果无价值论，比较全面地批判了行为无价值论。本文基于张教授的观点，在行为无价值论与结果无价值论的对比中讨论罪刑法定原则，寻找二者融合发展之可能。

一、行为无价值论与结果无价值论之梳理

现今二者在我国刑法中的争论，不管是概念本身，抑或是二者所设计的各种争论问题，都是从德日的刑法学理论中衍生出来的。周光权教授说过，行为无价值论和结果无价值论的观点理念不同，是因为背后国家历史发展差异、社会价值多样、政府政策引向不同。[3]所以当我国学者们把行为无价值论与结果无价值论带入我国刑法学领域的讨论之时，就不能回避如何对其含义进行分析梳理的问题。[4]

关于行为无价值的含义，张明楷教授从评价基准问题和评价对象问题两

〔1〕 张明楷：《行为无价值论与结果无价值论》，北京大学出版社 2012 年版，第 1 页。

〔2〕 陈兴良：《走向学派之争的刑法学》，载《法学研究》2010 年第 1 期。

〔3〕 周光权：《行为无价值论的法益观》，载《中外法学》2011 年第 5 期。

〔4〕 劳东燕：《结果无价值论与行为无价值论之争的中国展开》，载《清华法学》2015 年第 3 期。

个方面分别解释。[1]行为无价值就是对于结果切断的行为本身的样态所作的否定评价。只从违法性来说，行为无价值论的核心主张是增加行为人的意思这个"人的因素"的重要性，尤其是在考察实质上的违法性是否存在的时候，因此行为无价值论也可以被称为人的违法论或者人的不法论。纵观历史，行为无价值论大体而言经历了三个发展阶段：伦理规范违反说、伦理规范与法益侵害综合说以及规范违反与法益侵害综合说。周光权教授认为行为规范违反和法益侵害的结合，使得行为无价值论的理论进一步发展创新。[2]周教授的看法，张明楷教授并不支持，认为周教授混淆了形式违法和实质违法的概念，规范违反与法益侵害综合说是在实质违法意义下的讨论，在现实中，由于立法手段各异、人的认知水平不同以及调整对象变化等因素的影响，形式违法性与实质违法性的范围并非完全一致，不能把形式违法性放在实质违法性的范围内讨论。[3]

结果无价值论的含义则相对稳定，张明楷教授指出其基本立场为：刑法的目的是保护法益，违法性的实质是法益侵害及其危险，而行为是否对法益造成侵害和产生危险结果是违法性判断的基础。如果行为违背了社会公序良俗和普遍伦理，但是并没有导致法益侵害和危险结果的产生，按照结果无价值论的观点，其不应该被刑法惩罚。在违法性的考察和违法评价的对象上，结果无价值论更追求立场的客观性，在违法性的考量因素上将故意、过失等主观要素排除在外，主张应当以客观事实为准，而不是去判断难以捉摸的行为人的主观内心。但是结果无价值论的观点中，并不是所有体现结果恶性的行为都应该受到刑罚。首先，彰显罪刑法定原则的构成要件体现了违法行为类型，那么作为犯罪成立条件之一的违法性必须符合构成要件。其次，轻微的法益侵害的行为，并不具备刑法上的违法性，没有达到值得处罚的程度。

黎宏教授生动形象地描述道："结果无价值犹如倒着看一部纪录片，从结尾推至开头；行为无价值好像正序地看一部纪录片，从开头逐步推进到结尾。"[4]我国对行为无价值与结果无价值的讨论基本上和德日刑法理论接轨，形成了新

---

〔1〕 张明楷：《行为无价值论与结果无价值论》，北京大学出版社2012年版，第6页。

〔2〕 周光权：《行为无价值论的法益观》，载《中外法学》2011年第5期。

〔3〕 张明楷：《结果无价值论的法益观　与周光权教授商榷》，载《中外法学》2012年第1期。

〔4〕 黎宏：《结果无价值论之展开》，载《法学研究》2008年第5期。

的局面。[1]

二、罪刑法定原则在行为无价值论与结果无价值论中的体现

法无明文规定不为罪，法无明文规定不处罚。罪刑法定原则作为刑法学的基石，确保了法律的预见性与公平性。同时，罪刑法定原则是刑法的铁则，可以说是刑法的生命。行为无价值论和结果无价值论是刑法学中两种重要的理论观点，它们从不同的角度解释和评价犯罪行为。但是，不管是行为无价值论还是结果无价值论，都不能使自己的理论违反罪刑法定原则，张明楷教授在书中明确指出：行为无价值论和结果无价值论都应当使自己的理论符合罪刑法定原则，不能有丝毫含糊。[2]

日本的行为无价值论者井田良教授指出："行为无价值论重视在行为的时点就使违法、合法的界限明确的提示机能、告知机能，适应罪刑法定主义的要求。"[3]对此，张明楷教授在书中提出了相关质询：罪刑法定主义始终与刑法的自由保障机能紧密相连，而行为无价值论者强调的提示和告知机能，是刑法对一般人的行为规制机能，这会使罪刑法定主义的核心内容出现变化，一定程度上限制了人们的行动自由，与罪刑法定主义的实质有所偏差。[4]接着，张教授指出行为无价值论使得罪刑法定主义演变为行为基准法定主义，又针对行为无价值论的部分观点进行反驳。[5]

反之，从结果无价值论的出发点来看，张教授在书中的基本观点是：罪刑法定主义旨在限制国家机关权力，既要贯彻在违法性领域，也要落实于有责性领域。[6]而结果无价值论强调刑法规范是裁判规范，强调了刑法对国家司法权力的限制，因此与行为无价值论相比，结果无价值论与罪刑法定主义更加吻合。

为了论证此观点，张明楷教授从"将构成要件的要素限定为客观要素、

---

〔1〕　贾健：《新行为无价值论的困境与出路——兼与周光权教授商榷》，载《现代法学》2018年第6期。

〔2〕　张明楷：《行为无价值论与结果无价值论》，北京大学出版社2012年版，第51页。

〔3〕　〔日〕井田良：《刑法总论的理论构造》，成文堂2005年版，第11页。

〔4〕　张明楷：《行为无价值论与结果无价值论》，北京大学出版社2012年版，第51页。

〔5〕　张明楷：《行为无价值论与结果无价值论》，北京大学出版社2012年版，第53页。

〔6〕　张明楷：《行为无价值论与结果无价值论》，北京大学出版社2012年版，第61页。

将主观要素作为责任要素、将违法性限定在造成法益侵害或者危险的范围内"这三个方面进行深度讨论，解释了结果无价值论如何贯彻罪刑法定原则。[1]又以周光权教授所举的"警察被控玩忽职守案"为例，回答了"结果无价值论是否会导致判断的恣意性"的问题。[2]针对周光权教授所提出的"行为人基于何种主观认识，实施何种行为，也左右着违法性判断"的问题，[3]张明楷教授在书中回答道，无论是理论上还是实践中，对于客观要素判断的准确率远高于主观要素的判断，而且更加容易，结果无价值论的观点直接将客观要素作为了违法性的基础，有效减少了违法性判断的主观随意性。而行为无价值论对违法性的判断不以客观的法益侵害事实为根据，没有限定预见可能性的范围，使主观要素易于介入判断过程之中，易导致判断的主观随意。[4]

三、行为无价值论与结果无价值论在罪刑法定原则上的对立点

张明楷教授认为："行为无价值论强调对国民行为的规制，侧重整体主义、国家主义；结果无价值论强调对司法活动的规制，侧重个人主义、自由主义。"[5]在此基础之上，我们可以发现两种理论在罪刑法定原则上的对立点，并与此进行相关分析。

首先，对违法行为关注的侧重点不同。从行为无价值论的出发点来看，行为无价值论主张犯罪的判定应基于行为本身的非法性。该理论强调犯罪的主观性和行为的道德评价，在这一理论指导下，罪刑法定原则更侧重对违法行为的明确界定。不同的是，结果无价值论的观点认为犯罪的判定应当基于该行为产生的结果或危害，即行为导致了法益侵害和危险结果的产生才能构成犯罪，更加强调客观事实的影响作用。

其次，行为关注的侧重点不同也自然导致了二者对行为的评价标准不同：行为无价值论的评价标准倾向于对行为本身进行道德审判和法律确认，而结

---

〔1〕 张明楷：《行为无价值论与结果无价值论》，北京大学出版社 2012 年版，第 61~62 页。

〔2〕 张明楷：《行为无价值论与结果无价值论》，北京大学出版社 2012 年版，第 63 页。

〔3〕 周光权：《违法性判断的基准与行为无价值论——兼论当代中国刑法学的立场问题》，载《中国社会科学》2008 年第 4 期。

〔4〕 张明楷：《行为无价值论与结果无价值论》，北京大学出版社 2012 年版，第 64 页。

〔5〕 张明楷：《行为无价值论的疑问——兼与周光权教授商榷》，载《中国社会科学》2009 年第1 期。

果无价值论则重视行为是否产生了法益侵害和实际的危险结果。具体而言，行为无价值论主张刑法应当根据行为自身的恶性程度来判断其犯罪性，强调对行为主体主观恶性的评价，认为具有反社会倾向、违背道德规范的行为应受谴责和惩罚，无论其是否造成了现实危害。相比之下，结果无价值论认为犯罪的本质特征在于对法益的侵害，行为是否构成犯罪取决于其是否造成了法益损害的结果，更加强调客观归责，主张惩罚应以危害结果为限，对于未遂犯、中止犯可以从宽处理。行为无价值理论有利于弘扬社会主义道德观，强化人们的规范意识，防患于未然，而结果无价值理论更加符合罪责刑相适应原则，有利于体现刑法的谦抑性。

最后，在对法律规范的依赖程度和罪刑法定原则的明确性上，行为无价值论要求刑事法律对犯罪行为的规定必须明确具体，这有利于提高罪刑法定的明确性，使得公民能够预见自己的行为是否构成犯罪，但是也可能导致对法律文本的过度依赖。结果无价值论则可能使法律的解释和适用更加依赖于具体案件的事实和证据，并可能导致法律规定的模糊性，因为许多行为的危害后果难以预见和量化。据此延展至对犯罪的认定上，行为无价值论观点下的处理存在导致处罚范围过宽的可能，结果无价值论观点下的处理存在处罚力度不足的可能，在笔者看来两者都有偏颇之处。针对此问题，张明楷教授指出："结果无价值论并非不讲规则，只是认为，由于规则的例外并没有固定成文化，更没有全面显示于国民，在违反规则的行为保护了法益的场合，应当阻却违法性。"[1]

综合以上，行为无价值论与结果无价值论之所以在罪刑法定原则上存在对立，根源在于两种理论对犯罪本质的认识不同。行为无价值论重视行为的主观恶性，强调应当按照行为的社会危害性来判断犯罪，这有利于限制国家刑罚权的滥用；而结果无价值论重视行为的客观危害，强调行为造成了法益损害就应当受到处罚，这有利于保护被侵害的法益。

四、结语

罪刑法定原则是刑法的基石，行为无价值论和结果无价值论在理解和适

---

〔1〕 张明楷：《行为无价值论与结果无价值论》，北京大学出版社 2012 年版，第 81 页。

用这一原则上存在分歧，分别反映了犯罪认定的不同向度。两种理论各有利弊，但是不容否定的是两者之最终目的都是保护法益、维护社会秩序，都体现了对自由的不懈追求。

関哲夫曾提到，刑法必须根据各国不同的社会状况、犯罪状况来进行规定，必须体现该国所固有的特殊情况。[1]因此，结果无价值论与行为无价值论的对立，当然会因为不同国家、不同社会的要求而呈现不同的内容和不同的讨论状况。如此看来，在当代中国法治语境下，两种理论应相互补充、动态平衡，共同指引刑事立法完善与司法操作，以更好地实现刑法的双重任务。未来的刑法理论研究应立足本土实践，在继承传统、比较借鉴、创新发展中探寻行为无价值论与结果无价值论的融合发展之路，为新时代中国特色社会主义刑法体系建设提供理论支撑。

就行为无价值论与结果无价值论的未来发展方向而言，立法和司法实践应当在两种理论之间寻求平衡，在坚持罪刑法定原则的同时，既重视价值引导、重视行为的社会危害性，又关注实际效果，考虑行为所造成的法益损害；既惩治犯罪行为，又防范犯罪结果，从而全面实现刑法的规范、保护与谦抑功能。

（王态　西南政法大学人工智能法学院）

---

〔1〕〔日〕関哲夫：《结果无价值论与行为无价值论的对立及其趋向——以围绕基本立场的对立为视角》，王充译，载《吉林大学社会科学学报》2016年第5期。

法治共识之启蒙：理想主义与实用主义间的话语博弈

——读顾培东《当代中国司法研究》

在现代社会，无论是人治还是神治都逐渐失去了基础，法治成为主要的路径选择。在当代中国法治建设的进程中，社会成员"法治共识"的缺乏成了最值得关注的症结之一。显然，其分歧并不在于"中国要不要推行法治"此类基础性问题，而在于"如何实行法治"，[1]主要集中在理想主义与实用主义法治观的差异上，这也构成了当今中国法治意识形态的基本张力结构。在过去的几十年里，关于法治意识形态的探讨从未停止，只是往往是以"形式主义"与"实质主义"这一对纯学术意义上的概念出现。[2]例如陈金钊先生强调形式法治是实质法治的前提，没有形式法治就无法实现向法治社会的转型，[3]高鸿钧等人则更偏向采纳"实质法治"的概念。

然而，这种分歧不仅存在于学界，还发生在不同社会群体中，甚至是同一主体的不同时间、场合中。因此此种张力并非单纯的理论之争，更是关乎法治中国道路选择的根本性命题，理想主义法治观坚守法治的应然理想，却可能陷入因脱离本土实际而产生的信任危机；实用主义法治观强调法治的实然功能，却也隐含淡漠规则、衍化成"人治"的风险。而顾培东先生在《当代中国司法研究》中通过分析分歧的来源与基础给出了破解这一困局的关键，通过法治再启蒙重构共识，构建中国法治理论体系。

〔1〕 孙自豪：《建构中国式现代化法治话语体系——第十四届全国法律修辞学学术会议述评》，载《河北法学》2024 年第 7 期。

〔2〕 顾培东：《当代中国法治共识的形成及法治再启蒙》，载《法学研究》2017 年第 1 期。

〔3〕 张新宇：《实质性解决行政争议背景下纠纷解决模式的选择》，载《法商研究》2025 年第 2 期。

一、法治意识形态中的普遍性分歧

理想主义与实用主义法治意识形态的分歧，实则是近现代法治意识形态发展史中具有跨地域普遍性的现象。这种历史性分歧，不仅反映了不同流派对法治价值定位与路径选择的取向，更表现为学界在方法论层面持续存在的认知框架的差异。

美国法理学的法治意识几经转变。19 世纪末至 20 世纪初，以兰德尔为代表的法律形式主义占据主导地位，其核心主张是"法律是一个逻辑自洽的自治体系"，法官只需通过三段论推理即可发现既存的法律规则。但这种理论在 20 世纪遭遇双重挑战，庞德指出形式主义导致"机械法理学"与社会现实脱节，而弗兰克则揭露了司法判决中"直觉预感"等非理性因素的决定性作用，霍姆斯等人也认为法律是法官意志的产物。这种批判推动法律现实主义兴起，却同时也将自己推向了规则怀疑论和实施怀疑论，共同构建了对形式主义的全面反叛。但法律现实主义并未滑向彻底的规则虚无主义。塔玛纳哈通过文献考据证明，所谓"法律形式主义时期"实为虚构，普通法法官始终在造法，并提出了"法律工具主义"与"法治理想主义"这对新的概念。[1] 这种批判性反思催生了均衡现实主义理论，主张在规则约束与实质考量间实现均衡，既承认法律确定性价值，又接受法官自由裁量的必要性。

而中国法治建设始终伴随着形式法治与实质法治的观念交锋。改革开放以来，在未自觉区分形式法治理论与实质法治理论范畴的背景下，中国法学界绝大多数学者建构的法治理论实质上均属于实质法治范畴。不过也逐渐出现黄文艺等人主张中国法治建设需优先完善形式法治理论所提倡的标准，如法律公开等。[2] 他指出"在一个道德和政治话语泛滥的社会"，实质法治所倡导的宏大任务在理论和实践中均难以实现，而形式法治的中立性更易达成共识。孙金钊也提出维护法治的基本方法是形式法治，实质法治的必要性也仅在于出现疑难案件时弥补形式法治的不足。[3]

---

〔1〕 王永杰：《法条主义裁判的反思与出路》，载《复旦学报（社会科学版）》2019 年第 6 期。

〔2〕 张德淼：《法范式之辨析与建构——简评〈中国法治的范式研究：沟通主义法范式及其实现〉》，载《河北法学》2022 年第 3 期。

〔3〕 杜文俊、陈超：《行政犯出罪机制的反思与功能实现》，载《国家检察官学院学报》2023 年第 3 期。

主张实质法治的学者则认为实质法治理论本身具有内在边界，能够筛选价值，且实质法治本身具有多个版本，因此不能简单认为实质法治必然导向反法治。[1]况且如果形式法治是倡导价值中立的，那么就不具有道德重要性了，因此强调工具主义法学才是多元价值背景下的有效路径。[2]也有不少法律学者主张将形式法治与实质法治相统一，但"谁统一谁""如果统一是否意味着原先对立"等问题的提出也使这种取向站不住脚。[3]而近几年还有一些学者提出"法德合治"这一价值取向，从而在两种法治意识形态中探求一种平衡。[4]究其根本，这两种法治意识形态间分野存在的原因在于法治本身兼具理想性与工具性的双重特质。一方面，作为社会理想，法治承载着人们对正义、秩序的价值期待；另一方面，其作为治理工具，通过强调法律的内在生长性，在实践情景之中为法治提供动态调整机制，满足现实社会治理的功能需求。[5]

但在顾培东教授看来，形式法治与实质法治的分类虽具有分析价值，但存在局限性。一方面作为学术概念其抽象性难以为公众理解；另一方面，在不断的争论中，概念的内涵易被包装异化。形式法治被简化为"程序至上"，忽视实质正义；实质法治被曲解为"目的正当化"，消解法律约束，导致两者界限模糊，无法全面涵盖中国法治实践中的复杂分歧。而使用"理想主义法治观"与"实用主义法治观"这一对更加直白且包容的概念，更能准确揭示中国法治意识形态的实质分歧、满足不同社会群体对法治的认知差异，从而打破法治知识传播与交流过程中的智识屏障。因此无论是出于理论辨析的必要性、学术研究规范的要求还是反映中国法治思潮的真实图景，研究者都应当将分析主线聚焦于"理想主义"与"实用主义"这对核心范畴的分歧主线。

---

〔1〕 刘小平：《为实质法治申辩》，载《法制与社会发展》2024 年第 2 期。

〔2〕 成亮：《挑战形式法治：形式法治的命题展开及其内在困境》，载《法学论坛》2024 年第 6 期。

〔3〕 陈金钊：《被社会效果所异化的法律效果及其克服：对两个效果统一论的反思》，载《东方法学》2012 年第 6 期。

〔4〕 苏永生、张冲、孟庆瑜：《"法德合治"的法治取向》，载《理论探索》2021 年第 4 期。

〔5〕 张彪：《自我革命制度规范体系的法治化构造》，载《江苏大学学报（社会科学版）》2025 年第 1 期。

二、理想主义法治观及其在我国的现实基础

对于传统意义上的形式法治，富勒提出的法律内在道德八项准则：一般性、公开性、前瞻性、清晰性、融贯性、稳定性、可被遵守性、官方行动与事先颁布之法律一致性，[1]被学界普遍接受为形式法治的核心构成要素，并作为界定法治形式合法性的基准原则。[2]但在完成对法治概念群系的体系化重构与知识谱系溯源后，法治理论体系的逻辑架构得以清晰呈现。然而，理想主义法治与实用主义法治的概念特征仍存在显著模糊性。对此，顾培东教授详细阐明了二者在价值取向、功能定位及实践逻辑上的本质分野，为破解法治意识形态分歧提供了重要的分析框架。在这一部分我们首先对理想主义法治观的特点进行概括。其一，法律规范体系的全面性。法律全面规定社会行为与社会关系，为人们提供统一的行为准则，法律与宗教、道德共同构成严密的社会规范网络。其二，法律形式的机械化。法律被塑造为普遍、明确、强制且逻辑自洽的封闭体系，司法过程被简化为"自动售货机"模式。其三，法律价值的绝对承载性。法律被赋予实现正义、平等、自由、秩序、效率、安全等理想价值的使命，法律的实施被视为这些价值的完美兑现。其四，司法独立的绝对化设定。司法权独立于政治及其他社会势力，法官群体具备精英化、崇高地位、优渥待遇等特质，被要求兼具专业睿智与道德纯洁性。其五，司法终局性的权威。司法管辖范围涵盖所有社会纠纷，成为社会公正的"最后防线"。其六，对权力的制约性。政府权力严格受法律约束，社会成员普遍形成尊法守法的自觉意识，树立司法权威。

改革开放初期，邓小平同志提出的"有法可依、有法必依、执法必严、违法必究"的十六字方针是一种理想主义法治意义上的"法律之治"。[3]理想主义法治观在中国的形成与传播，既植根于特定的历史发展脉络，又依托于广泛的社会认同基础。而在顾培东教授看来主要受到四个方面的影响，即

---

[1] 成亮：《挑战形式法治：形式法治的命题展开及其内在困境》，载《法学论坛》2024 年第6 期。

[2] 侯健：《法治与形式原则的性能：以形式与实质关系为中心》，载《政治与法律》2024 年第5 期。

[3] 江必新、黄明慧：《习近平法治思想对中国特色社会主义法治理论的创新发展》，载《法学评论》2025 年第1 期。

传统人治背景、政治力量主导、学术启蒙局限以及西方模式影响。

法治取代传统治道的历史必然性根植于社会结构的根本转型。尽管人治思想贯穿中西方法律史，如中国儒家贤人政治长期实践，西方从柏拉图"哲学王"到马基雅维利"强权君主论"，但历史反复证明了其脆弱性——既存在"人存政举，人亡政息"的权力依赖，也难避免贤君决策的局限性。[1]随着现代社会价值观念与治理需求剧变，神治失据，德治失灵，人治失信，三者共同构成传统治道的失效图景。而法治作为符号化的社会理想进入中国社会，在长期人治传统下被视作解决国家命运的绝对善品，其符号承载的美好想象构成了理想主义法治的社会心理基础。

在国家法治转型过程中，顾培东教授认为主导政治力量在宣传动员时，存在对法治社会效用的理想化倾向，但法治的丰富内涵也可能被压缩为单一的政治认同符号，又形成"政府承诺—群众信任"的认知模式，为理想主义法治提供社会认知基础。不过在追求法治与社会政治、经济、文化同时完成这一目标的背后，其背后潜藏的社会共同愿望又与现实运行逻辑相悖。现代法治强调秩序应自然形成于社会土壤，法律需同时约束国家权力与社会行为，且制度效能依赖于对社会需求的适应性及社会长期稳定的内生性。[2]法律本身并不能创造秩序，而是在稳定的秩序上得以发展。

在我国法治初创阶段，社会对法治观念的认知塑造，主要依赖于学术界主导的理论阐释与知识传播。从社会结构的角度来看，尽管中国城市已经得到了较为飞跃式的进步，但多数民众仍以追求生活安定为根本诉求，加之随着城镇化进程中大量农村人口进入城市，城市实际是一个"关系社会"，或者被称为"网络化熟人社会"，公共法律服务的"硬着陆"反而会造成"法治失灵"。[3]对于学术圈内部，顾培东教授认为也存在姿态傲慢、学术封闭，且过于精细化的专业分类反而限制学者视野，削弱其分析能力，造成与实践批判脱节等问题。[4]在法治认知与传播方面仍有不足，法学理论界存在更显著的规范理想主义倾向，使知识传播过程构成了理想化法治图景的社会化

---

〔1〕 刘风景：《审慎立法的伦理建构及实现途径》，载《法学》2020 年第 1 期。

〔2〕 苏力：《二十世纪中国的现代化和法治》，载《法学研究》1998 年第 1 期。

〔3〕 喻少如、黄卫东：《公共法律服务融入乡村治理的逻辑转换及其实践进路》，载《西北民族大学学报（哲学社会科学版）》2022 年第 6 期。

〔4〕 刘剑文：《中国式现代化语境下领域法学的功能担当》，载《广东社会科学》2024 年第 5 期。

投射。

最后，顾培东教授指出在法律全球化过程中，西方社会带有理想主义色彩的法治观输出也使其在我国深入。其中，美国法呈现显著的域外扩张态势，作为"法律传教士"，尽管学者们不无诚意，[1]但出于对意识形态的输出，主张的仍是理想主义法治。然而，苏力教授也提醒我们某些被高度赞誉的制度并非出于制度设计而产生的，反而是政治斗争下的偶然产物，特定国家的实在法是历史的、经验的、偶然的。[2]在法学理论界中，也有部分学者偏好加入西方法文化的潮流，用西方法治框架评价中国法治实践，反而造成了"因不符合自身想象而拒绝关注实践"，长此以往，必然游离于中国社会现实语境之外，丧失知道价值。[3]事实上，世界上没有完全相同的政治制度模式，因此世界法治模式也不会定于一尊。[4]只不过是在公众的普遍认知中，美国等西方国家常被视作"经济发达、社会自由"的典范。这种将法治与经济直接挂钩的认知，导致许多人认为理想主义法治是实现繁荣必然路径，反而强化了社会对理想化法治模式的推崇。

三、实用主义法治观及其在我国的现实基础

实用主义法治的特征不同学者有不同的解释，保罗·克雷格指出实用主义法治承认法治应当符合形式的规范要求，并且其核心在于保障实质性权利。这一概念构成了判定法律性质的根本标准，那些符合权利保障要求的法律被视为良法，而背离实质性权利的法律则被定义为恶法。塔玛纳哈则在此基础上做了进一步的类型化，强调个人权利、尊严权和社会福祉从薄弱到浓厚的不同阶段。[5]其提出的工具主义法学的"人为性"与"可塑性"也因此被认

---

[1] 张建：《论法治建设空间转向的理论逻辑及实践优化》，载《甘肃政法大学学报》2024年第5期。

[2] 王夏昊：《形式体系与功能分区：法理学的知识存在方式及其发展》，载《东岳论丛》2023年第2期。

[3] 夏锦文、胡锦华：《建构中国自主法学知识体系的方法论思考》，载《社会科学辑刊》2024年第3期。

[4] 雷磊：《英国法治与德国法治国的历史及其启示》，载《法律科学（西北政法大学学报）》2025年第2期。

[5] 冯雷：《二元法治观的价值困境及方法论应对》，载《北方法学》2020年第5期。

为是确保法律内容良善的必要条件。[1]综合以上考虑，我国学者对于实用主义法治的概括主要集中在：合法性与正当性、法的稳定性与合目的性相统一。[2]总的来说，在顾培东教授看来，实用主义法治观以功利主义哲学为基础，拒绝将法治简化为标准或抽象的价值信仰，强调法律作为解决现实问题的实践工具，其核心在于通过法律功能的工具化运用，实现对社会的有效服务。

实用主义法治在西方兴起，显然植根于特定历史阶段的社会治理需求与制度实践传统。正如埃斯科里奇说的，法官在解释法律时必然采取动态主义方法，严格遵循文本字面含义的形式主义解释在实践层面难以完全实现。[3]在科学主义法律实践失败后，面对社会状态持续变迁、社会关系日益复杂化以及法律刚性特质与社会情境多元性之间的深层张力，实用主义逐渐成为应对法治实践困境的必然选择。

同样的，实用主义法治在我国兴起也必然有它的社会需求性，然而我国独特的国情放大了这一需求，使实用主义法治在我国产生深厚的现实基础。顾培东教授将其原因归为六类，分别是：党国一体体制下法律受执政党政策指导；马克思主义的法律工具观与实用主义有相似之处；西方分权体制不适用中国国情，中国需要探索自己的道路；超越式发展带来的矛盾，需要实用主义解决；单一制国家下的社会分化，执法司法需要灵活性；传统人治和人情社会的影响。

陈金钊先生也列举了四大原因，即整体性文化契合、政治挂帅思维、司法灵活性需求提高以及法律移植导致的水土不服问题。[4]但总的来说，这些因素大致都可以被以下这三种概括：

第一，政治体制与自主发展需求。前文在论述理想主义法治时就已提到政治力量作为主导力量推动国家法治转型，法律运作受执政党政策指导，法治需服务于政治目标，形成实用主义立场。显然，无论是政府还是人民，所有与法律相关的主体都受到法律的约束。法治是法律成功实现行动指引的理想状态，只有在法律允许的法定程序范围内才能对此法律进行修改，因此法治

---

〔1〕 马斌：《塔玛纳哈"工具主义命题"的反思与证伪》，载《上海交通大学学报（哲学社会科学版）》2016年第1期。

〔2〕 黄志勇：《裁判引领型行政争议实质解决机制的思辨与构建》，载《法律适用》2023年第7期。

〔3〕 廖秀健、雷浩伟：《完善中国共产党党内法规解释体系》，载《长白学刊》2019年第4期。

〔4〕 陈金钊：《实质法治思维路径的风险及其矫正》，载《清华法学》2012年第4期。

一定包含对公权力的限制，政府应当依法而治，形成一种"政治理想"。[1]从外部视角看，中国作为单一制国家与西方分权模式具有本质上的不同，需在独特政治经济条件下探索本土道路，而实用主义与对外部经验进行取舍的需求是契合的。而从内部视角看，单一制下适用同一套法律，但中国本身幅员辽阔，各地之间在经济文化等方面都存在差异，社会同质化低，在区域发展梯度差异和个体情况千差万别的现实语境下，可能会有某些非公平公正的现象存在。而实用主义法治所倡导的能动司法坚持法律开放性、灵活性的特征，从而恢复处理者与个人之间的实质公平。[2]

第二，法律本质与发展困境。马克思主义"意志说"与"工具说"强调法律服务于统治阶级，与实用主义强调法律工具性内在契合。同样需要注意的是，中国的法律工具主义与西方的法律工具主义之间是存在差异的，东方工具主义是主客体二元对立的范式，而西方工具主义是主体之间的工具主义。[3]加之中国的法治发展压缩西方数百年的发展历程，但此种超越式发展也带来了发展错位的困境。法治发展往往遵从"压制型法—自治型法—回应型法"的发展路径，对于当前中国的法律模式而言，属于杂糅了压制型法与自治型法，却要解决回应型法的困境，只能通过本土治理智慧与政治哲学传统的创造性转化探索中国法治道路。[4]

第三，社会传统治理惯性。尽管三十多年的送法下乡使得法治权威也在广大的农村地区得以树立，但我国具有长期的"人治"历史所产生的传统人治思维与现代实用主义存在内在契合性。"熟人逻辑"对村民的行为选择仍有指导作用，乡村内以维护人际关系为主的舆论环境也依然存在，乡村执法落入情理关系的窠臼。[5]传统"人治"思维注重结果导向，与实用主义"灵活解决问题"的理念存在隐性共鸣。在人情网络编织的差序格局中，法律规则的刚性边界被关系网络与情缘纽带柔化了。这种社会基质催生了法律工具化

〔1〕 成亮：《没有服从义务的实践权威——与陈景辉教授商榷》，载《南大法学》2023年第1期。

〔2〕 张青波：《个人信息处理规则的程序法治》，载《南大法学》2024年第6期。

〔3〕 周永坤：《法律工具主义及其对司法的影响》，载《学习论坛》2006年第7期。

〔4〕 陈健滨：《回应型治理视阈下的法典化：模式选择与立法技术》，载《中共南昌市委党校学报》2023年第4期。

〔5〕 杨德敏、徐昕晨：《乡村治理法治化：逻辑维度、现实困境和实践进路》，载《江西社会科学》2024年第7期。

的功能需求，也使实用主义法治观获得了超越理想主义法治的适应性优势。

四、结语

当代中国法治建设任重而道远，在法治启蒙过程中始终贯穿着理想主义与实用主义法治观的话语博弈。这种张力根植于法治内在的理想性与工具性的双重属性，其深层映射出中国法治发展面临的独特挑战，既要超越式地完成西方法治数百年演进的制度积累，又需直面共时性社会问题的治理压力。顾培东教授通过厘清二者的实现基础与根本分歧来探索"法治再启蒙"。中国法治道路或将开创一种新型范式，它既非对西方法治的简单模仿，也非传统治理模式的当代复归，而是在文明互鉴与本土创新的张力中，探索出一条既能承载普遍法治理想、又能回应特殊治理需求的道路。在此过程中，学界应首先就此问题达成"统一"的法治主张，保证法治思想的传播是畅通的。再探寻一条在学术理论与主流意识形态之间、能被公众有效接受的语言表达，使法治启蒙不再囿于象牙塔，而是真真正正地"飞入寻常百姓家"，从而推动全社会正确的法治观的形成。

（魏嘉琪　西南政法大学民商法学院）

竞合论 "双轨保护" 制度的功能性价值

——读张世明、孙瑜晨《知识产权与竞争法贯通论》

商标法与反不正当竞争法的关系定位，始终是知识产权与竞争法交叉领域的重要理论命题。知识产权法与反不正当竞争法的关系素有 "冰山与海洋" 之喻：冰山漂浮于海洋，反不正当竞争法对知识产权法发挥着兜底保护的功能[1]。《知识产权与竞争法贯通论》指出，在此框架下，商标法的异质性使其成为知识产权体系中的特殊存在，尽管形式上属于知识产权法，但是其与以 "智慧成果权说" 为范式的知识产权法体系并不兼容，与专利法、版权法以 "垄断换创新" 的正当性基础不同，商标法通过赋予符号垄断权实现 "以垄断换竞争" 的核心功能，降低消费者信息成本、维持竞争性产品的可辨识性。因此，商标本质上是一种竞争工具[2]，商标法这种竞争性本质上决定了两法存在天然的同源性，共同服务于市场信息的真实性与竞争秩序的稳定性。

基于我国不同学者的观点，可将两法关系总体分为 "优先论" 和 "竞合论" 两种模式，还有学者主张针对具体的侵权行为分析认定[3]。优先论强调商标法的封闭性与排他性，主张反不正当竞争法仅在商标法未规定时补充适用，包括兜底说[4]、附加保护说[5]、特别法和一般法关系说[6]、替

〔1〕 参见孔祥俊：《反不正当竞争法的适用与完善》，法律出版社 1998 年版，第 452 页。

〔2〕 章凯业：《商标保护与市场竞争关系之反思与修正》，载《法学研究》2018 年第 6 期。

〔3〕 凌宗亮：《商标性使用在侵权诉讼中的作用及其认定》，载《电子知识产权》2017 年第 9 期。

〔4〕 杨明：《试论反不正当竞争法对知识产权的兜底保护》，载《法商研究》2003 年第 3 期。

〔5〕 王金海、徐聪颖：《论反不正当竞争法对知识产权的附加保护》，载《江西财经大学学报》2005 年第 1 期。

〔6〕 洪轶男、魏晓东：《论〈反不正当竞争法〉对〈商标法〉的限制性补充适用——兼评 "新百伦不正当竞争案"》，载《大连理工大学学报（社会科学版）》2025 年第 3 期。

代说[1]等。这一理论范式虽在形式上维护了法律体系的清晰性,却实质上割裂了两法同源于竞争秩序维护的价值同构性,更忽视了市场竞争中利益关系的复杂性与流动性。针对此种理论局限,该书从功能性价值的角度阐述了"竞合论"的建构逻辑,我国学者的相关学说包括并列说[2]、平行说[3]等,其核心要旨在于商标法与反不正当竞争法的功能互补与并存适用,主张两法竞合并非立法疏漏或规范冗余,而是实现市场治理系统化的制度理性选择。

一、利益维护的选择权优化

优先论主张商标法对反不正当竞争法的排斥性适用,实则忽视了两法在构成要件形式趋同实质相异下证明责任的差异,请求权的竞合恰恰赋予了当事人自主选择权。由此,该书认为,让当事人自由选择适用何种法律可能是一种更为合理的策略。在知识产权法与反不正当竞争法的交叉领域中,关于法律适用关系的传统认知长期受"优先论"的束缚,认为商标法作为专门法应排斥反不正当竞争法的平行适用,此种观点忽视了两法在规范目标与制度功能上的本质互补性。总体而言,两法均以"混淆可能性"作为核心判断标准,以制止混淆行为、维护市场秩序为核心目标。从构成要件来看,《商标法》第 57 条禁止商标混淆行为与《反不正当竞争法》第 6 条禁止商业标识混淆行为,均要求证明"混淆可能性"。此种构成要件的重叠并非立法疏漏,而是两法对市场竞争秩序共同维护的必然产物。从制度目标来看,维护正当竞争是商标法的绝对原则[4],反不正当竞争法同样以维护市场秩序为终极目的,并不附属于和依赖于知识产权法[5]。

然而,构成要件的形式趋同性并不等同于法律效果的同一性。首先,二者在主观方面的构成要件要求具有明显的区别。商标侵权行为的判定只需要考虑侵权行为是否进入商标权的控制范围,而不必考虑是否存在借用他人商

〔1〕 谢晓尧:《论反不正当竞争法对知识产权的保护》,载《中山大学学报(社会科学版)》2006 年第 3 期。

〔2〕 钱玉文:《论商标法与反不正当竞争法的适用选择》,载《知识产权》2015 年第 9 期。

〔3〕 郑友德、万志前:《论商标法和反不正当竞争法对商标权益的平行保护》,载《法商研究》2009 年第 6 期。

〔4〕 刘银良:《商标法基础理论阐释及中国困境治理》,载《知识产权》2024 年第 8 期。

〔5〕 谢晓尧:《超越荆棘的丛林:也论反不正当竞争法之适用》,载《知识产权》2023 年第 8 期。

誉的主观故意，而不正当竞争行为的构成要件则要求证明存在主观过错，即具有侵害他人权益的主观故意或因违反职业审慎义务而存在过失[1]。进而，当事人如选择适用不同的法律，将承担不同的证明责任。相较于商标权侵权之诉，不正当竞争之诉除"混淆可能性"之外还需额外证明侵权人的主观恶意及行为不正当性，证明要求相对较高。实际上，证明责任的差异源于两法不同的规范本质。商标法作为一种设权保护模式[2]，通过注册公示制度创设具有对世效力的排他权，其保护边界的相对明晰性决定了证明责任的简化配置。反不正当竞争法则属于行为规制性规范，需结合市场竞争的具体情况对行为性质进行个案评判，故要求更精细化的证明责任。这种证明责任的梯度分布，为当事人依案件实际情况、自身核心诉求和证据储备选择最优的请求权路径提供了制度空间。

在竞合论的框架下，当同一侵权行为同时符合商标侵权与不正当竞争的构成要件时，则必然形成请求权竞合。基于反不正当竞争法与知识产权法系平行保护关系，二者可并行适用[3]，请求权竞合不仅不会导致体系混乱，反而能针对个案特点优化救济路径。在涉及未注册驰名商标的案件中，权利人可选择通过《商标法》第13条主张跨类保护，亦可援引《反不正当竞争法》第6条禁止市场混淆，两种路径在保护范围、损害赔偿、救济手段等方面存在差异，赋予当事人选择权实则是对私法自治的尊重。关于两法救济路径的选择，有学者指出，受《反不正当竞争法》保护的商标，如果同时取得注册商标权，那么对于在商标权权利范围内的侵犯行为，基于商标权侵权之请求，也就更有利于请求人一方[4]。

两法有着共同的立法目的即保护权利人权利、促进社会进步。不同的是，知识产权法是通过保护权利人合法权益、鼓励技术创新来实现这一目标的，而反不正当竞争法则是通过维护正当竞争秩序、制止非法竞争行为来实现该目标的[5]。尤其对于未注册商标或商品化权益等特殊情形，反不正当竞争法

---

〔1〕 王利明、刘建臣：《反不正当竞争法一般条款的适用》，载《清华法学》2025年第1期。

〔2〕 田晓玲：《我国商业标识法律保护制度的协调与完善》，载《现代法学》2020年第4期。

〔3〕 蒋舸：《反不正当竞争法一般条款的形式功能与实质功能》，载《法商研究》2014年第6期。

〔4〕 ［日］田村善之：《日本知识产权法》（第4版），周超、李雨峰、李希同译，知识产权出版社2011年版，第107页。

〔5〕 杨明：《试论反不正当竞争法对知识产权的兜底保护》，载《法商研究》2003年第3期。

提供的保护范围往往超越了商标权的传统边界，二者分别提供"侵权抗辩"与"行为禁止"的双向保障，当事人可根据自身核心诉求选择最有利的维权路径。这种保护路径的差异性选择，使权利人得以结合个案特点制定最优诉讼策略。从法经济学角度分析，当事人的选择权机制能有效降低维权成本，提升司法资源利用效率。商标侵权诉讼因证明链条简洁，更适于批量维权或事实清晰的侵权案件，而对于需深度分析行为背景的复杂案件，反不正当竞争之诉虽然证明难度较高，但是可能获得更充分的损害赔偿，消除因不正当竞争造成的市场影响。这种"差异化保护路径"的设计，本质上是通过请求权竞合促进法律适用的功能优化，使当事人在两法衡量中不断明晰各自的比较优势，最终选择最有利于其维护自身合法权益的路径。

部分学者担忧竞合论将会架空商标法的功能，并质疑选择权会导致法律适用的不确定性，这实际上混淆了"制度弹性"与"规则模糊"的本质区别。请求权竞合的本质是赋予当事人基于个案情形的理性判断空间，而非放任法律适用随意。正如书中所述，竞合论基于两法在构成要件、证明责任、法律效果三个方面的差异，在维护制度稳定性的同时激活了两法协同效能。需要明晰的是，选择权优化并非会削弱商标法作用，而是以竞合模式重构两法关系，使得知识产权法回归"赋权"本质，反不正当竞争法发挥"行为矫正"功能，最终在私权保障与公益维护的平衡中赋予当事人选择权，实现制度效率的最大化。

二、行为规制的保护链补足

商标法因"商标性使用"要件对权利客体的限定，需依赖反不正当竞争法的规则填补其保护缝隙。《知识产权与竞争法贯通轮》提出，如果采纳竞合论的观点，这些商标法无法有效规制的行为可以划入反不正当竞争法的范围，二者通过功能互补形成对混淆行为规制的完整保护链。

商标法的保护边界受限于"商标性使用"要件的严格限定，即要求被诉行为必须具有识别商品或服务来源的功能。在认定商标侵权时，"商标性使用"是一个非常重要的概念，对于商标法的构造具有原理上的重要性[1]。商

---

[1] 蒋万来：《商标使用的恰当定位与概念厘清》，载《政法论坛》2016年第3期。

标意义的使用行为是指必须作为区别商品或服务来源的商标使用行为，否则将一些一般性的商标使用都纳入"具有商标意义的使用"的范畴，会不适当地扩大商标权的保护范围，把侵权认定扩大化[1]。根据《商标法》第48条，构成商标侵权的使用行为需在商业环境中建立标识与商品来源的固定联系，以此确保商标显著性的纯粹来源识别功能。此种规范设计虽维护了商标权的确定性，却衍生出明显的制度缺陷，非识别性使用行为虽可能引发消费者混淆，却因不符合"商标性使用"要件而被排除在商标法规制范围之外，无法为权利人提供有效救济。由此可以看出，在复杂的市场竞争中，各种假冒注册商标的非商标意义的使用行为层出不穷，当侵权行为涉及复杂商业模式时，商标法可能因"商标使用"要件认定严苛而难以覆盖全部损害，此时反不正当竞争法可发挥其补足作用。

此外，商标法作为专门赋权制度，其保护边界和救济机制受注册原则与权利客体的严格限定，对不受商标法保护的未注册驰名商标、商品装潢等客体，需要反不正当竞争法提供"附加保护"，即要求反不正当竞争法去补知识产权单行法之"漏"，这体现了两法关系的功能互补本质。商标法保护的局限性，一方面体现为保护客体的有限性。《商标法》第8条将可注册标识限定于"文字、图形、字母、数字、三维标志、颜色组合和声音等"可视性符号，导致动态商标等新型标识无法获得保护。此外，在商标法定原则下，未注册商标仅能通过《商标法》第13条、第32条获得有限救济，且需要满足"驰名"或"一定影响"的较高标准。另一方面体现为权利救济机制的缺陷性。面对商标抢注行为，权利人通常会依据商标法，通过提出异议或无效宣告等程序来维权。然而，即便抢注被认定为恶意而遭驳回或宣告无效，恶意注册方仅损失申请相关费用，而权利人为应对抢注所付出的成本则显著超出对方的侵权成本，其合法权益显然无法通过商标法获得有效的保护。然而，如果不局限于商标法，而是可由当事人提起不正当竞争民事诉讼，那么法院认定恶意抢注行为构成不正当竞争并禁止抢注者继续使用商标，同时要求被告甚至是商标注册代理机构承担连带损害赔偿责任，将给在先商标所有人提供制止抢

---

[1] 孔祥俊：《商标法适用的基本问题》，中国法制出版社2014年版，第133页。

注的新思路，有利于从源头上打击恶意抢注行为[1]，以反不正当竞争法有效补足对商标法未能有效保护的权利客体的保护链。

反不正当竞争法的补充性主要体现在客体覆盖延展性和行为规制弹性两个方面。在客体覆盖层面，知识产权法定原则决定了无法归类于现行知识产权体系中的某些客体将无法获得知识产权法的保护。在此情形下，只能寻求反不正当竞争法的保护[2]。反不正当竞争法作为一种补充性保护机制，构筑了知识权利维护的第二道防线，而这道防线可以克服知识产权类型法定主义对权利保护与救济的缺陷[3]。《反不正当竞争法》第 6 条禁止市场混淆的规定突破了商标法对"可注册标识"的束缚，将"商品名称、包装、装潢"等商业外观纳入保护范围，可有效规制仿冒未注册商标的"搭便车"行为。尤其针对缺乏显著性无法注册但经使用产生影响的标识，反不正当竞争法可制止市场混淆行为、维护竞争秩序。在行为规制层面，知识产权法具有高规制门槛，而反不正当竞争法具有极强的适用弹性及实用主义规制便利[4]，因此，行为规制的弹性使得反不正当竞争法能够覆盖商标法无法规制的侵权行为。

两法形成的保护链的衔接需以制度协同避免功能重叠。商标法以注册为原点，视商标为静态的财产，从注册确权出发，通过赋予注册人以商标专用权的方式，来实现对商标权事前的样态化和标准化保护[5]，而反不正当竞争法的属性是动态的竞争观，通过行为评价机制矫正扰乱市场竞争的行为，侧重动态的竞争秩序维护[6]。此种倾向体现在未注册商标保护中，《商标法》第 59 条第 3 款赋予在先使用人继续使用权，但以"原有范围"为限；《反不正当竞争法》第 6 条则提供积极禁止权，可制止跨地域、跨品类混淆行为[7]。同时，反不正当竞争法适用始终受"主观过错"与"行为不正当性"

〔1〕 黄汇：《论〈反不正当竞争法〉对未注册商标的保护——兼论〈反不正当竞争法〉与〈商标法〉的体系协调》，载《法商研究》2024 年第 5 期。

〔2〕 张广良：《竞争法对知识产权的保护与限制》，载《法学杂志》2015 年第 2 期。

〔3〕 江帆：《竞争法对知识产权的保护与限制》，载《现代法学》2007 年第 2 期。

〔4〕 陈耿华：《反不正当竞争法规制界限之反思》，载《法学》2025 年第 3 期。

〔5〕 黄汇：《反不正当竞争法对未注册商标的有效保护及其制度重塑》，载《中国法学》2022 年第 5 期。

〔6〕 孔祥俊：《论反不正当竞争的基本范式》，载《法学家》2018 年第 1 期。

〔7〕 王太平：《我国未注册商标保护制度的体系化解释》，载《法学》2018 年第 8 期。

的约束，防止其向知识产权法趋同。由此，商标法固有的局限性通过反不正当竞争法的规则实现保护链的闭环，共同构筑起市场竞争秩序的完整保护体系。

三、发散利益的社会化救济

知识产权法的赋权制度模式在应对发散性竞争利益时存在一定缺陷，其私权救济逻辑难以覆盖消费者权益、市场透明度等非排他性的公共利益。《知识产权与竞争法贯通论》指出，仿冒注册商标的行为不仅会侵害商标权利人单一主体的利益，还可能侵害到受权利人所影响的"群"的利益。有学者将这种利益称为发散性竞争利益，并指出保护这种利益是反不正当竞争法的独特功能与价值，避免其沦为知识产权的口袋法[1]。商标权被定位为私权，决定了包括商标权在内的制度设计和立法基点必然奉行私权中心主义[2]，因此，以权利人的私权为中心构建的救济框架，显然难以兼顾更广泛的社会公共利益。商标法的侵权救济以"商标权受侵害"为请求权基础，原告资格限于商标权人及被许可人，损害赔偿计算主要以权利人损失或者侵权人获利为依据，而消费者因混淆导致的分辨成本增加、市场选择空间压缩等发散性损害被制度系统性忽视。此种局限源于知识产权法的本质矛盾，作为法定垄断权，其制度设计聚焦于私益保障，而发散性竞争利益具有公共性与非竞争性，具有一定社会公共利益的性质，因此，需依赖反不正当竞争法的机制实现对发散性竞争利益的社会化救济。

反不正当竞争法通过规则为发散性利益提供三层救济路径：其一，客体范围上突破私权限制。《反不正当竞争法》的第1条就明确保护"消费者合法权益"，将救济主体扩展至非直接竞争者，立法目标由保护经营者扩展为保护经营者、消费者、公共利益的三元叠加[3]，整体纳入保护范畴。其二，行为评价标准上采用社会本位视角，将社会公共利益作为干扰行为正当性的判断

---

〔1〕 赵红梅：《论直接保护发散性正当竞争利益的集体维权机制——反不正当竞争法的社会法解读》，载《政治与法律》2010年第10期。

〔2〕 孔祥俊：《论我国〈商标法〉的私权中心主义——〈商标法〉公法秩序与私权保护之定位》，载《政法论丛》2023年第3期。

〔3〕 张浩然：《三元叠加目标下不正当竞争行为评判体系的一体化建构》，载《政法论坛》2025年第1期。

依据，顺应了竞争法的社会本位属性[1]，通过一般条款涵摄新型损害。其三，救济机制上发展集体维权模式，化解分散性损害的求偿困境。反不正当竞争法诉权主体范围的扩大已成为一种趋势，很多国家经营者、消费者协会、经营者协会等主体被授予诉权。

此种社会化救济的制度基础在于反不正当竞争法独特的法益结构。保护消费者、其他经营者等发散性竞争利益，是反不正当竞争法区别于知识产权法的社会法功能[2]。商标法所保护的商标权是排他性私权，利益主体与内容具象明确。而反不正当竞争法保护的竞争秩序则是集体性权益，其利益主体涵盖经营者、消费者与社会公众等群体，利益内容呈现层次性，经营者关注商业机会不被侵蚀，消费者要求信息真实与选择自由，社会公众则期待创新激励与市场效率的动态平衡。正如《知识产权与竞争法贯通论》所倡导，知识产权法与反不正当竞争法的功能分立绝非割裂，前者以产权界定明晰创新收益分配，后者以行为矫正实现竞争福祉共享，二者在市场竞争秩序的协同保护机制中最终实现"私权保障"与"公益保障"的辩证统一，实现竞合论下商标法和反不正当竞争法并行保护的社会化功能。

四、结语

当前，在我国立法实践中呈现"商标法扩张[3]、反不正当竞争法谦抑[4]"的倾向，实质上是过度强调两法的异质性而忽视其同源性，可能导致对非商标意义使用行为及发散性竞争利益的保护缺位。竞合论的理论贡献恰恰在于矫正此种立法偏差，揭示反不正当竞争法对商标的补充保护并非越界干预，而是对商标法竞争本质的必然呼应。反不正当竞争法诉权主体范围的扩张亦非架空商标权，而是对市场竞争利益社会化救济的制度补充。双轨保护的功能性价值根植于商标法的竞争性本质，推动两法关系以功能协同替代形式对立。当商标法通过防止混淆维护特定市场主体的静态权益时，反不正当竞争

---

〔1〕 杨同宇：《论反不正当竞争法一般条款的适用逻辑》，载《中国政法大学学报》2021 年第 2 期。

〔2〕 赵红梅：《论直接保护发散性正当竞争利益的集体维权机制——反不正当竞争法的社会法解读》，载《政治与法律》2010 年第 10 期。

〔3〕 罗晓霞：《商标法制度变迁与竞争政策的适应性考察》，载《知识产权》2013 年第 3 期。

〔4〕 张占江：《论反不正当竞争法的谦抑性》，载《法学》2019 年第 3 期，第 43~53 页。

法则以行为规制模式动态矫正扰乱市场竞争的行为。二者并非主从关系，而是基于市场竞争秩序维护目标形成的协同机制。

竞合论对商标法与反不正当竞争法关系的重构，本质上是从微观选择权配置、中观行为覆盖、宏观利益衡平三个维度对竞合论的功能性价值的系统性证成，其核心价值在于突破"非此即彼"的规范隔离思维，确立双轨保护模式的制度理性。通过请求权竞合赋予当事人选择权优化个体救济效率，借助两法的功能互补形成对混淆行为规制的完整保护链，依托社会化救济机制实现发散性竞争利益的衡平。这三重功能层层递进，共同构成对市场竞争秩序的双轨保护体系。

（王悦桐　西南政法大学行政法学院）

民法区分原则：从理论构建到实践航标

——读孙宪忠《民法典法理与实践逻辑》

在我国民法理论与实践的演进历程里，孙宪忠教授的《民法典法理与实践逻辑》无疑是一部具有总结性意义的著作。该书精准提炼，呈现出我国民法典体系构建中所具备的真实性、科学性与逻辑性内核。书中，孙宪忠教授聚焦中国民法典里的区分原则，展开深度解读。这一原则从提出以来，历经了学界的反复研讨，立法层面的正式确认以及司法实践的长期检验，如今已然积淀为我国民法体系中不可或缺的核心支柱。它犹如一条主线，将我国民法体系构建、市场经济有序运行以及司法裁判规范化等诸多关键领域巧妙地串联了起来。

作为民法基础理论体系中至关重要的技术性原则，区分原则不仅被我国《物权法》立法明确采纳，更是在现今的《民法典》中得到了延续与强化，具体规定于第 215 条[1]。它彻底打破了此前物权变动中"合同效力与物权变动同生同灭"的固化思维，将债权合同的生效要件与物权变动的公示要件进行了清晰的区分。[2]这种立法化进程绝非简单的法律规则移植，而是一场深刻的权利逻辑革命，对我国民法体系产生了深远的影响。

一、区分原则的争议问题及两种形式主义下的区分原则

在我国立法进程中，对区分原则的争议不少，其中很有价值的一点是，在那个时代，具有引领性作用的《法国民法典》并没有采用区分原则，我国

---

[1]《民法典》第 215 条："当事人之间订立有关设立、变更、转让和消灭不动产物权的合同，除法律另有规定或者当事人另有约定外，自合同成立时生效；未办理物权登记的，不影响合同效力。"

[2] 王轶：《区分原则：区分什么?》，载《东方法学》2022 年第 3 期。

法学界很多学者经常基于此来批评区分原则。《法国民法典》采用的是同一主义原则，即一个法律依据同时发生债权变动和物权变动的立法模式。[1]为什么法国会选择同一主义原则？其核心理由是没有债权这个概念，法国民法立法者并未区分合同是债权意思还是物权意思，认为合同是革命的精神。[2]债权和物权的界限被法国学者提出的广义财产权模糊化了，而广义财产权理论本身也有问题，法国民法中没有严格贯彻对债权和物权的区分[3]，也就没有对其变动的区分，对于这个财产权怎么就随着时间推移变成所有权，法国民法学界也没有弄明白。但是为什么这个具有时代性价值的民法典会出现如此简单且明显的缺陷呢？其实在深入了解后会发现，这一立法源于当时法国大革命背景下对民主自由的重视。这个具有世界性、普遍性的大革命本质为"民主革命"[4]，注重探究当事人真意，个人利益、意思自治原则有着至高无上的地位[5]，民事主体成为真正主体。此思想的产生对人类立法史也具有重大意义，正是因为大革命背景下对自由和民主的追崇，法国立法者选择了"同一主义原则"，以彰显意思自治的重要性。

在确立区分原则的过程中，对于物权变动的两种不同形式主义，即物权形式主义和债权形式主义，到底采用哪一种模式争议也不小。在是否承认"物权行为独立性"这个方面，物权形式主义认为物权变动是基于债权行为（如最常见的买卖合同），产生债权债务关系，再加上专门负责物权的设立变更或消灭的物权行为（要产生物权的合意），物权才发生变动，这个物权行为是独立于债权行为的[6]。而债权形式主义不承认独立的物权行为，其认为发生物权的变动仅需要一个基础原因行为（债权行为），再加上公示（生效条件）即可完成物权的变动[7]，无需额外的"物权行为"。

在这两种不同的形式主义下，公示也有不同的含义。物权形式主义中，

---

〔1〕 朱江：《动产物权冲突规范中的意思自治原则》，载《国际法研究》2016 年第 5 期。

〔2〕 孙宪忠：《中国民法典采纳区分原则的背景及其意义》，载《法治研究》2020 年第 4 期。

〔3〕 袁野：《优先权之反思与重述》，载《交大法学》2024 年第 2 期。

〔4〕 甘阳：《自由主义：贵族的还是平民的？》，载《读书》1999 年第 1 期。

〔5〕 田士永、王萍：《物权行为理论研讨会综述》，载《中国法学》1998 年第 4 期。

〔6〕 曾大鹏：《票据无因性原则的理论反思与立法表达》，载《法学》2025 年第 8 期。

〔7〕 江必新、章许睿：《论行政决定介入私法自治的方式、作用与限度——以〈民法典〉相关规范为视角》，载《法学论坛》2025 年第 4 期。

公示是物权行为的生效要件，即使债权行为有效，若未完成公示，则物权行为不生效，物权不发生变动。需要注意的是，物权行为的效力不受债权行为影响，也即"物权行为的无因性"，即使买卖合同无效，只要物权行为有效且完成公示，物权仍变动[1]，买方仍取得所有权；而在债权形式主义中，公示则是"物权变动的生效要件"。

基于此，两种模式都承认"区分原则"，但内涵不同，物权形式主义的"区分"是债权行为与物权行为的区分，即两个独立行为的区分；债权形式主义的"区分"是债权行为的效力（合同生效）与物权变动的效果（是否取得物权）的区分，即同一行为基础上不同法律后果的区分。在我国法学界，有主张"纯粹的债权形式主义"的一派，也有主张"修正的债权形式主义"的一派，还有赞成物权行为理论的学者。[2]我国立法采取的是债权形式主义模式。[3]

二、区分原则奠定我国民法体系化构建的基石

回顾我国民法体系构建的艰辛历程，早期由于理论研究的局限以及对国外先进民法理论吸收转化的不足，物权变动规则与债权合同规则处于一种严重混淆的混沌状态。彼时的传统观念深受简单化思维的影响，将合同效力与物权变动做了过度简化的等同处理，天真地认为合同一旦依法生效，物权便会自然而然、顺理成章地随之转移。这种片面且错误的认知，完全忽视了物权与债权在法律性质、生效要件以及权利功能等方面存在的本质性差异。

债权与物权的区分是民法学的基本问题，它直接关乎整个民法典体系的构建。[4]在物权这个领域，孙宪忠教授指出：物权本质是绝对权、对世权、支配权，其变动需在公示之后才能产生对世效力，即让世人了解到物权的变动，知晓物权变动对世人的排他性作用，保障物权秩序客观公正。[5]所以物权变动需遵循严格的法定公示要件，以彰显权利归属，维护交易安全。现代

---

〔1〕 董学立：《论物权变动中的善意、恶意》，载《中国法学》2004 年第 2 期。

〔2〕 葛云松：《物权行为：传说中的不死鸟——〈物权法〉上的物权变动模式研究》，载《华东政法大学学报》2007 年第 6 期。

〔3〕 陈爱飞：《数据财产权排除强制执行的权益结构》，载《中国法学》2025 年第 3 期。

〔4〕 王利明：《论物权法中物权和债权的区分》，载《法学论坛》2007 年第 1 期。

〔5〕 孙宪忠：《物权变动的原因与结果的区分原则》，载《法学研究》1999 年第 5 期。

民法确立债物二分，债才真正实现财产化，债不仅走向了财产化，还因财产化提升了法律地位。[1]债权本质是对人权、相对权，侧重在特定当事人之间创设请求给付的权利义务关系，其生效主要取决于当事人之间的意思自治与合同约定，正是这种本质差异决定了物权变动与债权合同生效不应该被混为一谈。

然而，早期这种错误的观念在实践中引发了层出不穷的法律适用难题，房屋买卖就是一种常见且典型的交易场景。早期实践里，一旦因政策调整、开发商手续办理延迟等客观原因，导致房屋未能及时办理过户登记手续，按照传统错误的观念，房屋买卖合同的效力便会被质疑。这直接导致买受人依据合同所享有的诸如要求交付房屋、办理产权过户等一系列合法权益难以得到有效保障。买受人可能支付了巨额房款却无法取得房屋所有权，甚至可能会因合同效力存疑而陷入漫长复杂的法律纠纷之中，这对于其经济利益和生活秩序无疑是沉重冲击。实际上，这种情况不仅损害交易当事人的合法权益，也给整个房地产市场的稳定与繁荣带来了负面影响。[2]

面对这些问题，区分原则能够有效破解困境。区分原则厘清了合意与公示间的效力关联，划定了二者各自的"适用范围"[3]，其核心要义在于对物权变动的原因行为（主要表现为债权合同）[4]与物权变动进行明确且严谨的界分。从债权合同生效的层面分析，合同本质上是当事人之间的合意，其生效与否，主要取决于当事人意思表示是否真实无瑕疵、合同的内容是否符合法律法规的强制性规定以及是否违背公序良俗等关键要素[5]。只要满足这些要素，债权合同便自成立之时起依法生效，在合同当事人之间产生具有法律约束力的债权债务关系。需要注意的是，物权并不会随着合同生效而即刻转移，物权变动有着自身独立且严格的法定要求。就不动产而言，必须满足法

〔1〕 龙卫球、何傲翾：《民法债物关系的再认知：基于债的财产化和并立化的内在视角》，载《交大法学》2024 年第 4 期。

〔2〕 彭支援：《不动产物权变动与其原因行为的区分原则——兼论对我国不动产登记的效力借鉴》，载《商业研究》2004 年第 11 期。

〔3〕 王利明：《论债权形式主义下的区分原则——以〈民法典〉第 215 条为中心》，载《清华法学》2022 年第 3 期。

〔4〕 孙宪忠：《论不动产物权登记》，载《中国法学》1996 年第 5 期。

〔5〕 易军：《合同违法无效规则中行为规范与权限规范的区分——以〈合同编通则解释〉第 18 条为中心》，载《环球法律评论》2024 年第 6 期。

定的公示要件[1]，即完成不动产登记手续，所有权才会正式从出卖人转移至买受人。登记借助将相关内容记载于登记簿的形式，推动物权发生变动，同时对外进行公示，登记的作用直接聚焦于物权的变动，并非合同效力。同理，在动产买卖领域，动产所有权的转移并非在合同生效时完成，而是在交付动产的瞬间才发生物权变动的法律效果。这些都体现出债权合同与物权变动在时间节点、生效条件以及法律效果等方面存在显著差异。

我国民法体系中，债权编与物权编能够各司其职、协同配合离不开区分原则对债权合同与物权变动的清晰界定。债权编聚焦合同从订立到履行的全过程，涵盖邀约承诺、效力判定、权利义务关系、变更情形、转让规则以及终止条件等内容，旨在全方位保障合同当事人债权的实现。在合同订立的过程中，邀约与承诺程序不仅确保合同当事人意思表示真实性，还彰显出合同关系的平等、诚信特性。[2]当合同履行阶段出现出卖人不履行交付义务等违约情形时，买受人可依据债权编中关于违约责任的明确规定，要求出卖人承担诸如继续履行、赔偿损失、支付违约金等责任[3]，以弥补自身因对方违约所遭受的经济损失，维护自身合法权益。而物权编的侧重点则落在物权相关基础规则建构上，对物权种类进行清晰界定，明确所有权、用益物权、担保物权等不同类型；细化物权设立方式，不管是基于法律行为的物权创设，还是因事实行为引发的设立，都有对应的规则指引；物权保护途径，有物权确认请求权、排除妨害请求权等，确保物权的归属清晰明确、流转井然有序。[4]

三、区分原则筑牢市场经济下交易安全与效率的防线

在市场经济体制运行中，交易活动呈现出高频且复杂的特征，交易安全与效率是市场经济健康发展的重要基石。在保障交易安全、提升交易效率方面，区分原则的运用也发挥着关键作用，它不仅让交易参与各方能够准确预

---

[1] 于海涌：《物权变动中第三人保护的基本规则》，载《法律科学（西北政法学院学报）》2001 年第 4 期。

[2] 吴飞飞：《论中国民法典的公共精神向度》，载《法商研究》2018 年第 4 期。

[3] 崔建远：《违约责任探微》，载《法治研究》2022 年第 6 期。

[4] 崔建远：《民法分则物权编立法研究》，载《中国法学（文摘）》2017 年第 2 期。

判交易行为产生的法律后果，还为市场交易提供了清晰可循的规则框架指引。

从维护交易安全的角度审视，区分原则通过明确物权变动的公示要件，使得物权的归属和变动状态能够为社会公众所知悉。在不动产交易的场景里，登记是实现物权公示的主要途径，第三人通过不动产登记簿可便捷地查询不动产的所有权人，以及是否存在抵押等权利负担情况。如此一来，交易时就能精准判断交易对象的权利状态，躲开交易陷阱。在动产交易领域，交付是物权公示的关键方式，动产的占有状态通常被视为物权归属的表征，第三人可通过观察动产的占有情况，辅助判断物权所属。[1]以二手车买卖为例，买受人可通过查看车辆的行驶证、实际占有情况，初步判断出卖人是否为车辆的所有权人。这种公示制度赋予物权变动公信力[2]，即使公示的物权状态与真实的物权状态存在偏差，善意第三人基于对公示的信赖而进行的交易也能受到法律的保护[3]，有力地维护了交易安全秩序。

从交易效率维度看，区分原则把合同效力与物权变动效力加以区隔，让合同订立与履行能够相对独立推进。交易双方签订合同后，合同随即生效，双方可依照合同约定，积极履行各自义务，无需等待物权变动程序完成。以房屋预售交易为例，开发商与购房者签署预售合同后，购房者便享有要求开发商依约交付房屋、办理产权登记的债权，开发商则承担对应义务。[4]在此期间，双方可依据合同约定同步开展各项准备工作，如购房者可以筹集购房款，开发商进行房屋建设和相关手续办理等。即使最终由于开发商自身原因（如无法办理房屋产权初始登记等），致使物权变动未能完成，购房者依旧能依据有效合同，向开发商主张违约责任、索要损失赔偿。这一区分，有效规避了交易反复、资源浪费，大幅提升了交易效率，为市场经济健康发展筑牢支撑。

四、区分原则成为司法实践中破解物权变动纠纷的有力武器

在司法实践中，物权变动纠纷屡见不鲜，这类纠纷往往牵扯到合同效力、

---

〔1〕 屈茂辉：《物权公示方式研究》，载《中国法学》2004 年第 5 期。

〔2〕 何丽新、朱欣蕾：《〈民法典〉视域下居住权的养老功能与实现路径》，载《厦门大学学报（哲学社会科学版）》2022 年第 2 期。

〔3〕 魏永、王全弟：《事实物权：理论困境与出路》，载《东方法学》2014 年第 4 期。

〔4〕 王刚：《房地产企业破产中待履行商品房买卖合同的解除权研究》，载《河北法学》2019 年第 2 期。

物权归属、第三人利益保护等多种复杂的法律问题。区分原则为法官处理这些纠纷提供了清晰的裁判思路和明确的法律依据，有助于准确认定案件事实、正确适用法律，作出合理公正的裁判，进而维护当事人的合法权益与司法权威。

"一房二卖案件"就是极具代表性的例子：出卖人将同一房屋先后卖给两个不同的买受人，若不运用区分原则，合同效力和物权归属的判定将陷入困境。根据区分原则，第一步先判断两份房屋买卖合同的效力，只要两份合同均符合生效一般要件，均应认定为有效，因为合同的效力判断主要依据的是合同编的规定，与物权是否发生变动并无直接关联。接着判定房屋所有权归属问题，根据物权变动的公示公信原则，不动产交易中，只有办理过房屋过户登记手续的买受人，才能取得该房屋的所有权。假设第一个买受人虽然签订了合同但未办理过户登记，而第二个买受人签订合同后办理了过户登记，那么房屋所有权应归属于第二个买受人。此时，第一个买受人虽然未能取得房屋所有权，却可凭有效合同，向出卖人主张违约责任[1]，要求出卖人赔偿房屋差价损失、可得利益损失等因其违约行为给自身造成的损失。这样清晰的裁判思路在维护合同的法律效力、保护合同当事人的合法权益的基础之上，还确保了物权变动的合法性和稳定性，有效维护了交易秩序的安全。

在涉及无权处分的案件里，区分原则同样发挥着关键作用，它是其制度构建的基本前提。[2]当出卖人无权处分他人财产时，其与买受人签订的合同效力如何，物权是否发生变动等问题长期以来都是司法实践中的争议焦点。根据区分原则，合同效力的判定与出卖人是否具有处分权并无必然关联，只要合同符合生效要件，即使出卖人无权处分，合同仍然有效。因为合同的本质是当事人之间的合意，旨在设定债权债务关系，而处分权的有无主要影响的是物权变动的效力。正如王利明先生所提到的：负担行为的效力不受处分权影响，处分行为则以行为人具备处分权作为核心效力要件。在无权处分的情形下，处分人即便没有处分权，也不影响买卖合同的效力。[3]无权处分情景中，若第三人善意取得标的物物权，那么第三人可取得物权，原所有权人

---

〔1〕 徐洁：《"一房二卖"现象的法律防范》，载《法学》2003年第1期。
〔2〕 王凌雪：《略论无权处分——兼评〈合同法〉第51条》，载《商业研究》2004年第22期。
〔3〕 王利明：《论无权处分》，载《中国法学》2001年第3期。

只能向无权处分人索赔；如果第三人不满足善意取得的构成要件，则物权不发生变动，原所有权人有权追回标的物，买受人可以依据有效的合同向出卖人主张违约责任。[1]这种裁判规则十分巧妙地平衡了原所有权人、无权处分人、买受人以及第三人之间的利益关系，充分彰显了区分原则在解决复杂物权变动纠纷中的科学性与合理性。

五、区分原则成为引领未来我国民法发展的明亮航标

展望未来，伴随我国社会经济持续发展、法治建设稳步推进，民法在国家治理和社会生活中的作用将愈发凸显。作为我国民法体系核心原则之一的区分原则，也将在未来民法发展进程中持续发挥引领作用，为我国民法适应社会经济变化、完善自身制度体系，提供重要的理论支撑和实践指导。

在新兴法律领域和交易模式不断涌现的当下，区分原则能够为相关法律制度的构建完善提供思路与方法。尤其在数字经济时代，数据财产化已成为日益普遍且无法回避的问题。伴随我国互联网，特别是移动互联网的广泛普及，用户附着在数据之上的经济价值愈发突出，像电子账号、虚拟货币、游戏装备、个人信息数据、网店等，都是典型体现。数据成为新型财产形式，其交易流转愈发频繁[2]，如何规范数据交易中的权利义务关系，保障数据交易的安全和效率，成为我国民法需要攻克的新问题。区分原则中，区分物权变动效力与合同效力的理念可迁移应用于数据交易领域。在数据交易中，交易双方签订的数据交易合同，效力依据合同编的规定判定即可，而数据权利的变动则需要结合数据特性和交易实际情况来确定公示方式和生效要件，从而明确各方权利义务关系，促进数据交易的健康发展。

人工智能、区块链等新技术广泛应用，衍生出一系列法律问题。以区块链技术里的智能合约为例，其应用场景丰富，关于智能合约效力认定以及与物权变动的关系处理，需要依托区分原则深入剖析。借助区分原则，能清晰判断智能合约在债权债务关系层面的效力，也能厘清引发物权变动所需满足的条件，为解决新兴技术应用中的法律问题提供了强有力的理论支持。

---

[1] 王利明：《民法典合同编通则中的重大疑难问题研究》，载《云南社会科学》2020 年第 1 期。

[2] 梅夏英：《数据的法律属性及其民法定位》，载《中国社会科学》2016 年第 9 期。

六、结语

《民法典》第215条从立法层面，以明确条文的形式确立了区分原则，这一规定犹如基石，为我国民法体系的构建筑牢根基，大幅度提升了民法体系的科学性与系统性。它让民法体系在结构上更加严谨合理，各组成部分之间的逻辑关系更加清晰。区分原则的提出，既为后续民事法律规范的进一步细化完善、动态发展提供坚实的根本依据；也为司法实践中准确适用法律、妥善解决各类物权与债权相关纠纷提供明确且权威的指引。法官处理各类民事纠纷时，依据区分原则能准确判断合同效力与物权变动的合法性，不仅充分保护了当事人基于合同所享有的合法权利，还切实维护了物权的公示公信力，保障民事法律秩序的和谐稳定，有力助推我国法治社会建设进程。

（王子涵　西南政法大学民商法学院）

第二编
英美法哲学精粹

帕克模式理论的法理学批判与
中国法学的省思
——读帕克《刑事制裁的界限》

《刑事制裁的界限》中，哈伯特·帕克引入了"原理—程序—自由界限"这一逻辑主线，通过经典的"入门、论述、结论"三步法的写作方法，对十八章的内容进行了编排。在第一编中，帕克根据美国当时的刑事概念所存在的问题和争论，确定了刑事惩罚的实质及其正确性值得怀疑的结论，并对可责性、证据和比例原则进行了系统的分析。第二编中，帕克采取系统性的方法来研究刑事制裁的界限问题，研究重点集中在刑事诉讼的正当程序以及刑事责任管理两个重要领域。在第三编，帕克围绕"界限"逐步对刑罚惩罚的方法、法制和道德之间的平衡点，以及从何种角度出发选择具备目的性、预防性的干涉措施进行了宏观阐述，并认为刑罚惩罚应当坚持的"六大标准"，并以性犯罪、堕胎和酗酒等代表性犯罪为主例，阐释了"六大标准"的实际应用。本文从帕克的理论出发，在详细阐释与分析其理论的基础上指出其对于我国法学的积极作用，从被害人角色、私力救济、正当程序三个角度进行理论分析，在肯定帕克理论贡献的同时指出其不足之处，以期对刑事诉讼法学研究有所裨益。

一、正当程序模式和犯罪防控模式的理论框架及其相互作用

在该书的第二编，帕克深入探讨正当程序模式与犯罪控制模式之间的理论联系，对这两种模式在美国刑事司法实践中的具体应用进行系统性考察。由此，帕克对刑事诉讼中的关键要素进行了系统的分析和讨论，如逮捕、拘留和审讯、技术调查等，这些内容贯穿整个刑事诉讼过程。帕克以有机交互

的两种模式为理论框架，阐述了有机交互的两种模式。而在拘捕条件方面，帕克指出，在犯罪防控模式下执法者在具备合理怀疑，也即具有"相当的依据"的基础上，可以对犯罪分子执行逮捕。这种权力，是扩展至基于调查和预防犯罪目的的广泛逮捕权。与之相对，正当程序模式规定，逮捕行为应当是某人所进行的某些犯罪行为，目的是强调对人权的尊重和对逮捕权的谨慎使用。其更强调价值和内涵要素，[1]其中心含义为任何权利遭受裁判结果影响的当事人，都拥有被通知和表达自己看法并参与听审的权利。[2]最终，帕克从刑事诉讼的现象深入两种模式的理论基础，得出两种模式的核心目的和价值追求都有显著差异，犯罪控制模式追求的是对犯罪分子引起的整体社会效应的有效控制，更强调实际操作中的速度和效率。不管是基于有罪推定的犯罪行为倾向于行政性的事实判断活动，还是实施有罪答辩制度，都是对快速性、终局性的追求在实践中淋漓尽致的体现。而正当程序模式则更注重个人权利的保护，拒绝在刑事诉讼的可靠与效率之间作出折中选择，并以此发展出法定罪过原则、无罪推定和平等观念等基础价值理论。这一模式在事实认定方面则持"保守"态度，其要求完整的刑事诉讼流程，如果已经"公平公正"地完成了刑事诉讼程序，则无论真相如何，事实便是如此。

两种模式是否真的水火不容？其实不然。帕克认为，两种模式作为政策制定与执行的基础假定，并不存在任何先天上的优势，在理论上并非完全矛盾，而是在实践的动态竞争关系中共存。在美国当时的刑事诉讼程序实践中，已经明显地体现了两种对立的观点：正当程序模式与犯罪控制模式。这两种模式的相互竞争不仅揭示了两者间紧张的动态关系，而且深刻地塑造了美国的司法体系。诸如合法逮捕与非法逮捕、技术侦查与隐私权等关键议题，均是这两种模式相互角逐的直接产物，反映了刑事司法领域内两种不同理念的较量。同样，这些产物的诞生存在现实意义，即反映一种价值。一方面，在理论层面上，民事诉讼价值目标引领法律的决策思想，[3]这种价值作为刑事诉讼的最高价值理念，主导刑事诉讼法对刑事诉讼行为的性质、类型、方法

---

〔1〕 蒋红珍：《正当程序原则司法适用的正当性：回归规范立场》，载《中国法学》2019 年第 3 期。

〔2〕 Checkbacks, *Black's Law Dictionary*, West Publishing Co, 1979, p. 1083.

〔3〕 姚莉、冯喜恒：《犯罪控制模式下的法官决策》，载《法学论坛》2010 年第 1 期。

以及效果的立法选择和具体操作的民事诉讼行为之间的关系。[1]另一方面，在法律应用层面，应用法律分析事实需要通过对现实可能性的判断和价值的选择来决定程序细节的价值和规范模式的价值。因为不同利益主体的价值取向不同，操作性和技术性条款可能导致司法变形。通过帕克对于这一价值的建构，刑事诉讼中两种竞争意识形态的不同，也在司法运作过程中为后世所窥见。而更重要的是，帕克对于两种模式的探讨，均是建立在对现实的深入分析之上，故而得出，刑事诉讼程序框架的搭建与改革，其导向往往是实体问题。无论是对比分析两种模式，还是探讨两种模式在现实中的共存，都没有在两种模式之间作出终局性的选择，只是基于现实可能性的判断，为制度的变化发展提供预测的根据。[2]

二、刑事诉讼的范式冲突：帕克理论的学术辨析与中国法学的镜鉴

在帕克的著作中，他详尽地勾勒出了当时美国刑事诉讼的复杂现状，其中包括理论、立法和司法实践的多样与不和谐。帕克指出，犯罪控制模式与正当程序模式之间存在着显著的差异，这些差异在刑事诉讼的各个层面上都有所体现。基于其观点，美国的刑事诉讼理论、立法与司法构成了一个充满矛盾但又相互依存的独特体系。帕克强调，刑事诉讼的理论与实践、立法与司法之间的关系是一个持续演变的动态过程，这种关系不断地在冲突与协调中发展和变化，反映了政治理论、立法和司法之间主动适应的过程。其中共存与冲突体现在这一体系的各个方面，即理论、立法与司法的内部，理论、立法与司法之间，现在和过去之间，法律与司法之间。综上，帕克通过这三篇十八章的内容，深刻揭示了一国刑事诉讼领域内理论、立法与司法之间所存在的具有全面性、多元性、竞争性乃至矛盾性特征的关系。这些关系构成了一个复杂而丰富的互动网络，其中各要素相互影响、相互制约，共同推动着刑事诉讼体系的发展与完善。

在系统地阐述了该书的主要内容后，不难发现，帕克以构建正当程序模式和犯罪控制模式理论体系为宗旨，让学术界认识到了刑事诉讼理论对于构

---

〔1〕 邓云：《刑事诉讼行为基础理论研究》，中国人民公安大学出版社 2004 年版，第 60~61 页。

〔2〕 左卫民：《冲突与竞合：刑事诉讼的模式分析——读帕克教授的〈刑事制裁的界限〉》，载《政法论坛》2017 年第 5 期。

建系统性、复杂性理论体系的巨大潜力。帕克在该书中提到了刑事诉讼案件的模式学说，把刑事诉讼案件程序细分成犯罪控制模式与正当程序模式，并分别基于司法流程的各个阶段介绍具体问题和具体立法、司法操作方法。需要指出的是，这些方法并非浅显的立法规定，而是基于立法与司法实践中各类因素进行归类分析，进而构思成的两种不同的理论范式。于此，尽管立法与司法实践中存在差异，但帕克基于高度类型化、抽象化的理论范式对现实存在的立法与司法问题进行分析，在指明两者存在差异的基础上构建出两种迥然不同的理论范式及构成因素，从而说明在实践中，具体有哪些机制可以满足犯罪管理方式及正当程序模式，以及前者能够在多大程度上与后者相符。这种理论模式的构建遵从由实践到理论，再由理论到实践的逻辑，故而使此理论具有解释现实、适应现实、改变现实的长久生命力与说服力。

而谈及具体贡献，帕克理论的引入对当时中国刑事诉讼领域产生了诸多深远的影响：其一，帕克在书中构建了体系化的理论分析体系并阐释其分析效果，将刑事诉讼划分成两种存在复杂关系的理论模式。此类分析方法的引入，引起了中国刑事诉讼法学理论从注释法向理论法的转变。[1]一些学者借鉴帕克的分析方法，将理论运用到具体制度和实践的分析中，进而试图构建一套独特的、足以对我国刑事诉讼进行解读的理论体系。[2]本文能够在总结的基础上深入论述这两个模式对我国刑事诉讼立法和司法的作用，把理论运用于实际的研究。甚至，还有学者试图参考帕克的分析方法，建立一个阐述我国刑事诉讼的理论学说。其二，帕克在介绍这两种模式的过程中，采用将实务抽象化、类型化的研究方法对实践进行解读，进而说明这两种模式的实际应用和社会影响，这对当时的中国刑事诉讼学界有一定的参考意义。有学者认为，自2017年之前，我国的刑事诉讼理论存在令人担忧的现象，即学界要么无法提出原创性的刑事诉讼理论，要么理论只是被部分学者接受。[3]而帕克的理论能够在世界范围内引发广泛关注与认同，一个重要原因便是其将实务抽象化、类型化的研究路径，在对现实保持客观态度的基础上，对实践

---

〔1〕 张泽涛：《反思帕卡的犯罪控制模式与正当程序模式》，载《法律科学（西北政法大学学报）》2005 年第 2 期。

〔2〕 左卫民：《价值与结构——刑事程序的双重分析》，四川大学出版社 1994 年版，第 153 页。

〔3〕 左卫民：《冲突与竞合：刑事诉讼的模式分析——读帕克教授的〈刑事制裁的界限〉》，载《政法论坛》2017 年第 5 期。

的诸多复杂因素进行抽样与分类，将行为与目的、价值与结构相融合，将刑事诉讼理解为一种以价值导向为核心的立法与司法实践，最终整合而成理论，从更精密的角度让读者看到美国刑事司法的复杂现实。这种方式无疑会对当时我国的刑事诉讼研究产生影响。

三、帕克理论批判：被害人角色、私力救济与正当程序的再审视

有美国专家认为："和 19 世纪 60 年代的一些流行音乐相比，尽管在美国民事诉讼模式中，帕克的犯罪控制模式和正当程序模式仍是主旋律，但已过时。"[1]诚然，帕克的理论在世界范围内影响巨大，但其同样存在不足之处，至此分述如下：

第一，帕克的理论忽视了被害人的存在。在帕克构建的两种理论模式中，基本没有涉及被害人，以至于在参照实践的过程中，往往列举堕胎、赌博等无被害人的犯罪。而在刑事诉讼过程中，为什么会存在属于弱势群体的被害人主张其权利受到侵害？如果社会存在大量针对妇女和儿童的家庭暴力犯罪，这些已然存在的被害人以及潜在的被害人在刑事诉讼中地位如何确立？这些问题都无法从帕克的理论中得到回答。其中固然存在当时的社会观念，即针对妇女、儿童的家庭暴力犯罪被完全视为私人之间的事情的影响，而伴随 19 世纪 70 年代世界范围内保护被害人利益运动的兴起，这一缺陷也日益显现出来。同时参照帕克的犯罪控制模式，只要刑事案件发生，遭受犯罪侵害的人一般都会报案，而警察和检察机关也因为被赋予了很大权力而会更积极主动地实施犯罪侦查与起诉工作，进而达到切实控制犯罪这一目的。而事实上，依据当时美国的刑事司法实践，在 1979 年美国国会所通过的《1978 年犯罪被害人法令》的修正之后的五年中，基于被害人的积极报案，对被告的起诉量增加了 40% 至50%。[2]这一数据反映出，至少部分刑事诉讼是因为被害人报案才开始启动。反之，如果没有被害人的主动报案，部分刑事诉讼便无法启动，故而即便赋予警察和检察官更大的权力，他们在管理刑事案件方面所发挥的作用也极为有限。

第二，帕克的理论忽略了私力救济的存在。在美国的司法实践中，相当

---

〔1〕 Kent Roach, "Four Models of the Criminal Process," *The Journal of Criminal Law & Criminology*, (89) 1999, p. 677.

〔2〕 郭建安主编：《犯罪被害人学》，北京大学出版社 1997 年版，第 99 页。

一部分被害人是通过私力救济的方式来惩治犯罪，保护自身权利不受侵害，因而，被害人不向司法机关报案不等同于犯罪人没有受到惩罚。在当时的美国，绝大多数纠纷并非通过法律手段解决，民众对审判公正缺乏充分信心。[1] 依据当时美国的司法状况，学者普遍认可的第九修正案规定了美国宪法中的概括性人权保障条款，[2] 但并未将其列为宪法权利的渊源，似乎只在"隐私权"案中"昙花一现"。[3] 自1973年"罗伊诉韦德（Roe v. Wade）案"再次强调正当程序条款具有概括性权利条款的地位以来，法院对以第九修正案为依据保护未列举基本权的请求基本不予支持。[4] 借此，可以窥见民众对于审判公正缺乏信心的原因。基于这一现象，有学者提出一种新的诉讼模式理论，该理论将诉讼模式划分为被害人权利惩罚模式与被害人权利不惩罚模式。被害人权利惩罚模式主张通过协商取得当事人满意的处理结果。而对被害人权利的不惩罚模式，则更侧重修复已被犯罪所破坏了的双方当事人关系，通过将双方的痛苦降低到最低程度来实现司法公正与控制犯罪的效果。上升至国家层面，西方大多数国家也并非只依靠刑罚惩罚来控制犯罪，而是通过各种各样的途径。无论是社区服务令[5] 还是剥夺罪犯的失业保险金[6] 等，都是国家控制犯罪切实有效的方式，而帕克的理论将上述情况完全忽略，故而具有一定的局限性。

---

〔1〕 Marc Galanter, "Reading the Landscape of Disputes: What we know and don't knowcand think we know) about aur alleg edle contentious and litigious society", *UCLA Law Review*, vol. 31, 1983, pp. 4~71；徐昕：《私力救济的正当性及其限度——一种以社会契约论为核心的解说》，载《法学家》2004年第2期。

〔2〕 张薇薇：《"人权条款"：宪法未列举权利的"安身之所"》，载《法学评论》2011年第1期；王广辉：《论宪法未列举权利》，载《法商研究》2007年第5期；屠振宇：《未列举基本权利的宪法保护》，载《中外法学》2007年第1期；屠振宇：《未列举基本权利的认定方法》，载《法学》2007年第9期。

〔3〕 余军：《正当程序：作为概括性人权保障条款——基于美国联邦最高法院司法史的考察》，载《浙江学刊》2014年第6期。

〔4〕 J. D. Droody, "Originalist Justification and the Methodology of Unenumerated Rights", 1999 *L. Rev. M. S. U. -D. C. L.* 809, R. J. Harris & M. Smith, "Community Service as a Sentencing Option: Perceptions of Offenders and Service Providers", *British Journal of Community Justice*, vol. 11, no. 1, 2013, pp. 19~34.

〔5〕 J. D. Droody, "Originalist Justification and the Methodology of Unenumerated Rights", 1999 *L. Rev. M. S. U. -D. C. L.* 809, R. J. Harris & M. Smith, "Community Service as a Sentencing Option: Perceptions of Offenders and Service Providers", *British Journal of Community Justice*, vol. 11, no. 1, 2013, pp. 19~34.

〔6〕 H. S. Andersen & D. Skarbek, "The Economics of Punishment", *European Journal on Criminal Policy and Research*, vol. 16, no. 1, 2010, pp. 3~21.

第三，帕克把刑事诉讼法分成了犯罪控制模式和正当程序模式，但是关于正当程序模式的理论预设存在问题。首先，正当程序模式相较于犯罪控制模式而言，虽然有利于保障人权，但同时也将惩罚犯罪的行为合法化。有学者认为："帕克的两种模式理论相互之间的关联或许应该如此建立：犯罪控制是刑事案件过程的基本目的，达到这一目的需要采用适当的方法——正当程序来实现。"按照正当程序的理论，警察和检察官因为被赋予了较大的权力，因而会积极主动制止犯罪，这实际上已经为警察和法官对犯罪行为的活动作出限制，从而将最后的惩罚犯罪合法化。[1]其次，帕克对于正当程序模式的概念预设是为了保护人权而不利于管理犯罪行为，但根据实际情况，正当程序并不会影响这种效果。以加拿大为例，加拿大为限制警察和检察官的权力而引入正当程序，在这之后，监狱中的罪犯人数出现明显的增加。从某种程度上可以说明，程序正当对打击犯罪是有益的。[2]

四、结语

本文深入剖析了哈伯特·帕克教授在《刑事制裁的界限》中提出的正当程序模式和犯罪控制模式的学说架构，首先就这两种模式在美国刑事司法实践中的交互作用进行了系统性分析，阐释正当程序模式与犯罪控制模式之间的张力，也展现了刑事司法体系在寻求效率与保障人权之间的复杂动态平衡，为刑事诉讼中的价值取向和目标追求提供了一个多维度的分析工具。其次，本文探讨了帕克理论对我国刑事诉讼理论的影响，指出它极大地促进了我国刑事诉讼法学研究由注释法向理论法的转变，为我国学者提供抽象化、类型化研究方法。同时，帕克对刑事诉讼制度与实务的深入分析，也为我国刑事诉讼理论体系的构建提供了新的视角和方法。最后，本文对帕克的理论进行批判性分析，从被害人角色、私力救济以及正当程序的再审视方面三个方面指出其理论存在一定的局限性。

（李诗格　中央财经大学外国语学院）

---

〔1〕 Andrew Ashworth, *The Criminal Process*, Oxford University Press, 1998, p. 27.

〔2〕 Michaes Mandel, "Fundamental Justice", in *Repression and Social Power in the Charter's Impact on the Criminal Justice System*, ed. Jamie Cameron（1996）, p. 369.

知识财产理论价值探索

——读德霍斯《知识财产法哲学》

财产是社会科学理论与哲学分析的基本对象之一。针对延伸至抽象物上的财产概念，德霍斯认为现存有关财产的一般性理论阐释难以完全将其涵盖，自由主义传统下对财产理论的梳理应当受到怀疑。他从实践主义哲学的角度认为，创立有别于独属于知识财产的无形财产理论具有合理性。从一般性权利理论和财产理论的视角出发，德霍斯重申他的观点：知识财产权是无形物，但指的是与抽象物有关的无形权利。[1]

也就是说，德霍斯认为抽象物财产应当得到法律的认可，并且进一步巩固物质世界在财产关系中的决定性作用。从知识财产对抽象概念提出的具体物质性要求中，得以更深入洞悉其物质形态的显化过程。从知识财产上创设的权利能很好地适应经济的发展和需要、适用于市场和社会关系的方方面面。德霍斯的《知识财产法哲学》以从"抽象物"上创设之权利为本源，为知识产权的理论基础作出了详尽的阐释，时至今日仍然具有巨大的理论价值。

一、知识财产权利正当性理论基础之辩证

知识财产是否应当有无形权利存在？探寻知识财产权利的理论根源不得不回到西方政治哲学中去。知识财产法权利理论基础来源于 17 世纪洛克的财产权理论。在《政府论》中，洛克首次提出将财产权作为人类重要的自然权利的主张，进而开启了自由主义的发展进程。在有形财产占主导地位的时代，洛克《政府论》中的财产权理论同样适用于剖析知识财产的法理基础，基于劳动财产权理论在其整个理论结构上的"二元价值"，其能够作为解释知识财

---

〔1〕 ［澳］彼得·德霍斯：《知识财产法哲学》，周林译，商务印书馆 2008 年版，第 37 页。

产这种抽象权利的法理依据。洛克财产权理论在上帝将世界赐予人类共有的情境之下诞生三大关键：其一，劳动价值理论，每个人都拥有对自己人身的财产；[1]其二，权利人留下"足够多"与"同样好"，[2]并且以享用为目的，[3]即根植于自然法的非损害原则；[4]其三，不能从共有物中取走超出其能够充分利用的那部分。其逻辑之推论在于，劳动者对自己的身体拥有所有权，因此身体做出的劳动固然属于所有权的范畴；而劳动不仅包括体力劳动，智力劳动产生的知识财产亦归属于劳动者，且劳动足以使得该财产脱离于原有的公有状态之时，才能够归为私有。我国的冯晓青教授在《公共领域视野下知识产权制度之正当性》中归纳为"公有领域"与"垄断权正当性"之边界以证成劳动理论之价值。[5]

　　当然，以上内容一直是属于知识财产权的证成基础，但长期以来我们缺少的实际上是对这一理论的合理性认识与怀疑。以洛克提出的共有概念进行区分，可分为消极共有（negative community）与积极共有（positive community）。前者指共有物不包含任何权利，只有对从共有物中所取出的那部分物具有排他性占有时，一个人才对那部分物拥有控制权。余下的即共有物，为全人类所共有，所有人都有权去使用它。洛克的劳动理论显然属于消极共有。基于实用主义立场，共有形式最有利于培育共有知识、传播共有知识才应是首选。在洛克的劳动理论与共有理论最大的差异便在于人类在其中的角色不同。在劳动理论中人类是劳动者，而在共有知识理论中，人类是创造者与传播者。此外，正是因为共有理论是以劳动为基点的，所以必然更加关注共有知识的财产化和占有问题。观其本质，知识财产权是一种关于在"抽象物"上创设何种权利的探究。当社会要对抽象物的产生和利用进行调节时，应当回到知识共有理论再出发。德霍斯指出，劳动根本不能成为一个决定性的或完整论证财产合理性的基点，劳动的地位依赖于共有学说。而按照洛克的自然状态下的消极共有权利理论弊端颇多，基于自利，这种共有形式为共有知识的存在带去了更多隐患，第一种隐患是引起越来越多的个体对既存的共有物实施侵

〔1〕 John Locke, *Two Treacies of Goverment*, Gambridge Vnibridge Press, 1988, p. 27.

〔2〕 John Locke, *Two Treacies of Goverment*, Gambridge Vnibridge Press, 1988, p. 27.

〔3〕 John Locke, *Two Treacies of Goverment*, Gambridge Vnibridge Press, 1988, p. 31.

〔4〕 Locke, bk. Ⅱ. §§25–51, P. Laslett. ed. 258–302（1963）.

〔5〕 冯晓青、周贺微：《公共领域视野下知识产权制度之正当性》，载《现代法学》2019年第3期。

袭；第二种隐患是人性的弱点驱使个人找到更多的手段隐藏与掩护共有物，从而架空共有知识的体系。相反，积极共有本质上能平衡垄断和共有知识（即公共利益），其传达出的理念是在不耗尽现有的共有知识的可能下，让尽可能多的抽象物保持公开。由此，共有知识得以继续扩大。从 1474 年的《威尼斯专利法》，到 1710 年的《安妮女王法令》，再到 1810 年的《拿破仑商标法》，知识产权的本源始终建立在且需要回归到知识财产性权利上的垄断与共有利益之间的博弈，即与公共知识资源、共享性智慧信息、社会公共利益与个人私权之间的平衡。[1]

但有必要强调的是，本文并非完全否认洛克劳动理论一定的合理性。我们应当合理审视知识财产法的理论基础，从而维持基于此构建的上层建筑不会崩塌。洛克有关财产的论述给我们的启示是，我们应当认真对待财产劳动论存在的形而上学语境以及与之相伴的共有理论。只有回归到知识财产权利的理论基础与对其正当性的追溯上，才能更好明确未来的价值导向。

二、知识财产权利困境——有形财产与无形财产之本质探寻

知识财产之划分最早可追溯到罗马古典时期。[2]虽然罗马法学家盖尤斯将物（res）划分为有形（corporalis）和无形（incorporalis），但二者之间的联系依然紧密，如建立在无形财产上的权利，其权利人往往会通过与无数有形产品建立联系，例如通过生产销售等方式将无形财产的价值转化到有形财产上。正如马克思指出的，知识财产权在历史中的诞生以占统治地位的物质关系为基础，他的观点体现了共有知识共同使用的要求。[3]在资本的刺激下，知识就是"财富"与"资产"。即便如此，应当明确的是，知识财产建立在"抽象物"上，与动产、不动产依旧具有本质上的差异——知识形式是不会因为不断地使用而被耗尽的。德霍斯指出，知识财产能起到在个人与财产关系之间的媒介作用，且虽然该项财产性权利具有地域性，但也不会因过度使用而穷竭。事实上，情况恰恰相反，知识的价值不是通过收藏和保存来体现的，而是通过在实践中

---

〔1〕 徐瑄：《知识产权的正当性——论知识产权法中的对价与衡平》，载《中国社会科学》2003年第 4 期。

〔2〕 ［德］弗里茨·舒尔茨：《古典罗马法》，柯伟才、张晓博译，商务印书馆 2024 年版，第 1 页。

〔3〕 张文喜：《人格知识财产权与共有知识：从黑格尔到马克思》，载《天津社会科学》2023年第 5 期。

应用，不断扩展其应用范围和使用场景，从而实现其价值的增值来体现的。我们再次回到洛克劳动论中，其理论中的"留下足够多、同样好"和"防止资源的浪费"适用于把抽象物从共有知识中剥离的行为。在使用抽象物时，抽象物不会因为使用而发生减损。因此，对共有知识更广泛的占有也具有合理性。

从经济学的角度分析抽象物创造利益的底层逻辑，若使用财产的人数为 n，财产总量为 C，C/n 即为成本，有形财产会因为有体物的存在与限制而使得财产总量 C 受到约束并保持恒定，但抽象物则迥然有异——在信息化时代下，德霍斯提出的抽象物的"不可减损性"体现为 Web2.0 时代下信息的可复制性和可共享性。随着无形财产使用和传播效率的成倍数增长，在合法垄断无形物的权利面前单位价格不会变化，所以"抽象物"的总成本只会越来越低，其价值反而会因传播效率的不断提高而不受任何束缚地攀升，这在经济学上被统称为效益递增原理。因此，资本、财富和效率的追求模式因无形财产的本质区别而在知识产权领域与物权时呈现出霄壤之别。因此，知识财产亦能创造出不亚于一般财产的，甚至更大的经济效益。

知识财产权作为一种基于无形财产的权利，其显著的经济特征使其成为评价和判断的合适对象。然而，在知识财产权中，还包含了一些将价值观制度化的权利，这些价值观被社会群体中的个体视为有意义、有价值、具有重要性的东西，是超越依据成本而具有的实用性价值——它们是超越其成本的权利。比如，从版权的角度而言，署名权——一部作品的作者被承认为该作品的作者的权利，保护作品完整权——作者防止其作品被毁损的权利。这些权利不见得有经济上的效益，相反可能会因为这些权利阻碍艺术作品的流通，减损经济价值。但即使是这样，这些权利也正是因为其内在的价值而具有存在的意义，因而获得法律支持。版权当中艺术作品的存在应当被认为有其内在的价值、被社会群体的某个人视如珍宝、具有重大意义。如是，促进或保护艺术作品的权利可以被证明是公正的，理由是，它们有助于促进某种内在的价值的传播，因此并不会因为某种狭隘的经济尺度而牺牲这些具有内在价值利益的权利，相反，此种完全独立之物权具有永续性（perpetuality）。[1]这

---

〔1〕 王传辉：《知识产权法"利益平衡说"之反思：自然法与功利主义之比较》，载《交大法学》2022 年第 1 期。

也是无形物上权利存在的重要意义。

三、知识财产之价值与未来——独占论与工具论之抉择

抽象物作为一种基本商品，其规范分配的问题应当值得研究。德霍斯认为，知识财产上创设的特权应当附加义务从而构成必要的限制。在有关知识产权的国际条约中，《与贸易有关的知识产权协议》发挥着重要的作用。其一方面承认了知识产权作为私权的基础，另一方面规定了知识产权的最低保护标准，并对知识产权适于保护的类型与客体进行了区分，为独占论的存在提供了理论基础。可以发现，著作权、商标权、专利权作为知识产权三大主要权利，各国法律都站在独占论的基础上。例如，商标法中，消极的公用物上现在有更多的东西可以服务于商标独占者，在旧商标法立法中，只有某些种类的视觉标记可以作为商标注册。现在商标则允许颜色、声音、气味和味道作为商标注册登记。从传统商标到非传统商标的发展，体现了独占论的倡导者倾向于通过说明商标法与经济市场的有关需要来阐述其价值与主张。而德霍斯认为，对于专利而言，独占论可能导致专利制度偏离其初衷的危险，即保护创新者的智慧成果并鼓励更多的创新。倘若独占论占据主导地位，那么专利的授予将更多地基于构思的新颖性，而不是其实际的、可衡量的创新成果。此种论断让人们对于工业上应具有实用性的构思趋之若鹜。如德霍斯所言，财产利益本身就被给予道德的至上性，与个人主义有很强的联系。[1]即从独占论看来，占有者应当支配抽象物，所有权理应高于共有利益。

财产工具论与构成财产的哲学特征相关联，其更多指向的是形而上学、与伦理学和认识论有关的价值和问题。可以说财产工具论的核心在于关注财产的行为方面，这一点与独占论中的价值取向大相径庭。从立法实践来看，《美国联邦宪法》第1条第8款的"版权与专利"条款规定："为了（for）促进科学和实用技术的发展，国会有权……通过（by）保障作者和发明者对他们各自的作品、发现在有限期间内享有专有权利。"[2]由此观之，版权和专利在立法层面实际上是实现法律根本宗旨、作为公共价值层面的一种工具主义特权，必须谨慎、合理地维系权利人与社会公众之间的利益平衡关系。

---

〔1〕 ［澳］彼得·德霍斯：《知识财产法哲学》，周林译，商务印书馆2008年版，第209~211页。

〔2〕 United States Constitution，Article1，Section 8.

　　此外，不可否认的是，对于公众而言，我们心中的财产工具论应当符合善良风俗，服务于道德准则和理性价值，因此工具论需要一种较为古老和传统的评价体系，即使是成本效益层面的理论[1]也应当受制于道德而不是剔除道德价值。自从1710年《安妮女王法令》出台后，知识产权以特权的形式走上历史舞台，阶级矛盾的激化赋予了知识产权私权性质，即财产性权利的价值导向。垄断特权的观点随着时代的发展最终被淡化，财产权的法理论证渐渐成为主流，至此，财产工具论的观点才浮出水面。值得注意的是，垄断特权的授予不得不伴随义务和责任。带有义务的特权由此形成知识财产的工具论的核心。根据工具论的阐释，知识财产将被置于某种更广泛的道德理论与价值体系的评判标准之中。知识财产已不仅仅是简单的经济工具，还是构建公平正义社会的重要基石，既为了个体的利益同时也注重整个社会福祉和长远发展。不仅如此，自然主义中的经验主义为知识财产工具论理论提供了理论基石，使其聚焦于无形财产的本质属性。涉及这些权利的立法实践将在关于真实世界的成本与滥用信息的促使下而进行。[2]以著作权法为例，"转换性使用"作为规范分析中的一种"理论"或适用"规则"，将其视作一种工具论的价值属性更为恰当。如是，工具论的价值导向往往更符合知识财产的本质属性——具有必要的人本主义倾向或显现出一定的人文主义道德关怀。

　　知识产权固然是一种私权，但知识产权本身就具有一定的"社会价值"与"社会目的"，即需要考虑智力成果之创造（创造人）与智力成果之传播和使用（他人）之平衡、创造者之个人利益与社会公共利益之平衡。[3]德霍斯重申，知识财产的各项权利属于特殊的侵犯他人自由之特权。至少从分配公平的角度和自然经验主义的角度而言，应当对其特权的适用范围予以限制。我国的三部单行法立法宗旨统统指向了促进社会主义文化和科学事业的发展与繁荣、促进科学技术进步和经济社会发展、促进社会主义市场经济的发展，即公共福祉。毋庸置疑，独占论即个人财产由市场价值最大化原则单向支配的法律体系可能会对公有领域造成不可逆转的消极影响，在知识产权的未来

---

　　[1] Ajit K. Dasgupta and D. W. Pearce, Cost－Benefin Analysis: Theory ard pra－ctia, Macmillan, 1972, p. 113.
　　[2] ［澳］彼得·德霍斯：《知识财产法哲学》，周林译，商务印书馆2008年版，第307页。
　　[3] 冯涛：《国家干预知识产权法律问题研究》，南京大学2012年博士学位论文，第74~75页。

发展进程中，社会福祉最大化和利益分配伦理的并存与协调是我国乃至世界各国值得探索的路径。

四、结语

如德霍斯在书中开宗明义："知识财产承认各个国家都享有符合其自身社会、经济和文化环境的方式来确定知识财产权的自由。"诚然，知识财产的本质决定了其存在的形式与发展的道路注定不同。知识财产权利，作为一种限制自由之特权，始于无形的"抽象物"，以其正当性权利理论为支撑与依据，最终以其本质属性决定着该项权利的价值与未来。但正义始终是社会制度的首要价值，[1]平等是正义的表现，是完善的政治制度或社会制度的原则。[2]相比物权等建立在有形物上的权力而言，我国面对新兴的知识产权缺乏本土化的历史与经验，但知识产权作为国家发展战略性资源与国际竞争力核心要素，其存在的作用与意义已经凸显。我国在开始建设中国特色、世界水平的知识产权强国的同时，需要回望过去，剖析德霍斯对知识财产上抽象物的分析与架构，从人格正义、分配正义、秩序正义理论出发，[3]在既存的法律与理论中探索、优化属于中国的知识产权发展之路。

（汪嗣杰　西南政法大学民商法学院）

---

〔1〕 沈宗灵：《法　正义　利益》，载《中外法学》1993 年第 5 期。

〔2〕 《马克思恩格斯全集》（第 20 卷），人民出版社 1971 年版，第 688 页。

〔3〕 吴汉东：《知识产权法价值的中国语境解读》，载《中国法学》2013 年第 4 期。

《大审判》：法律与公众关系之深思

——读弗里德曼《大审判》

　　法律学者劳伦斯·弗里德曼在《大审判》一书中详细地阐述了法律与公众的复杂关系。透过一系列典型案例与作者自身独特的视角，读者将进入一个公众、媒体、法律等因素相互作用、相互影响的法律领域中。并且，随着作者的层层深入，读者能够明确理解法律对于公众行为的约束和引导、媒体对法律制定和实施造成的影响等方面的知识。

　　"法律中立是法律至上的前提和基础。"[1]法作为维护社会和谐与秩序的重要基础，其核心功能是保障正义的实现，以及公民的自由不被侵犯。这必然要求法律在适用过程中保持中立性。然而，在《大审判》一书中，不难了解到在法律的运作过程中，其并非立场始终中立的机器。事实上，它的运作是一个复杂的体系，舆论导向以及新闻媒体对案件事实的报道等因素与法律的相互影响、相互作用，会导致不同裁决结果的出现。

　　当然，多种因素并不是单方面对法律施加影响，法律对舆论和媒体也有很强的反作用。从法律角度来看，法律的适用导致作出相应的判决，而其作出的判决对于公众的行为具有一定的约束性，而长期的约束性和导向性会对社会风向产生影响，从而改变媒体和舆论的导向；从多种因素的角度来看，舆论的导向必然会对法律的适用施加压力，那么在裁决中就要考虑对社会公众造成的影响，并且在相关法律的制定过程中立法者也会考虑媒体报道中所展示的具有紧迫性的事项，从而制定更适合推动当前社会发展的法律制度。

　　同时，《大审判》也展现了媒介在法律和公共关系中所扮演的特殊角色。媒体不只是资讯的传播媒介，它也是民意的放大器。尽管在实际生活中，由

―――――――――

〔1〕　谢晖：《法律信仰的理念与基础》，山东人民出版社1997年版，第10页。

于商业利益、社会舆论等因素的影响，媒体的报道很难做到绝对的中立，但媒体仍旧作为公众了解法律、表达想法和情感的不可或缺的渠道。

一、起源——觉醒公众法律意识

法律意识是社会公众从法律角度认知、感觉、评价各种社会现象，并用以支配他们的行为方式的意识，是社会公众自觉地在一定法律文化背景下将其行为置于法律秩序、法律生活和法律世界之中的近乎本能的意识。[1]

卢梭曾说："一切之中最重要的一种法律既不是铭刻在大理石上，也不是铭刻在铜表上，而是铭刻在公民的心里。"[2]不同学者对法律意识有着不同的定义和看法，阿列克谢耶夫从唯物观点出发，认为法律意识应当是社会意识的一种表现形式，是人们在社会生活中形成的关于法和法律制度的认识和理解，以及社会心理现象（感觉、情绪等）在法律领域的体现。拉扎列夫则认为法律意识是社会、团体或者个人的法律知识和对法律现象及现行法律进行评价的形式。[3]

公众法律意识是指一般公众对法律问题的观点及看法，其中包含理性认识，但更多的是感性认识。[4]相较于法律思维所需要的理性客观、讲求经济而言，公众的法律意识中带有感性的看法和强烈的个人色彩，并且主要是以其朴素的法感为基础而诞生的。

《大审判》向我们展示了公众对于有关法律案件的强烈兴趣和情感投射，无论是明星八卦、道德争议，还是政治丑闻、社会腐败，都能因为某些原因成为公众感兴趣的焦点。公众不再与以往一样仅仅是相关信息的被动接受者，而更愿意成为案件审理过程的积极参与者。他们通过多种途径发表自己的意见，常常认为自己的观点才是最具有说服力的，才最能达到法律诞生之初的目的。并且由于媒体记者的大肆宣传，这种舆论和态度经常会对案件的审理

---

[1] 姜起民：《中国社会转型期法律意识变迁研究》，中国人民公安大学出版社 2013 年版，第 253 页。

[2] [法] 卢梭：《社会契约论》，何兆武译，商务印书馆 1980 年版，第 73 页。

[3] 马淑娇：《公众法律意识的实证分析——以网民对两起社会热点事件的评议为中心的考察》，甘肃政法学院 2013 年硕士学位论文。

[4] 段立章：《网络舆情折射下的公众法律意识探微——对药家鑫案的别样透视》，载《河海大学学报（哲学社会科学版）》2012 年第 1 期。

进程和裁决结果造成不可忽视的影响，一定程度阻碍了法律按照自己设计的程序进行的步伐。

公众法律意识的觉醒，一方面源于社会进步和民主化进程。在经济逐渐发达的情况下，越来越多的公民将目光投射到法律和政治之上，公众在社会中越来越愿意成为相应理念和价值观的输出者，在各种媒体上表达自己的观念和看法；另一方面得益于新闻媒体的广泛传播和各类信息技术的发展。随着印刷技术的发展，报纸普及到千家万户，当公众可以通过各种渠道获取法律信息的时候，将不可避免地进行法律讨论，甚至在某些情况下，他们希望能够亲身参与法律决策中。而他们的这种想法不仅会增强已经觉醒的法律意识，也会使得现成的法律制度和司法判决映射更多公众参与的影子。

但是，公众法律意识的觉醒也会带来许多未曾出现过的问题。它打破了人们的固有观念，即法律只是统治阶级的统治手段和一般公众只能成为有关法律信息的被动接受者的传统观念，从而突破性地展现了公众和法律之间相互影响、相互渗透的视角。

这种新认识一方面有助于公众理解法律的本质和功能，为法治的建设提供了更多的想法和路径。另一方面，由于公众对于法律的理解和期待存在差异，二者之间有时会产生矛盾冲突。这种矛盾不仅体现在对具体案件相关事实和证据的认定和推断上，更体现在对法律价值观的理解上。公众舆论的干涉也许会带来判决的公正化，也许会负面影响司法机关的判决。正如托马斯·富勒在《格言集》中说的"多数人的想法"和"大家认为的好"，如果司法机关一味要追求"大家说的好"，那么必然会牺牲"法律自身的好"的部分，从而大幅降低法律存在的必要性。因此，如何在尊重公众参与的同时，维护法律的公正性和权威性，成为一个亟待解决的问题。

二、影响——引导与塑造公众行为

"法律必须被信仰，否则它将形同虚设。"[1]法律不仅是一种社会规范，更重要的是社会价值导向的一种体现。民众因司法有权威才会对法律产生信任，而对法律的信任程度越高，民众的法律意识就越强。反过来，民众的法律意识越

---

〔1〕［美］伯尔曼：《法律与宗教》，梁治平译，生活·读书·新知三联书店1991年版，第78页。

强，对法律信仰的程度也越高。[1]在《大审判》中，我们可以看到法律如何通过其裁决和解释来影响公众的行为。如果法律中包含着对于某些行为的明文禁止，并且说明了相关的惩罚，那么一般公众就不会去触碰相应的法律红线。随着越来越多社会公众的尊法守法，法律对于公众行为的约束效果也会得到展现。

与此同时，随着具有社会影响力的案件裁判结果的公布，公众的道德判断和价值观念也会发生变化。当他们遇到相关的情况时，就会考虑到先前的相关裁决，从而约束自己的不法行为；在他人实施相应不法行为时，也会因此作出一定的制止行为。这种影响不仅在个人层面，体现为对自身行为的约束；更体现在社会层面，表现为对相关违法行为的举报、制止。国家正是通过对于一系列案件的裁决和解释，充分利用法律来塑造一个更加公正、和谐的社会环境。

在过去，法律强调惩罚性和威慑性，立法者通过制定繁琐的法律来约束社会公众，并且展示出法律条文的强制力，来达到制裁不法行为和约束社会公众行为的作用。随着法治建设的不断深化和公众法律意识的显著增强，单纯的惩罚性显示出不足，人们逐渐不愿意被残暴的法律所约束，法律也需要作出相应的调整，从惩罚性逐渐转向理念性的教化。法律通过不断的理念性的传输使得公众内心道德标准不断提高，转化为内在的约束力。越来越多社会公众对自身行为的约束，也会推动社会整体价值观朝着法律预设的道路发生变化，人们将会减少不法行为的实施。

但是，法律对于社会公众的制约和引导行为也不完全是正确的。实际上，立法必然有一定的滞后性，这种情况一定程度上会压制部分社会公众的进步性，进而弱化公众对现有法律的信任。同时，由于公众的法治意识日益提高，他们开始通过多种途径来表达自己的诉求，甚至有可能出现过激的举动，使得社会公众与现有法律产生激烈的对抗。人们对法律的不信任与不满也会削弱法律对行为的引导作用，会导致社会价值观念出现混乱与冲突。因此，如何在保证法律制度稳定、适应社会发展的前提下，构建一个能够调整法律与公众之间关系的法律体系成为一个亟待解决的问题。

---

[1] 刘薇：《论法律意识现代化——司法公信力提升的必然要求》，载《法制与经济》2018 年第 11 期。

三、揭示——媒体施加的影响

正义不仅应当得到实现，而且应当以人们能够看得见的方式得到实现。这是媒体监督司法的基础，也体现出司法审判中实质正义与程序正义的密切关系。从保障公正的意义上讲，公开是司法公正本身的要求之一，同时也是实现司法公正的有力保障，而媒体的报道则大大增加了司法活动的公开性和透明度。[1]

在《大审判》中，媒体的角色不可忽视。媒体不仅是相应信息传递的渠道，更是公众认知构建的桥梁。尽管公众舆论是社会公众这一认识主体对于某个认识客体的认知，但其既非对客体的本相的认知，也非对客体本相的系统认知[2]，所以其往往有着一张普洛透斯似的脸，变幻无常，随时可呈现不同形状并具有极不相同的面貌。[3]然而，媒体与法律之间的互动关系却异常复杂和微妙。

媒体对法律案件的报道或者评论时常影响社会公众对于案件的认知和态度，而这种影响会不可避免地带着更多的感性色彩，甚至会出现"个人情感与法律评价混为一谈"的情况，可能给司法公正带来巨大的不确定性。

一些媒体为了追求关注度，可能会过度渲染案件的戏剧性和冲突性，忽略对案件事实和相关法律程序的客观描述。这种报道方式虽能够吸引公众的注意力，但也会导致公众对法律的理解产生偏差和误解。在社会信任机制极度脆弱的今天，媒体却在用迎合公众猎奇心理的方式摧毁着这仅存的信任机制。[4]作为信息提供者的媒体，它们必然要发出属于自己的声音，但其在社会公众中传播的信息必须是真实可信的，而非利用民意绑架司法，使公众情绪形成一股社会公意的浪潮，无形中对司法机关的审判施加舆论的压力。这种高度一致的压倒性意见，使司法机关很难不受到影响。[5]

---

〔1〕 于瑞荣：《论媒体监督与司法公正的关系》，载《攀登（哲学社会科学版）》2022年第1期。

〔2〕 ［美］E.博登海默：《法理学：法律哲学与法律方法》，邓正来译，中国政法大学出版社1999年版，序言第2页。

〔3〕 ［美］E.博登海默：《法理学：法律哲学与法律方法》，邓正来译，中国政法大学出版社1999年版，第352页。

〔4〕 马淑娇：《公众法律意识的实证分析——以网民对两起社会热点事件的评议为中心的考察》，甘肃政法学院2013年硕士学位论文，第17页。

〔5〕 于瑞荣：《论媒体监督与司法公正的关系》，载《攀登（哲学社会科学版）》2022年第1期。

当然，媒体的影响并非完全是消极的。在一定的条件下，媒体的报道和评论也可能会促进公众对于法律制度的反思和法律本身的改进。例如，具有社会影响力的案件经过媒体的传播和热议后，会引发公众对于现有法律的质疑，并提出改进的建议。二者之间的良性互动，不仅有助于推动法律制度的完善和发展，也能够提高公众的法律素养和参与度。社会公众对热点案件的意愿，一方面是期望司法机关能够实现更大程度的正义；另一方面，同样也是最重要的是，公众会将自我境遇进行假定，将自己置入司法案件中，特别是会代入案件中的弱势者的角色。[1]

一方面，媒体通过报道和评论法律案件，为公众提供了解法律制度的窗口和途径，增强人们对法律的认识和对决策的参与度，与此同时，媒体能够在现有的法律体系之外构建一种不具有强制力的社会公共意愿来调节社会关系、协调社会机能，从而推动社会整体的良性发展；另一方面，媒体成为公众情绪和意见的放大器和传声筒。媒体自身的广泛存在使得媒体具有极强的社会影响力，而这份社会影响力将在对现有法律的制定和实行过程中具有极其重要的作用。这种作用促使权力机关制定法律过程中抱有更加审慎的态度，一旦其出现不合理之处，将会受到媒体和公众的双重批判，不利于其维护自身的权威性。故而，如何处理好媒体与法律之间的关系是一个具有重要意义的问题。

四、结语

《大审判》为我们研究与解决法律与公众关系问题提供了良好的理论基础。我国在适用相关基础理论的同时需要考虑自身独特的历史文化因素以及目前的经济发展阶段。推动公众法律意识朝着良好的方向不断发展，充分发挥和利用好法律对公众行为和价值观的引导和塑造作用，平衡好媒体监督司法和过分干涉司法公正的关系，这将有助于把我国建设成一个更加繁荣、公平、和谐的国家。

（赵子博　西南政法大学民商法学院）

---

[1] 韩宏伟：《公众意愿与压力型司法——基于李昌奎案的延伸思考》，载《理论月刊》2015年第3期。

浅析极端情况下的"法""理""情"

——读萨伯《洞穴奇案》

"法律是什么"是法哲学的永恒话题。极端情况下形成的共识能否被视为新的法律？裁判该类案件时法理情如何权衡？洞穴案件是 1949 年美国法理学家富勒（Fuller）发表的一起假想公案，富勒和萨伯通过对法律事实的巧妙裁剪，使有罪和无罪的判决结果都有充分的理论依据。下面针对该书所讲述的案例，结合 14 位大法官的判决意见，浅谈一下极端情况下的法理情。

一、极端情况下法律是否仍使用？——论法的价值

根据权利批判理论，权利话语不具有普遍性，只有在具体情境中才有意义。法官邦德针对此案认为，探险者脱离了纽卡斯国的统治，并根据民主决议在洞窟中形成了新的社会契约。斯普林汉姆法官也认为，法律是建立在契约之上的，人们加入契约之中是为了特定的目的，当这些特定目的因发生意外状况而无法达成时，人们对契约的服从义务也就不再存在。此外，探险者们向外界的问询、求助也未得到有效的答复，是否可以视为与外界隔绝，由此割裂了纽卡斯国的统治呢？又是否能因建立了一个新的契约而不顾纽卡斯国的法律呢？纽卡斯国的法律对于此时的他们而言还有价值吗？理解法律价值，需要理解"人的行为之规范性"这一前提。从亚里士多德到托马斯·阿奎那，再到马克思，西方学者对人类的解读往往离不开一个基本的预设——人的社会属性。那么究竟怎样才算是社会性的人呢？依据法哲学的观点，社会性的人的标准便是"行为具有规范性"。行为的规范性，也就是行为之非任意性，而这种非任意性也就意味着所有人形成关于为或不为一定行为的基本的普遍评价。当我们形成什么应当做、什么不应当做的基本的义务共识，而

不是以自然本能和个人力量为依据进行行为选择时，我们在行为性质上便跟动物分道扬镳了，即只有当人们在规范性体系之中进行交往的时候，人才真正成为人，社会才真正成为社会。行为规范性连接了人和社会，成就了人的社会属性，也成就了社会的客观存在。同样，人类行为的规范性也必须放在社会背景之下进行阐释。"人—规范—社会"之通约关系，同时也预示着法的价值与社会价值之间共通的属性。由此，法的价值即为人类基于社会的客观属性和自身需要而主动赋予（所追求、希望和珍视）社会生活的，用以描述行为规范性的社会生活之性状、功能、作用等的概念的集合。人类需要形成关于行为规范性的普遍共识，赋予社会生活以一定的性状、功能、作用等属性，为长期的交往活动提供指导。洞穴案件中，因探险者们被困在洞穴，纽卡斯国的法律似乎对他们失去了价值，他们不再遵从普遍的社会规范，而是采取相对野蛮的方式进行交往活动。

二、极端情况下的共识是否能被视为新的法律？——论法的本质

值得思考的是，探险者们共同认可以抽签的方式选择被分食的一人是否意味着他们在洞穴里建立起了一个属于他们的小社会？而形成的共识又是否可以上升为新的法律规范？"法律是什么"是法哲学领域永恒的议题，其目的在于揭示法律的真理——法律"存在"的根源和基础，这不仅是为了技术性的应用，还是对"法律"本身进行的深刻讨论。[1]法国思想家卢梭关于法的本质问题，认为"法是人民公共意志的记载"；[2]德国哲学家康德认为"法是综合条件，使任何人的自觉行为都能与他人的自觉行为相协调，这是根据一般的自由规律而制定的"；按照黑格尔的说法，基于自由意志形成的规范就是法；[3]契约说认为，人类通过缔结契约而放弃、让与自然权利的一部分，从而在进入政治社会之前的自然状态下形成了一种政府，这种政府最初的契约也就是法律。依上述观点，洞穴案件中探险者们形成的共识似乎可以被视为一个新的、适用于他们之间的法律规范。但是，新的法律规范的形成又是

---

〔1〕 赵明：《思想的能力与司法技艺》，载〔美〕彼得·萨伯：《洞穴奇案》，张福勇、张世泰译，九州出版社2020年版，第9页。

〔2〕 〔法〕卢梭：《社会契约论》，何兆武译，商务印书馆2003年版，第189页。

〔3〕 〔德〕黑格尔：《法哲学原理》，范扬、张企泰译，商务印书馆1961年版，第203页。

否会终止纽卡斯国法律的效力？如果人人都将自己或团体的意志视为新的法律规范，社会秩序如何得到维护？这里"人民"的范围又如何界定？如果五名探险者形成的"契约"可以被视为新的法律规范，那么国家的管理是否失去了意义？显然，自由意志说和契约说是站不住脚的。一般认为，只有经过国家制定或者认可，并且有国家强制力作为后盾的，才能被称为"法"，才是有效力的法。综上所述，洞穴案件中探险者们基于自由意志形成的契约不能被认定为新的法律规范，探险者们即使身处洞穴也应当遵守纽卡斯国的法律。

三、极端情况下杀人能否构成紧急避险？——论生命价值的衡量

然而，若对探险者们适用纽卡斯国的法律，他们又能否免于刑罚呢？毫无疑问，他们分食人肉的行为符合谋杀罪（故意杀人罪）的构成要件，但在这种极端情况下是否适用紧急避险值得商榷。紧急避险，指出于紧急和迫不得已，可以通过损害另一法益来保护较大法益免受正在遭受的危险或侵害，其根据是法益权衡说。依此观点，紧急避险能够成为违法阻却事由。[1]在洞穴案件中，如果作为违法阻却事由的紧急避险成立，就说明通过牺牲一个人来挽救五个人的行为是法律所允许的，甚至是法律鼓励人们去做的，这显然不能让人接受。被困的探险者们分食其中一人是否符合"损害另一法益以保护较大法益"这一问题的关键在于"生命价值是否能以数量来衡量"。塔利法官在洞穴案件的判词中指出："预防性杀人与自我防卫杀人能成立的原因在于让对方失去生命比让更多的人失去生命更为合理，这种方式可以将对他人和社会的危害程度降到最低。在洞穴案件中，被困的探险者们通过抽签这一方式将死亡的风险分摊，是符合公平理念的，这是一项'合算的交易'。"[2]这一观点体现了古典功利主义思想。这一主义的代表人物是边沁，他提出了功利最大化原则，认为趋利避害是人的本性。"为最大多数民众谋得最大程度的幸福"，他的功利主义思想往往被概括成这样一句话。这句话蕴含的正义感让人为之陶醉，从道德高度层面吸引民众，但是美好的结果常常以一个个真实个体

〔1〕 李越：《论紧急避险——以"洞穴奇案"为例》，载《法制博览》2019 年第 3 期。
〔2〕 ［美］彼得·萨伯：《洞穴奇案》，陈福勇、张世泰译，九州出版社 2020 年版，第 165 页。

的牺牲为代价。[1]生命价值真的能被视为"交易"吗？以一人死亡的代价换取四人生还，看似是一场划算的交易，实则是对生命价值的根本否定。文明社会不能容忍探索者们为了保全自己的利益而侵犯他人的生命权益，因为这样的行为会造成人们已经确立的价值观念和正义观念的崩塌。哪怕处于极度饥饿的状态下，人们也不允许以牺牲他人性命的方式来保存自己的生命，这与法律和道德所指导的最基本的义务相悖。退一步讲，如果"一换四"划算，那以99万人的牺牲换100万人的存活，又真的划算吗？特朗派特法官尤其反对"交易观"，他承认生命的绝对价值，坚持生命神圣原则，认为杀人行为不可宽宥，认为坚守道德比杀人自保更为重要。然而在现实生活中，人们往往会赋予生命更多的情感意义，比如当一位救了很多人的消防员和一个十恶不赦的坏蛋在某种极端情境下必有一死，而生死权掌握在消防员手里，最终消防员同志选择牺牲自己，人们往往会极为悲恸并强烈希望死的是坏蛋，他们会认为这是极不划算的生命交易。这也应了塔利法官的又一观点："法律允许预防性杀人（看让谁死更合理更有利）。"生命价值究竟是否能拿来比较，答案往往是否定的。每个人的生命权都是自始至终平等的，不可以被量化和权衡。

四、极端情况下的探险者是否有惩罚必要性？——论法理情的权衡

如此，洞穴案件中的探险者们显然无法逃脱法律的制裁，但惩罚他们又是否真的是正确的选择呢？"法益是入罪的基础，道德伦理是出罪的依据。法律是平衡的艺术，既要考虑到满足人民心中的正义感、道德感，又要注重保护个人的权利和自由；既要保护法益不受不法侵害、惩罚罪恶行为，又要考虑到伦理道德的需要，弘扬良善的价值观。"[2]德国刑法学家冯·李斯特认为："刑法既是对善心之人的大宪章，也是对罪恶之人的大宪章。"赵明在《思想的能力与司法技艺》中说："人们不得不清楚一点——法律'存在'的基础和根源是建立在法律本身的'理念'之上的，无论是在对法哲学的思想探究上，还是在法官的司法实践中，即法是正义的诠释，正义是法的'理

---

〔1〕 封韬：《谋杀的道德侧面：〈洞穴奇案〉中的生与死》，载《重庆广播电视大学学报》2018年第1期。

〔2〕 罗翔：《刑法学讲义》，云南人民出版社2020年版，第139页。

念',是法的根本,也是法的存在之本。"尽管人们无法直接体验到"绝对正义",但人们能够坚信社会生活的价值,坚信维护社会秩序的价值。[1]福斯特法官和唐丁法官在洞穴案件的讨论中,从法律的目的出发,认为法律精神是应当受到重视的。法官福斯特(Foster)认为,一个人可以不违背法律本身,而仅仅违背法律表面的规定,而且任何实体法都要按照其目的来解释。戈德法官和弗兰克法官从可能导致的结果出发探讨极端情况下探险者的杀人行为是否具有惩罚必要性的问题:戈德法官认为,无罪判决可能会导致悲剧再次上演;弗兰克法官认为,惩罚犯罪对理性犯罪有威慑作用,认为预防犯罪最有效的手段就是严格惩罚犯罪。[2]诚哉斯言,惩罚这几位探险者会对其他公民起到警示作用,让他们尽量避免陷入此种情况或在处于此种情况时不会做出类似的行为,但同样,他们也许会全部"饿死在山洞",这难道是我们希望看到的结局吗?况且此类极端情形本就是小概率事件。如此说来,惩罚四位幸存者对社会的积极意义实为有限,反而处死他们会引起部分公众对他们的同情和惋惜,毕竟他们的生是以数位救援人员的牺牲和巨额成本为代价的。

从司法裁判的社会影响来看,法官说理的对象主要是案件当事人和普通民众,因此法官的说理和裁判必须同时具备法理、事理和情理,既要依法,也要说理,还要讲情。伯纳姆法官认为,"不能将法律和道德与立法机构割裂开来""但是对于司法机关来说,法律和道德是相互独立的"。禁止杀人行为,立法机关有其道德动机:认为杀人是不对的,不被大众所接受,所以禁止杀人。毋庸置疑,人们也都希望如此。但是,人们不允许法官们在裁判案件时体现自己的情感观念和价值取向。伯纳姆法官和立法机关的语词反映了他们的道德倾向,也在某种程度上反映了民众的朴素的道德观,而法官的任务便是解释立法机关的语词。在大卫·休谟和亚当·斯密看来,社会进步的关键在于一种客观存在的、能够影响社会的公共认知(民意)或社会整体的道德情操,而这种道德情操是所有人共同拥有的经验本能。因为没有经验反思,大多数人会被未经检视的情绪所支配。[3]出于朴素的价值观,一部分人可能

---

〔1〕 赵明:《思想的能力与司法技艺》,载〔美〕彼得·萨伯:《洞穴奇案》,陈福勇、张世泰译,九州出版社2020年版,第13页。

〔2〕 〔美〕彼得·萨伯:《洞穴奇案》,陈福勇、张世泰译,九州出版社2020年版,第20页。

〔3〕 陈天翔:《法理思维是什么样的——以"洞穴奇案"的想象和分析为导图》,载《法律方法》2019年第3期。

认为"杀人偿命天经地义"，另一部分人可能认为判处探险者们故意杀人罪太过严厉。

对于"情之理"，《洞穴奇案》这本书探讨了"法官判案是否应有自己的价值判断"这一议题。书中，特鲁派尼法官和基恩法官都忠实于实证主义法学派的观点，主张充分尊重法律条文。"法典规定，凡故意剥夺他人生命者，应处以极刑，这是人尽皆知的。"即使我们的同情会让我们对这些人当时的惨状产生怜悯之心，但是法律条文却不允许有任何的例外。[1]基恩法官坚持立法至上的原则，认为忠诚地适用法律规范是法官的义务，法官裁判案件不能受个人的正义观念或者个人意愿的影响，而应根据法条的朴实含义对法律本身作出解释。而弗兰克法官主张设身处地地考虑案件情况，提出"假如法官发现自己在惩罚一个并不比自己坏的人，他应该辞职，否则将是法律的耻辱"。这一观点与朱熹在《礼记·中庸》中表达的观点"体谓设以身处其地而察其心也"和孔子"己所不欲，勿施于人"的观点一致，但显然过于感性，难以为人们所普遍认同，但其中表达的希望法官有自己的价值判断的思想值得借鉴。正如帕斯卡尔法官所说："毫无疑问，缺少理性的法律是荒谬可憎的；而受限于理性的法律则是不公平的，同样可憎。"戈德法官也认为，理性与情感不应该截然分离。若仅依法条，法律会变得机械、冷血，甚至会造成一些冤假错案，秦朝因严刑酷法而亡便是"仅法意，不人情"的教训。法、理、情有机统一是法治逻辑的应有之义，三者之间是辩证统一的关系而非对立的关系——法律的制定建立在社会道德和公众情感的基础之上，社会道德和公众情感赋予法律合理性、正当性，法律为社会道德和公众情感提供普遍约束力；情理的基本内涵是道德，而道德又是法律的基础，为法律提供指引。[2]综上所述，法官应当有一定程度上的价值判断，在以法律为依据的基础上结合情理、倾听民意。

（袁祥悦 西南政法大学人工智能法学院）

---

〔1〕 ［美］彼得·萨伯：《洞穴奇案》，陈福勇、张世泰译，九州出版社 2020 年版，第 3 页。

〔2〕 骆锦勇：《遵循"法理情"逻辑规则》，载《人民法院报》2017 年 8 月 28 日。

评昂格尔对早期中国社会的法治批判理论

——读昂格尔《现代社会中的法律》

《现代社会中的法律》（Law in Modern Society）是批判法学的经典之作，罗贝托·曼加贝拉·昂格尔在其中集中探讨了近代西方社会出现的"法律秩序"这一现象，在历史考察和文化比较中阐述了西方法律秩序的起源，同时也对早期中国社会的法律以及秩序进行了细致的观察。在书中，昂格尔详细讨论了自己对早期中国社会的法治批判理论。

一、昂格尔对早期中国社会的法治批判理论

昂格尔对早期中国法治的研究是建立在与西方社会法治的对比上的。根据昂格尔的观点，现代法治的构建基于两个关键因素：其一，"法律秩序要发展，必须以这样一种环境为前提，即没有一个集团在社会生活中永恒地占据支配地位，也没有一个集团被认为具有一种与生俱来的统治权力"，即社会中存在着多元的利益集团，没有任何一个集团能永久掌控主导权，也没有任何一个集团被赋予天然的统治权。这种各集团间的竞争与共存促进了法律秩序的演变。其二，需要有超越世俗的普遍法则作为基准，以此评估或质疑国家制定的法律。[1]在欧洲封建社会晚期，随着等级制度的瓦解，各社会群体达成了一种新认知，即个体有权追求各自的信念。这一共识推动了社会寻求一种能够化解集团间冲突并被所有成员自愿接受的公正法律体系。因此，在利益集团的不断纷争以及人们共识的产生的要求下，西方的法律秩序开始萌芽，

---

〔1〕 柯岚：《现代性、法律秩序与人的解放：读昂格尔〈现代社会中的法律〉》，载《清华法治论衡》2009 年第 2 期。

并随着时代要求不断地发展壮大，最终形成了"法治"。[1]但是，在看似必然的规律下，早期的中国社会却没有走上法治的道路，为了探究这一问题，昂格尔便从与西方现代法治的对比入手，开始了对早期中国历史的研究。

昂格尔将早期中国的历史分为两个阶段，一是封建时期，即西周的大部分（1122B. C. -771B. C.）和随后春秋的部分时期（772B. C. -464B. C.）。首先，昂格尔对封建时期的各个阶层进行了分析，第一是贵族，作为这一阶段社会的统治阶层，他们在世袭制度的条件下，在内部进行世袭和发展；然后便是大量农奴，他们无权无势并且为贵族而劳动；接着便是商人，商人由于承担了商品流通的重要责任，对于经济的运转至关重要，本来足以形成自己的利益集团。但是，贵族为了巩固自身的统治地位，制定了大量排挤商人的制度，使商人在当时以农业占主导地位的现状中遭受排挤，缺乏独立的城市中心而只能处于依附的地位。从这一方面看，无论是农奴还是商人都无法与贵族的势力相抗衡，只能处于依附的地位，因而多元利益集团抗争的局面无法形成。[2]其次，昂格尔主张在中国封建社会中，唯一有效的法律体系被称为"礼"，它具有四个关键特性：①"礼"是基于社会等级的行为规范，它调节着因个人社会地位差异产生的相互关系；②"礼"是特定情境下的行为模式，它定制了具体的、而非普适性的行为准则，对各种具体情境和社会身份差异有着灵活的应用；③"礼"并非成文的法规，而是社会自然形成且充满活力的秩序，这种秩序虽可被个体打破，但却无法人为创造；④"礼"并非公共领域的统一法则，各个社会阶层都有各自独特的礼仪规范，这样便很难用一个统一的法律秩序去约束所有阶层的人民。[3]从第一个属性看，"礼"规定了不同社会角色的行为标准。通过"礼"，人们被分为"君子""小人"，不同于中世纪的欧洲人们追求各自价值观、寻求自身利益时产生的观念上的竞争与统一，"礼"的特性使得个人被期待遵守的适当标准必须依赖于他所在的等级，最终形成所有人共同遵守的一个制度。从第二个属性看，"礼"事无

---

〔1〕［美］昂格尔：《现代社会中的法律》，吴玉章、周汉华译，中国政法大学出版社1994年版，第74~75页。

〔2〕［美］昂格尔：《现代社会中的法律》，吴玉章、周汉华译，中国政法大学出版社1994年版，第81页。

〔3〕［美］昂格尔：《现代社会中的法律》，吴玉章、周汉华译，中国政法大学出版社1994年版，第84~85页。

巨细地规定了各项要求，甚至细微到车战中一方对另一方应发出的警告和手势，这与现代具有普遍性和抽象性的法律条文也有很大的差异。从第三个属性看，"礼"是一种虽然显而易见但却缺乏明确规定的正当行为准则，它的有效运行依赖于所处的社会中存在的一种关于价值和观念的牢固的认识。但是，由于"礼"已在人们的思想中根深蒂固且被普遍遵循，根本的观念冲突没有出现，因此这种社会结构尚不被人们所认识，法律秩序在这种社会背景下便也很难形成。从第四个属性看，由于封建时期各阶层行为准则的复杂性，用一个统一的规范约束所有阶层的行为也是极具挑战性的。因此，"礼"的存在使得封建时期的中国在基本上不满足法治产生的条件下，依旧能约束人们的行为，成为人们的行为道德准则。

第二阶段便是公元前 6 世纪至 221 年，这个阶段被称为改革时期。在这个时期作为实在规则的官僚法冲击着已有的习惯法，开始在各国普遍发展，并且我国正处于旧的分封制解体的阶段，在各国的战争称霸中官僚组织也得到了空前的发展。官僚法的产生有两个条件：一是国家与社会的分离，这导致人们迫切地需要一个高居于群体冲突之上的组织，这样才能满足官僚法的公共性；二是社会共同体的解体，使人们所依赖的共同信念崩塌，官僚法便与一套宗教戒律并存，同时满足工具主义与合法性。[1]但是，缺乏相对独立于君主集权政府的"第三等级"是我国在改革时期的突出特征："士"由贵族产生，并依附于皇权。在群体冲突之上的"士"，不能够独立地成为居于群体冲突之上的组织，而商人受到压迫，也没有机会维护自己的利益，更加无法可依。因此，我国很难出现一个能够冲破群体冲突、领导其他群体的组织。并且，由于长期受到礼教的影响，我国对"天"的神性和对"神"的神性有所偏重，神的观念便渐渐地非人格化、自然化了，人们所依赖的共同信念难以被打破，官僚法也无法产生。[2]

二、对昂格尔法治批判理论的考究

昂格尔对于早期中国社会的批判理论，无论在古代中国历史的准确性，

〔1〕［美］昂格尔：《现代社会中的法律》，吴玉章、周汉华译，中国政法大学出版社1994年版，第86页。

〔2〕柯岚：《现代性、法律秩序与人的解放：读昂格尔〈现代社会中的法律〉》，载《清华法治论衡》2009年第2期。

还是在古代中国的历史性方面，都有可以讨论的空间。[1]一些学术界人士对他的解读提出了异议。比如，哈佛大学的安守廉教授便提出了批评，指出了昂格尔的一个关键观点的问题：他认为公元前 6 世纪以前的中国几乎完全遵循习惯法，缺乏成型的公法体系。[2]然而，这一立场似乎需要重新评估，因为有确凿的史料显示，早在西周（公元前 12 世纪）立国之前，我国已经有了明确的公共法律制度。《尚书》这部典籍中就包含了商代的法律片段，记载了周文王对儿子康叔的教诲，其中不仅明确了对特定罪行的刑罚，还强调了遵循合法权力限制以公正执行法律的重要性。[3]

另外，对于秦国以前的中国社会各阶层的状况，昂格尔是存在误解的。他认为："商人既没有动力也没有机会主张他们自己的利益并发展他们自己的法律。"然而，这一观点有待深入探讨。即使政治权力受到限制，商人群体仍是商品流通的关键角色，他们的经济贡献对国家的运行至关重要。尽管秦国以前我国的商人与文艺复兴后的欧洲商人在社会中占据的地位不同，但是大量证据表明，我国的商人关心促进他们自己阶层的利益，并且具有政治力量这样做。[4]以吕不韦为例，这位先秦时期的商人不仅扶助秦庄襄王登基，担任宰相，还编撰了《吕氏春秋》，他在确立秦朝统治的过程中起着重要的作用。吕不韦和他的同行们不仅有动力去争取自身利益和建立管理商业活动的法规，实际上也确实这么做了。这在秦始皇统一全国的过程中尤为明显，他推翻了各诸侯国的地域性商业习惯和规定，将商业活动归入中央集权的管控。[5]因此，昂格尔关于早期中国商人缺乏主张利益和构建法律意愿的观点需要进一步的分析验证。

此外，也有学者批评昂格尔提出的"现代法治只在西方资本主义社会中产生"的观点可能带有"西方中心主义"的视角。昂格尔在考察古代中国时

---

〔1〕 吴玉章：《昂格尔的"中国问题"》，载《中国法律评论》2017 年第 5 期。

〔2〕 ［美］安守廉：《不可思议的西方？昂格尔运用与误用中国历史的含义》，高鸿钧译，载《比较法研究》1993 年第 1 期。

〔3〕《不可思议的西方？昂格尔运用与误用中国历史的含义》引用《尚书》中的例子加以论证早在公元前 12 世纪时便存在公共和明确的法律。

〔4〕 唐倩：《对昂格尔法治批判理论的批判》，西南政法大学 2012 年硕士学位论文，第 14 页。

〔5〕 ［美］安守廉：《不可思议的西方？昂格尔运用与误用中国历史的含义》，高鸿钧译，载《比较法研究》1993 年第 1 期。

忽视了对当时中国的社会制度类型、依赖的经济基础以及社会意识上的宗法伦理思想等的分析。同时，昂格尔认为利益集团的多元化以及自然法观念是法治产生的独有条件，并且仅从这两个方面对古代中国社会进行探究，这种观点排除了其他条件下产生法治的可能性，因而昂格尔对中国社会的分析存在较大的争议，还有待商榷。[1]

从古代中国历史的实际发展来看，学者们对于昂格尔的批评是合理的，不过值得注意的是，就目前而言，在法学领域，昂格尔似乎是唯一能从中国古代历史中提炼出普遍理论观点的人。[2]他对于法律的深刻洞察以及对传统社会理论的批判性反思，为我们在法治建设问题的理解和应对上提供了独特的见解。因此，我们应当充分认识到昂格尔的贡献，并给予他应有的高度评价。

三、结语

昂格尔在开篇提出，我们当前对社会的研究建立在19世纪末期和20世纪初期最主要的社会理论家传给我们的一份由概念、方法、理论及心照不宣的假设所组成的遗产之上。此外，当政治、艺术或思想领域取得重大进展时，紧随其后的那一代人往往可能会感到无所适从，认为自己无需再作出重大贡献。虽然昂格尔的研究绝大多数建立在西方法律秩序的基础上，但是昂格尔对现代法治提出的问题同样也是正在迈向法治化进程中的中国所将面临的问题，我们不应该理所应当地完全采纳先辈的理论，而是要结合时代的背景来创制出合适的规则。昂格尔对现代法治的深入研究为我们提供了宝贵的视角，激发我们深入理解并审视法治的本质，以及如何在保障法治的前提下，推动中国特色社会主义的健康发展。鉴于社会主义法律体系存在社会、经济、政治和文化环境的不同，我们有必要突破现有法律观念的局限，切实寻找符合社会主义国情的法治模式。[3]我们需要打破对于现有的法律制度的思想的约束，真正探索出适合社会主义国家的法治道路。

---

〔1〕 唐倩：《对昂格尔法治批判理论的批判》，西南政法大学2012年硕士学位论文，第15页。

〔2〕 吴玉章：《昂格尔的"中国问题"》，载《中国法律评论》2017年第5期。

〔3〕 朱景文：《关于后现代法学研究中的若干理论问题——"后现代法学与中国法制现代化"研讨会论文与发言摘要》，载《人大法律评论》2001年第1期。

如同本杰明·卡多佐所言："如果根本不知道道路会导向何方，我们就不可能智慧地选择路径。"虽然昂格尔对早期中国社会的法治批判理论并未完全摆脱西方中心论的约束，但仍给我国的法治建设提供了建设性的思考。[1]昂格尔《现代社会中的法律》一书，能够帮助我们重新审视现存的法律制度，[2]为我们提供一些关于现代西方法治和我国传统法律的启发。这有助于我们打破固有思维的约束，探索出真正适合我国的法治道路。

（陈萱　西南政法大学人工智能法学院）

---

〔1〕 王文君：《昂格尔法律变迁理论的研究》，西北师范大学 2011 年硕士学位论文，第 45 页。

〔2〕 刘超：《法律秩序存在之社会情境——评昂格尔的中西法治比较理论》，重庆大学 2010 年硕士学位论文，第 36 页。

超越法律规则的逻辑探索

——读肖尔《像法律人那样思考——法律推理新论》

法律规则本身具有严谨的逻辑结构，该结构表征为完备的法律规则由哪些元素或组成部分构成，以及这些元素或组成部分是以何种逻辑方式联结并形成统一整体的问题。这一结构同样是法律规则与习惯、道德评价相区别的重要特征之一，运用法律规则进行的法律推理是法律逻辑学的一个重要研究内容，也是司法实践中法律适用的一种重要方法。因此，在司法实践中科学合理地运用法律推理具有重要的理论和现实意义，可以较好地实现法律的确定性。[1]随着社会多元化的发展，司法实践面临的问题越来越复杂，各种社会现实对于法律推理提出了更高的要求。同时，学者和实务界对于是否存在一种特殊的推理形式叫法律推理和是否真有"像法律人那样思考"这回事提出了疑问。基于此，肖尔教授的著作《像法律人那样思考——法律推理新论》作为法律推理新论，详细全面地介绍了英美国家中法律方法和法律思维的特点，指导法学新生清晰地了解到，实现正义并非空洞的口号，有时为了追求更长远的公正，可能需牺牲案件本身的公正。因为司法裁判的核心不仅仅在于解决纠纷，更在于如何恰当地、正确地处理这些纠纷，这需要充分的论证和理性的说理来实现。[2]

一、法律人思维（法律推理）的独特性

学习法律的目的并不在于掌握堆砌如山的法律规则，因为很多规则在实务中都会发生改变，而是在于掌握一些论证和决策的能力，它们笼统地被称为法律推理。但是否真的存在法律推理？法律人是否具有一种独特的思维方

---

〔1〕 陈景辉：《规则、道德衡量与法律推理》，载《中国法学》2008 年第 5 期。

〔2〕 雍琦：《关于法律逻辑性质及走向的思考》，载《现代法学》1997 年第 5 期。

式？2013 年的法理学界曾因此而有过一场热闹的论战，论战一方是以苏力教授的观点为代表的怀疑论，认为"法律人思维"其实并不为法律人所专有，以及在所谓"法律人"共同体中也不存在统一的法律人思维方式。[1]另一方是以孙笑侠教授的观点为代表的肯定论，认为不应否定法律人思维的存在，不能夸大"超越法律"的功能和意义。[2]

法律人思维的独特性不是来自法律职业本身的独立性，也不能认为是法律人比普通人拥有更好的分析思维、精确思维和更严谨的思维，因为其他领域的优秀者同样具备这些能力，所以终究还是无法判断出什么样的技能和特征是法律人所独有的。[3]然而，法律不同于国际象棋，后者所有的策略和手段都已被明确规定在其规则之中。在法律论证和法律决策过程中，并非所有的解决方案都能在规则中找到答案。为了达到正确的裁决，除需要大量的法律专业知识外，还需要运用许多法律之外的技能。此外，不可避免的是，法律决策将受到人类无法预见的复杂情境的制约。由于法律的目的是实现公正，而非单纯遵守法律本身，因此当法律不能实现公正时，公正本身便是超越法律的判决依据。面对不可预期的世界，法律有时候只能打破规则本身，才能更好地服务社会。

肖尔认为，法律推理的独特性在于它是一种基于权威的推理，使法律推理与在实证和经验科学以及日常生活中使用的推理不同的，不是其推理形式（架构），而是法律环境（legal milieu）。[4]纵观司法实践，基于权威的推理也是普遍存在的，法律推理的特殊性在实际法律操作中更像是一个例外，而不是一种常态。[5]它不仅是真实存在的（即便它不能全面反映律师和法官的所有行为），其存在也足以作为一个普遍性的解释。[6]肖尔持有的观点是，鉴于它在法律上的广泛存在，其数量甚至超过了其他所有领域，我们可以合理地认为存在法律推理的可能性。

---

[1] 苏力：《法律人思维？》，载《北大法律评论》2013 年第 2 期。

[2] 孙笑侠：《法律人思维的二元论兼与苏力商榷》，载《中外法学》2013 年第 6 期。

[3] ［美］弗里德里克·肖尔：《像法律人那样思考——法律推理新论》（增订版），雷磊译，法律出版社 2023 年版，第 6 页。

[4] ［波兰］马西耶·科斯佐夫斯基：《为什么法律推理必须是独特的》，王瑞超译，载《法律方法》2019 年第 4 期。

[5] 赵玉增：《法律人思维及其对法治建设的意义》，载《法律方法》2008 年第 1 期。

[6] 张晓宁：《论法律推理中的权威》，载《成都理工大学学报（社会科学版）》2017 年第 5 期。

二、法律推理中的权威

在 17 世纪和 18 世纪，法律哲学家们普遍采用命令的方式来界定法律。例如边沁曾表示："法律的本质就是命令……"[1] 还有奥斯丁的一个被广泛接受的看法，那就是："在严格的定义下，或者更确切地说，能被严格地称为法律的，都是命令……"[2] 规则命令论作为法律解释中最常见的一种形式，其基本特点就在于它强调命令在法律解释中具有优先性。规则命令论的独特之处在于，它在主权者与服从者之间构建了一种"命令—服从"的复杂关系，这种关系不仅反映了主权者的意图，也揭示了服从者所承担的责任。在这种关系之下，法官可以不管自身意图如何而按照一定的程序去执行某个规则，这是一种由权力持有者为行动者制定的行为准则，是一种权威性的规范关系。规则是一种规制和调控人类关系的合理手段，而非具体的行为方式。换句话说，当法院决定遵循某一规定时，它自身并未对该规定的优劣作出评判，因为在特定的法律案例中，是否遵循这一规定并不是由法院来决定的。如果法官不按照这个规则行事的话，那么他很有可能因为规则受到处罚。换种方式表达，规则所传达的信息并不重要，但由谁提出的则具有深远的影响。在司法实践中，法官必须考虑到规则和先例对其判决结果产生的影响。[3] 不论法律主体是否接受规则和判例推理内容所具有的说服力，抑或即便他们未尝被此等内容所说服，他们也均应基于规则与判例在法律体系中的地位而遵守它们。

根据书中的描述，肖尔认为的权威，在英美法的语境中，主要是指成文法规则和先例，书中的"遵循先例和规则"也就是服从权威，规则和先例的基本理念根植于其权威性。它们的效力并非源自它们的逻辑性或合理性，而是源自它们在法律体系中的地位。法哲学家们将权威性的这一特性界定为"独立于内容"，强调其有效性的基础不在于其内在的实质，而在于其被赋予的权威地位。[4] 在法律领域，那些掌握权威的个人通常通过其官方或正式的身份，

〔1〕 焦宝乾：《法律人思维不存在吗？——重申一种建构主义立场》，载《政法论丛》2017 年第 6 期。

〔2〕 雷磊：《规范、逻辑与法律论证》，中国政法大学出版社 2016 年版，第 75~83 页。

〔3〕 雷磊：《法教义学的基本立场》，载《中外法学》2015 年第 1 期。

〔4〕 雷磊：《法律论证的功能、进路与立场——以菲特丽丝〈法律论证原理〉一书为视角》，载《法律方法与法律思维》2007 年第 1 期。

提出基于权威性而非内容实质的理由，从而要求相关主体服从其命令或指示。这种要求服从的行为体现了法律权威性独立内容的特征，即权威的合法性来源于其地位而非论点内在的合理性。[1]权威的观点和决定往往被视为具有较高的信服力。法律人思维的独特性体现在法律推理中，即法律的效力并非来自于内容的正确性，而在于人们对法律权威的遵从，其本质是维护由法的形式性所带来的安定性。[2]换句话说，也就是法官并不以个案正义为唯一目标，基于权威的推理恰恰意味着即使当法官不赞成权威所作的指令，他也有义务去服从，正如马歇尔大法官说的"法官只是法律的代言人，不能随意行事"。[3]法官应当适用而非创造法律。权威为法律的形式性和一般性提供了行为的规范，遵从权威是对法律恰当的回应方式，排除或阻断好的理由而不适用规则的做法。

　　然而，关于践行和遵从权威的合理性也有很大的争议。很多学者主张，仅仅因为某个所谓权威的命令就去做一件他原本不会做的事情，得出他本不认可或者反对的判断，这是不理性的。尽管法律推理的独特性在于遵从权威，但权威推理并非绝对的，法律也并非完全取决于权威的意志。因此肖尔并不认为在一切时候都一定要遵从错误的决定，当出现"异乎寻常""极端的错误"时，也可以偏离规则和先例去寻求实质正义，但此时需要"特别证立"。[4]人们应当意识到永远都不可能存在一个如此完美的权威体系，使得诉争到法院的每个事实都能在权威之下被直接解决，[5]过度依赖权威也会带来一定的问题。例如，在法律边缘地带，法律的语词含义与其背后的正当化理由之间可能存在激烈的冲突，法律本身的目的在于公正，而不在法律本身，当法律不能实现公正时，公正本身便是超越法律的判决依据。[6]对在法律推理中如何理解和运用权威，该书也提出了很多有力的见解，不能简单地将权威看作一种规则或命令，而应该将其视为一种需要理性思考和判断的逻辑概念。[7]在具体

---

〔1〕　舒国滢等：《法学方法论问题研究》，中国政法大学出版社2007年版，第368页。

〔2〕　苏力：《法律人思维?》，载《北大法律评论》2013年第2期。

〔3〕　[英]弗里德里希·奥古斯特·冯·哈耶克：《自由宪章》，杨玉生等译，中国社会科学出版社2012年版，第246页。

〔4〕　吴庆宝：《裁判的理念与方法》，人民法院出版社2004年版，第131页。

〔5〕　朱兰春：《最高人民法院民事审判思维实证研究：以四元结构为中心》，中国法制出版社2015年版，第435页。

〔6〕　季卫东：《通往法治的道路：社会的多元化与权威体系》，法律出版社2014年版，第200页。

〔7〕　苏力：《解释的难题：对几种法律文本解释方法的追问》，载《中国社会科学》1997年第4期。

案件中对权威进行合理的限制，在考虑权威的同时，也要考虑到诸如案件的具体情况、社会公正观念等问题，根据具体的情况进行权衡和选择，以确保司法裁判的公正性和合理性，而不是盲目地服从。因为解决问题很重要，但是正确地解决问题同样重要，因此，严格依法办事不应该处处唯条文是举。将目的视为法律的一部分，法治可能才会更具理性。[1]

三、法律思维和法律推理的独特性最终反映的是法律本身的独特性

法律是一种概括、普遍、严谨的行为规范，源于人类对于规则的向往与人为制定规则的尝试。[2]法律最大的特点在于其"形式性"和"一般性"。法律通常以形式化的体制进行运作，在此框架下，人们将法律规则的文字表述置于法律的深层目的和个案中追求的理想结果之上。形式主义的批评通常指向那些否认法官在特定法律争议中拥有选择余地的人，也就是说，如果法官在法律的模糊地带操作却认为自己处于法律的核心领域，那么他们便陷入了形式主义的误区。但是，形式主义恰恰是法律区别于其他事物的核心特征。

《像法律人那样思考——法律推理新论》还对法律的局限性进行了深入的反思。法律的文义，即法律的字面意思本身就很重要，尽管大家普遍接受的观点是词汇是起点，但是它们是否也构成了终点，正是成文法解释中最具争议性的核心议题。[3]使用规则的字面解释有时可能导致荒谬、可笑甚至与规则背后的基本原则相冲突的结论。即使在某些不那么极端的场合下，遵循规则的字面意义往往往更容易导致愚昧、效率低下。从某种视角来看，这无疑是一个不太理想的结果。最高人民法院持有的观点是，当成文法的表面解释与其深层目标不一致时，就不应该再根据其表面解释来应用这一成文法。[4]这是因为法律在一般化过程中往往会省略掉个别细节，可能因为无法完全适应社会的变化和发展，也可能因为存在一些不合理的规定和偏见，这就造成有时它的适用会产生与目的不符的情况。但法律的文义并不仅仅是实现其背后

---

〔1〕 陈子君：《智能裁判系统的法律推理逻辑》，载《四川师范大学学报（社会科学版）》2024年第2期。

〔2〕 雷磊：《法律逻辑研究什么？》，载《清华法学》2017年第4期。

〔3〕 陈景辉：《法律人思维与法律观点》，载《中国法学》2024年第2期。

〔4〕 高艳东：《法律逻辑的困境，可用情理化解》，载《环球时报》2024年2月22日。

目的的手段，即使有时它与目的不符，其文义仍要优先。[1]肖尔并不主张法律这个特点是它的优点，但他认为这就是法律的独特之处。[2]富勒的观点是，应当不断考虑规则背后的目的，不应该将文本奉为圭臬和终极目标，这与法律作为对人类行为合理规制的基本性质严重不符。如此才能使得法律规则实际上是法律本身，从而使法律变得更有意义。[3]那么法律思维和法律推理各有什么特征，两者之间存在何种关系？

首先，法律思维强调权利与义务的分析。张文显教授在法理学教材中指出："权利和义务的另一关系式是一社会的权利总量与义务总量的等式。如果把权利作为数轴的正侧，把义务作为数轴的负侧，则权利每前展一个刻度，义务必向另一方向延展同样的刻度，权利的绝对值总是等同于义务的绝对值"。[4]法律关系构成权利与义务的联结，其中权利与义务共同构成了法律关系的核心内容。法律权利体现为特定物质生活条件限制下的行为自由，它是法律所许可的、权利主体为追求自身利益而实施的行为，并受他人法律义务的保障。[5]"诉讼最终无法脱离司法成本与现实收益之间的平衡考量。"[6]法律人看待问题时，习惯于从法律权利和义务的角度出发，分析当事人之间的法律关系，以及各自享有的权利和应承担的义务。这种思维方式使得法律人能够更准确地把握问题的实质，为后续的法律推理提供坚实的基础。

其次，法律推理注重证据和论证。作为一种专门的法律适用的推理，它在法律适用的过程中通过证据来确立案件事实，并将这些事实与相应的法律规范相联系，从而推导出法律上的结论。[7]证据推理在现代法律推理中占据核心地位，构成了法律适用逻辑结构的小前提，与规范推理共同构成了法律

〔1〕 郑天祥、金承光：《关注中国古代法律逻辑思想研究——吴家麟留给我们的思考》，载《贵州警察学院学报》2023 年第 5 期。

〔2〕 徐显明主编：《公民权利义务通论》，群众出版社 1991 年版，第 65 页。

〔3〕 张镭：《法律上的权利与义务总量等值命题可能被证成吗？》，载《师大法学》2019 年第 1 期。

〔4〕 张文显主编：《马克思主义法理学——理论、方法和前沿》，高等教育出版社 2003 年版，第 112 页。

〔5〕 阳雄剑：《论"认罪认罚"权利的义务化——基于诉讼结构的分析》，载《北京政法职业学院学报》2023 年第 4 期。

〔6〕 郑重：《禁忌到理性：戒讼的社会变迁》，载《人民法院报》2014 年 1 月 3 日。

〔7〕 武宏志：《美国语境中的"法律人思维"》，载《法学家》2009 年第 3 期。

适用的逻辑框架。[1]证据法学者认为证据推理的结果也不可能是确定性的，而只能是不断接近于案件"真相"的"似真性"。[2]因为根据收集的证据进行推理以构建出案件的事实并非易事，再加上事件的发展过程极其复杂多变，种种情况使得案件事实难以被驾驭。事实发现者需要一种具有普遍适用性的推理规范框架，该框架应能够涵盖各种证明过程的情境，并有效地防范推理过程中可能出现的错误。[3]在证据推理中，论证是一种常见的三种方法之一，它通过执行一系列连续的推理步骤来构建论证。这一过程始于证据，指向并终于特定结论。此外，论证方法属于原子方法，因为案件中的各个要素都是单独进行评估的。论证的原子特性使得其能够对每一项证据、待证事实以及从该证据到待证事实推理过程中所运用的一般知识进行细致分析，以确保最终结论的可靠性。[4]因此，论证方法提供了一种理性的证据推理方式。[5]法律推理是一个基于事实证据的逻辑推理过程，在这一过程中需综合把握证据三性，而后运用逻辑推理规则进行论证，使得推理既合理又可靠，并体现法律本身的公正性和权威性。

最后，法律思维和推理受到法律传统的深刻影响。因为不同国家和地区的法律体系、法律文化和法律传统都有差异，导致法律人在推理时会受到各自法律传统的制约和影响。法律推理，作为法官裁断案件的一种方法论，不可避免地与法律制度及法律文化紧密相连，无法独立于这两者而单独存在。[6]中国古代法律文化具有深厚的文化基因作用，在中国传统司法实践中，审判所依据的"理"与现代西方的法律推理大相径庭，但与当代中国法官的审判逻辑存在着内在的联系。[7]中国古代的司法传统中蕴含着的法律思维和推理的基因是中国当前法治进程不可忽视的重要组成部分。在古代，司法官在法律适用的过程中以及构建法律推理的基本前提时，是以"理"为核心的，

〔1〕 杨菁：《证据推理的图示理论及其应用研究》，吉林大学2022年博士学位论文，第59页。

〔2〕 吴家麟主编：《法律逻辑学》，群众出版社1988年版，第181页。

〔3〕 胡旭晟：《法学：理想与批判》，湖南人民出版社1999年版，第224页。

〔4〕 雷槟硕：《类比法律推理：横向相似判断》，载《法治社会》2024年第2期。

〔5〕 温公颐、崔清田主编：《中国逻辑史教程》，南开大学出版社2012年版，第123页。

〔6〕 潘文爵：《中国古代法律推理大前提构建要素论——以〈名公书判清明集〉为样本》，西南政法大学2009年硕士学位论文。

〔7〕 崔清田：《"中国逻辑"名称困难的辨析——"唯一的逻辑"引发的困惑与质疑》，载《逻辑学研究》2009年第2期。

这包括了对事实中的事理、伦理、法理、情理等要素的深入辨析，并通过行使权力来解决这些要素之间的冲突，[1]让自己的判决在当时的情境下具有合法性、正当性。在持续深入探究西方理论的过程中，司法从业者以西方法律推理、法律解释及实践理论等框架为依托，进行了广泛和深入的细化研究。这使得他们的专业化水平以及对于西方法学理论基础的理解逐渐提高。然而，与此同时，司法实践也显著地融入了传统文化元素和本土的思维方式。最终，法律思维和推理的独特性也反映了法律本身的多样性和包容性。[2]

四、结语

《像法律人那样思考——法律推理新论》探讨了超越法律规则的逻辑探索，分析了法律推理、法律思维以及法律本身等方面的内容，通过深入研究和细化，揭示了司法从业者在专业化水平和西方法学理论基础方面的提升，同时也注意到司法实践与传统文化的融合。该研究不仅为理解和评价证据推理提供了新的视角，同时也为改进论证方法和确保结论的可靠性提供了重要的指导。超越法律规则的逻辑探索仍然任重道远，未来的研究可以重点关注法律推理的多元性和多样性，探索不同法律文化背景下的推理模式，更好地将传统文化和本土思维方式运用到司法实践中去。此外，还可以研究法律推理中的伦理和道德问题和法律推理与社会公正之间的关系。通过长期持续的研究和实践，不断深化对法律逻辑的理解，为构建更加公正、合理的法律体系铺垫期待可能性。因此，该书通过阐述法律思维和法律推理的独特性，揭示了法律本身的独特性，这些独特性共同建构了法律的核心价值和精神实核，让法律成了一种独特的社会规范体系。

（肖琼芳　西南政法大学民商法学院）

---

〔1〕 武树臣：《法家法律文化通论》，商务印书馆 2017 年版，第 343 页。
〔2〕 宋才发：《中华优秀传统法律文化的创造性转化和创新性发展》，载《社会科学家》2024 年第 1 期。

浅析纯粹法学中的基础规范

——读凯尔森《法与国家的一般理论》

在 20 世纪的法律实证主义浪潮中，凯尔森以其卓越的创思崭露头角，为法学界注入了全新的灵感与活力，也成为该时代法理学无可争议的杰出代表之一。

着眼法理论的形成与发展，其萌芽于潘德克顿学派和 19 世纪的法学百科全书运动，创始于默克尔，丰富于 19 世纪 70 年代至 20 世纪 30 年代的各派学说，成熟于凯尔森的纯粹法学。而在纯粹法学的体系中，基础规范又占据了举足轻重的地位，其影响力也毋庸赘言。

凯尔森一生著作等身。在《纯粹法学说》（1934 年版）中，他首次系统地阐述了基础规范这一概念。而稍晚出版的《法与国家的一般理论》（1945 年版）则对先前有关学说进行了重述和扩充，也标志着基础规范理论的基本成熟。但若想深谙该书之精髓，还须追根溯源至休谟和康德的哲学思想。该书对此亦有相关论述。

一、铡刀与假设——基础规范的缘起

休谟在《人性论》中提出的"休谟法则"，其瑰丽不逊于数学史上的"哥德巴赫猜想"，堪与哲学界的诸多伟大理论比肩争辉。然而遗憾的是，这一难题迄今为止仍未有一个令人普遍信服的解答。[1]

事实上所谓休谟问题乃是两个彼此关联却又相互独立之问题的统一体，即认识论上之"因果假象"与伦理学上之"二歧鸿沟"。前者旨在拷问人类借以获得新知的归纳法之有效性，即因果关系如何可能；后者则关注"应然"

---

〔1〕 周晓亮：《归纳：休谟的问题和后人的解决》，载《中国社会科学院研究生院学报》1997 年第 6 期。

观念之来源，即诸如伦理学之属的"应然科学"如何可能。[1]具体而言，后者研究的是从"是（is）"能否推导出"应该（ought）"，从"实然"能否推导出"应然"的问题。

休谟对此主张二元论，事实命题并不当然能推断出价值命题，即"何谓法律"与"法律应当如何"二者之间并不存在可传导性。[2]深受"休谟的铡刀"之启发，凯尔森另辟蹊径，开拓出一个第三领域——规范。[3]此规范如一座横跨事实与价值的桥梁，将二者紧密相连，但自身并不从属于其中任何一方。更确切地说，其较之事实而言归属于价值的应然之境，较之价值而言则又属于事实的实然之域。因此，这一概念自诞生起无疑闪耀着创造性的光辉。

康德曾坦言，正是休谟的怀疑论首先打破他教条主义的迷梦，使他开始重新审视并质疑传统思辨哲学的某些基本假设。[4]他并不沉溺于"真理符合论"的陈腔滥调，即"主观符合客观"的通说，反而颠覆了大众对人与自然关系的传统认知。借助于主观的先验范畴演绎，他独树一帜地提出，人类应从自身的角度去认识自然规律，以实现"人（理性）为自然界立法"。[5]这一创举常被冠以哲学界的"哥白尼革命"的誉名。[6]在康德的先验主义哲学里，此种逻辑预设是无证自明的。

康德的"先天综合判断"历经沉淀，在一个世纪后为凯尔森提供了灵感。凯尔森如法炮制，在纯粹法理论中进一步阐释了一个核心主张：基础规范作为实在法的终极效力之源，并非实在法本身的具体体现，[7]而是一个先验逻辑的预设。[8]它巧妙地避开了休谟问题所带来的挑战，从结构的角度而非专注于规范内容本身，探讨法律效力的来源问题。正是基于这一独特的理论构

---

〔1〕［奥］凯尔森：《纯粹法理论》，张书友译，中国法制出版社2008年版，第20页。

〔2〕孙伟平：《休谟问题及其意义》，载《哲学研究》1997年第8期。

〔3〕Hans Kelsen, *Pure Theory of Law*, University of California Press, 1967, p. 201.

〔4〕［德］康德：《未来形而上学导论》（注释本），李秋零译注，中国人民大学出版社2013年版，第3页。

〔5〕解永照、张一博：《从规范到事实：效力和实效的纠结——以纯粹法理论为研究背景》，载《山东警察学院学报》2013年第4期。

〔6〕邓晓芒：《康德论因果性问题》，载《浙江学刊》2003年第2期。

〔7〕［英］H. L. A. 哈特：《法理学与哲学论文集》，支振锋译，法律出版社2005年版，第302页。

〔8〕谷春德、史彤彪主编：《西方法律思想史》（第5版），中国人民大学出版社2017年版，第270页。

建，纯粹法理论得以更加坚实地立足，这一概念也因此富有新康德主义的鲜明色彩。

二、有限之回溯——基础规范的效力

实然和应然的区分是理解法律有效性的关键。在纯粹法学的视角下，这种殊异具体表现为法律实效和法律效力的不同。法律实效是指法律规范实际上被人们遵守和执行，是一种经验性的、描述性的观察，其归属于实然范畴；而法律效力是指人们应当服从和适用法律，是一种权威性的、规范性的约束，其归属于应然范畴。[1]换言之，法律规范对个体产生法律效力，并非依赖于他们是否真正践行，而是预示着他们肩负着一项庄严的义务——如同规范所昭示的那样行事。

在凯尔森看来，法律规范之有效并非奠基于整个法律体系的实效，而是根植于另一个在合宪方式下所创造而出的、居于更高级别的法律规范的效力。正因如此，以某案中犯罪者未受惩罚为例，即使在现实社会中实效必然有所落空，规范的内在效力却仍始终如一。任何基于事实的陈述都无法与规范相悖。因此，若要问一个规范的有效性的理由是什么？这个问题的答案永远不可能是一个"是"的陈述，一个事实的陈述；它只能是一个"应该"的陈述，一个规范的陈述。[2]

沿着效力的传输路径，我们可对现行行为的合法性和规范的有效性进行有限性追溯。欲探求某一法律行为的性质，答案往往指向了一个司法裁判的权威；若追问这个司法裁判为何具有法律效力，这背后必然存在着某一部特定的法律为其支撑；继续解读这部法律为何能在其所属的法律秩序中占据一席之地，我们便会回归到宪法上去。然而，当我们试图质疑宪法的效力根源时，就会触及另一个更为深远的历史脉络——宪法的编纂与修订遵循着先前宪法所设定的规程和方法。不断回溯这个过程，最终可回归至历史上首部宪

---

〔1〕 邹晓红：《法律实效与法律效力、法律实施及法律实现的区别与联系——法律实效系列研究之二》，载《松辽学刊（社会科学版）》2002年第5期。

〔2〕 Andityas Soares de Moura Costa Matos，"An Alternative Approach to the Basic Norm：Logical-Transcendental Hypothesis，Fiction or Scientific Postulate"，Jura：A Pecsi Tudomanyegyetem Allam-es Jogtudomanyi Karanak Tudomanyos Lapja，2012，pp. 137~147.

法的确立。[1]此时，答案似乎无解：因为不存在更高位阶、更具效力的实在法来为其背书。至此，一个至关重要的概念不得不被引入——基础规范。一个无需从更高级别的规范中寻求自己效力的规范，一个被预设为最终有效力的规范。它即是法律秩序中的一切规范有效性的共同渊源。

正如康德所认为的，只有被"范畴"所同化的经验"质料"，才被吸收进思维的架构中形成知识。[2]同理可得，在成文法国家，只有被基础规范所"认同"的宪法才具备权威性和约束力，首次制宪行为才被赋予了正当的法律属性，而非颠覆或反叛行为。[3]高位阶的规范授权低位阶的规范，法律的效力逐级传递延续，由此衍生而出的整个法律秩序才是连贯与有效的，法律行为才得以在其中获得合法性认定。

在德国法的语境中，"请求"与"请求权"共享同一词汇（Anspruch）。这种一体两面的现象无不传达出一个观念：人们天然地认为，提出请求的人理应拥有相应的请求权。同样地，基础规范在国内法秩序中的地位也呈现出类似的逻辑：人们之所以认为应当遵循某部宪法，其根源在于他们内心深处有着对宪法有效性的先天预设，也即基础规范的存在。这或许在一定程度上代表着，基础规范不仅是法律体系的一部分，更与人们的法律信仰和行为准则紧密相连。

而在国际法的框架下，由于国际条约法的构建主要依赖于普遍的国际习惯法原则，因此该基础规范必然承认习惯法作为法律规范的合法来源。这一规范可以被概括为：国家应遵循其习惯性的行为模式。[4]

三、法科的纯粹——基础规范的功能

基础规范既作为法律规范终极效力之根据，又被视为纯粹法理论的逻辑原点，还承担着保障法律科学独立性的责任。

众所周知，凯尔森的法律理论包含了双重纯粹性：它既无涉社会学和心理学之考量，亦主张法律与道德之分离。换言之，一方面要排除通过研究自

---

〔1〕 [奥]凯尔森：《法与国家的一般理论》，沈宗灵译，商务印书馆 2013 年版，第 175 页。
〔2〕 [德]康德：《纯粹理性批判》，蓝公武译，商务印书馆 1960 年版，第 87~90 页。
〔3〕 杨洋：《凯尔森的基础规范理论研究》，重庆大学 2020 年硕士学位论文，第 23 页。
〔4〕 [奥]凯尔森：《法与国家的一般理论》，沈宗灵译，商务印书馆 2013 年版，第 531 页。

然现象而建立的所有经验性联结；另一方面要排除所有源自道德规范和意识形态的主观影响。[1]

早期"诸学合体"的态势退潮后，近代以来，有如宗教学、伦理学、政治学等都纷纷找到了安身立命之所，唯有法学仍被"通吃"，因而法学存在之必要性受到了其他社会科学的怀疑。其中一部分法学家们意识到，法学与其他学科的鱼龙混杂源于法教义学方法论的交织杂糅。于是，他们开启了纯粹法学理论的"自救"探索之路。而基础规范正是法律理论被纯粹化后的直接衍生物。[2]

与此同时，选择将法律纯粹化也基于一定的策略性考量。彼时尼采认为"上帝已死"，处于当然优势地位的道德观念已经不复存在，现世进入了马克斯·韦伯所言之"诸神和诸魔"的祛魅时代。此时的法学家面临着一个二难困境：如果过分强调法律和道德之间的关联，那么如何避免有关当局将对其有利的"道德"上升为代表国家意志的法律？因而纯粹法学家们尝试将二者割裂开来，以强调法律的自主性和独立性。其在政治意识形态竞争激烈的漩涡中，具有反对当时极权主义宣言的时代意义。

除此以外，纯粹化法学的想法也可以说源自一种真诚的学术信仰，这一点在凯尔森的立场里有明显的表征。基于上述两种主要原因，若从纯粹性本身展开以讨论基础规范的"双重纯粹性"，其具体可分为方法的纯粹性和对象的纯粹性，即规范法学和规范两大方面。前者的纯粹化带来知识的普遍必然性，后者的纯粹化使知识更具独立性。[3]

在方法纯粹性方面，由于休谟的铡刀拦腰劈断了传统法律正当性论证的路径，对各类求法于外的尝试进行了釜底抽薪，法律科学的纯粹化方法只得转向内省，反求诸己。凯尔森坚持纯粹法学说的核心在于以应然陈述来阐述规范，这与自然科学使用实然陈述描述事实的方法不同，也有别于伦理学以应然陈述来讨论道德准则的做法[4]；规范法学是法律科学，而非法政策学与

〔1〕 Han Kelsen, *Pure Theory of Law*, University of California Press, 1967, p. 1.

〔2〕 周赟：《纯粹法学与纯粹法律——论原则性法典》，载《政法论坛》2007 年第 6 期。

〔3〕 何雪锋：《人的理性为法律立"法"——凯尔森的法律认识论及其现实意义》，载《华东政法大学学报》2017 年第 4 期。

〔4〕 Hans Kelsen, "What ls the Pure Theory of Law?, Tulane law Review", Vol. 34：269, pp. 272～273 （1960）.

法社会学。[1] 这套理论对比其他学科而言持有一种鲜明的内部观察者的视角，它试图把自己归为真正的法学的部分，而非社会学、历史学、哲学等，以开展对法学的分析和描述，而非进行价值判断。

在对象纯粹性方面，与其他的新康德主义学者相比，凯尔森主张摒弃事实的存否与价值之好坏，将法律还原为规范，此所谓"规范还原论"[2]；通过对所有以法律为名的现象进行对比研究，揭示法律的本质属性，确定其内在结构和典型的表现形式，且并不受法律在不同情境下所展现出的多变内容的影响。[3] 在这里凯尔森两度使用"是"与"应当"：首先是以实在法为实然，以"道德""意识形态"等自然法学者持有的评价工具为应然，将纯粹法与自然法相分离（分离命题）；而后，又以描述性的法律事实为实然，以规范性的法为应然，将纯粹法传统实证主义法学相分离（规范命题）。还原而得的规范既非自然科学意义上的事实，亦非伦理学意义上的道德价值，甚至有别于通常意义上的法律规则，其具有"是"和"应当"的双重属性。[4] 由此可以排除掉其他法律秩序之外的东西，避免了借助外物来承认或者否认法律规范的效力的情形，也避免了掉入"主观利益客观化"的泥沼之中。这样就确定了法学独立的研究对象即规范自身，并将其限定在法律规范领域内，以保证法律科学的纯粹性和独立性。

实际上，有关纯粹法理论，实证主义法学派的学者们早已习焉不察，而凯尔森只是通过基础规范这一概念将其昭示于众。这也表明基础规范在实现法律科学的价值无涉方面迈出了坚定而显著的一步。

然而，纯粹法理论实际面临着来自法律实证主义和自然法理论的双重挑战。一旦凯尔森采取折中的立场，他将不可避免地排斥与自然法相联系的道德哲学，即便这种哲学是纯粹法理论的根基——康德哲学也难以摆脱和割舍

---

[1] [奥] 汉斯·凯尔森著、[德] 马蒂亚斯·耶施泰特编：《纯粹法学说》（第2版），雷磊译，法律出版社2021年版，第1页。

[2] Hans Kelsen, "The Pure Theory of Law: Its Method and Fundamental Concepts: Part 1", 50 *The Law Quarterly Review* 480 (1934).

[3] Hans Kelsen, "The Pure Theory of Law and Analytical Jurisprudence", *Harvard Law Review*, Vol. 55: 44, p.44 (1941).

[4] [奥] 汉斯·凯尔森著、[德] 马蒂亚斯·耶施泰特编：《纯粹法学说》（第2版），雷磊译，法律出版社2021年版，第6~7页。

的。[1]因而有关"凯尔森的纯粹法学中的纯粹性是否得以证成"这一问题的答案，学界内尚存诸多争议。

四、批判和自省——基础规范的评价与反思

(一) 外部之争议

纯粹法学派为众人精心构筑了一座宏伟的理论金字塔，足以让人流连忘返。然而，基础规范由于逸出经验之外，已经不属于实在法规范，亦招致了许多批判性观点。

就道德的关联而言，拉兹评价凯尔森仅予考虑确定的道德力量，而无视法律与道德之间具有某种联系的可能性——它赋予法律一种可能为相阅之道德关怀所忽略的初级 (primafacie) 道德特征。[2]

就与实在法的关联而言，施米特 (Carl Schmitt) 认为基础规范是对实在法概念的同义反复。哈特 (H. L. A Hart) 则批评道："如果宪法作为法源的事实已被广泛接受并实际运作，那么就无需再额外设定一条规则来要求服从宪法。"[3]佩策尼克 (Aleksander Peczenik) 对将基础规范视作实在法有效性基础的观点表示疑问，认为这种做法是一个难以解释的谜题。[4]

就实质效果和价值立场而言，赫尔曼·黑勒评论凯尔森的纯粹法学虽准确揭示出法律条文的逻辑结构，但却对法律条文应该规定的内容保持观望态度，对现实生活所效甚微。[5]同时，由于纯粹法学退居理论理性的层面，任何一种政治力量通过程序把意愿键入其中并转化而出的法律，都会被视作有效。这无疑是与纯粹化法律的初衷背道而行。正因如此，纯粹法学所秉持的价值中立的理论始终饱受争议。但也有部分学者认为"一门'不涉及价值'的经验科学，本身便是一项值得捍卫的价值，这种学问本身便是'有价值

---

〔1〕 黄顺利：《纯粹法理论的"纯粹性"证成了吗？——以〈纯粹理性批判〉为参照》，载《浙大法律评论》2021年第0期。

〔2〕 ［英］J. 拉兹：《纯粹法学的纯粹性》，李诚予译，载《法律方法与法律思维》2016年第1期。

〔3〕 H. L. A. Hart, *The Concept of Law*, Oxford University Press, 1961, p.246.

〔4〕 ［瑞典］宾德瑞特：《为何是基础规范——凯尔森学说的内涵》，李佳译，知识产权出版社2016年版，第124页。

〔5〕 ［德］赫尔曼·黑勒：《国家学的危机社会主义与民族》，刘刚译，中国法制出版社2010年版，第159页。

的'"。〔1〕换言之，其意义恰好在于免受价值秩序间相互冲突、无法调和的无尽纷扰。

（二）内部之更新

基础规范并非一成不变，拘泥于陈规旧制，而是一套充满活力，持续更新迭代的理论。它始终展现着常论常新的魅力。

该书较之以往，将"基础规范的变化"单列为全书的一小节。具体而言，凯尔森阐述道，革命现象显著而清晰地映射了基础规范的转变。若革命取得成功，一个新的基础规范将会被预设，并随之催生一部新的宪法，进而导致法律秩序的更新迭代，民众的行为也将基于此被重新界定为合法或非法。相反，革命若未能成功，既有的基础规范及其衍生出的法律体系将得以维持，此时革命者的行为不会被视作合法的制宪行为，而将被视为非法的反抗。〔2〕此段论述正是强调了基础规范及其变化的意义所在。除此以外，他还将英美法系的习惯法纳入了讨论范围，不再局限于成文法国家，以此扩充了他的法律规范体系理论。

而在该书之后，有关基础规范的理论也发生了变化。凯尔森为了强调基础规范的非实在性，提出了一个新的概念——拟制，即费英格"仿佛哲学"意义上的拟制。〔3〕尽管将"基础规范"与自然法区分开来的做法凸显了其独特性，但却排斥了从康德的实践理性批判视角对"拟制"概念进行阐释的可能性。这将导致基础规范内在的"自相矛盾"，进而使得其纯粹性与正当性落入难以调和的困境中。因而学界内对此概念较之基础规范而言是否更具普遍意义仍然存疑，但也不可否认其理论更新的价值。

（三）价值之回潮

诚然，对纯粹法学的批评看似轻而易举，但若要真正解决其所刻意回避的深层问题却非常棘手。面对"法律规范的有效性何在"这一经久不衰的问题，学界内始终众说纷纭，莫衷一是。而凯尔森通过基础规范的概念为理解法律体系的内部结构和效力来源提供的深刻洞见和系列回应，于当今社会而

〔1〕 ［德］韦伯：《学术与政治》，钱永祥等译，广西师范大学出版社 2004 年版，第 142 页。

〔2〕 ［奥］凯尔森：《法与国家的一般理论》，沈宗灵译，商务印书馆 2013 年版，第 175 页。

〔3〕 ［奥］凯尔森：《纯粹法理论》，张书友译，中国法制出版社 2008 年版，第 321 页。

言，其参考和研究的价值依旧历久弥新。同时，他强调对人们信顺规范所为之事应予解释的重要性，坚持规范性概念的自治性与确定性。对于多年来人们囿于非规范性的、描述性的还原论，而不思探求规范性术语之根本定义的态度而言，这些观点意义重大，影响深远。[1]

回归当下，我国法理学界呈现出了"百花齐放"的现象，但这也容易导致部分法学研究者的无所适从。今日重拾凯尔森之基础规范，意在提醒众人不可忽视方法论的自觉：包括对法律概念的清晰界定和精确定义，对逻辑推理的一致连贯性的遵循坚守，以避免他们落入"就不同事论不同理"的主观任意性的陷阱。在此方面，凯尔森以其极强的表述严谨性、逻辑严密性、思维创新性和方法论的纯粹性，确凿无疑地为我们树立了一个典范。

（廖桢铖　西南政法大学人工智能法学院）

---

〔1〕　[英] J. 拉兹：《纯粹法学的纯粹性》，李诚予译，载《法律方法与法律思维》2016 年第 1 期。

逻辑与经验的司法和谐

——读卡多佐《司法过程的性质》

法官应当如何作出司法决定？这是困扰每个时代的法律人的问题。而 19 世纪末 20 世纪初的美国也不例外，彼时美国工业化和城市化高速发展，普通法的法律体系难以适应多变的社会现实，法学期待着全新的变革。美国法官卡多佐提供了崭新的视野，其著作《司法过程的性质》对整个司法过程进行了敏锐透彻的分析，他将哲学、历史、传统与社会学的方法作为影响司法过程的因素，形成了完整的司法过程的方法论集群。他的方法论融合了法律的经验与逻辑，以社会的福利的终极价值为导向。彼时的法律形式主义认为法律是自足、封闭、全面且完整的逻辑体系，而法律现实主义是对法律形式主义的反叛，认为法律是实现社会目标的工具，法律须根据它所达成的后果来判断，而不是根据它的内部结构来判断。[1]卡多佐不拘泥于某种主义，而是将僵硬的法律形式主义和激进的法律现实主义进行修正和协调，形成了和谐的司法过程的方法论框架。

一、司法过程中的逻辑：严谨类推的过程

卡多佐在书中提到了哲学的方法，即逻辑的方法，也称类推的规则。

普通法崇尚先例原则，先例原则中蕴含着类推的逻辑方法。在此背景下，法官不会将成文法规范直接作为演绎推理的大前提，而是将之作为裁判资料来源。[2]而判例是直接的法源，处理案件时法官更倾向于引用判例中的裁判

---

〔1〕 王德玲：《法律现实主义、后果取向与大数据———疑难案件裁判范式新探》，载《山东社会科学》2019 年第 5 期。

〔2〕 李红海：《英国普通法导论》，北京大学出版社 2018 年版，第 261 页。

规则或判决理由，此时类比推理的逻辑规则就为法官的判例援引提供了正当基础。

卡多佐认为普通法的运作并不是从普适的真理中演绎推理得出结论，而是从先例中不断归纳总结，运用从旧的具体案例到新的具体案例的逻辑方法而进行。后世法官开始对案件进行裁判时，会将该案件与先例进行比较，若案件与先例存在的事实存在重合或者类似的情况，法官就会从先例中抽象出可适用于本案的原则与规则，后使用逻辑的方法，即类推的规则，将那些原则和规则作为新案件的判决理由作出判决。即类案是司法过程中的重要一环——尽管石油、天然气与野兔等动物迥然不同，但是它们在财产法的流动资源产权问题上有时就可被当成类似物。[1]上述方法即严谨的类推的逻辑方法，法官尚未考虑其他的影响司法裁判的因素。

卡多佐将这种逻辑的方法作为司法实践中选择规则路径之首。"如果依据相互对立的原则交替决定这些案件，那么这就是一种很大的不公。"[2]逻辑的方法正是对民众公平公正的期待的回应，将其放在首位也体现了司法对每个公民的尊重，体现了司法公平公正的价值取向。同时，卡多佐认为，逻辑的方法存在有利的确定的假设前提，从众多的实践先例中抽象出的原则和规则是具有合理性的，将这些原则规则适用于新案件的过程是自然、有秩序且符合类推逻辑的，这会减少司法过程偏离的现象的发生，尽最大可能确保司法的道路的正确性和合理性。总之，类推的规则存在其正当性。虽然传统逻辑偏爱演绎推理——所有推论不是演绎的，就是欺骗。[3]但随着社会的发展，具体案件数量过大，使用类推的逻辑方法能提高司法效率，减轻法官负担，该方法不仅具有正当性，在实践中也具有现实意义。

但普通法中并非只运用了类推这种逻辑方法，艾森伯格对普通法中的推理模式进行了重新总结，将其归纳为先例推理、原则推理、类推推理、专业文献中确立规则的推理、假设推理以及推翻和其他的否决模式，[4]由此可窥见

---

〔1〕 [美] 理查德·波斯纳：《法官如何思考》，苏力译，北京大学出版社 2009 年版，第 171~172 页。

〔2〕 [美] 本杰明·卡多佐：《司法过程的性质》，苏力译，商务印书馆 1998 年版，第 70 页。

〔3〕 武宏志、周建武、唐坚：《非形式逻辑导论》，人民出版社 2009 年版，第 109 页。

〔4〕 [美] 迈尔文·艾隆·艾森伯格：《普通法的本质》，张曙光等译，法律出版社 2004 年版，第 143 页。

普通法中逻辑方法的博大精深，而先例原则是对逻辑方法的生动体现。先例原则自然是需要遵循先例的，其哲学基础是形式正义原则，即同案同判，但遵循先例中类推的内在逻辑也决定了先例原则必然要区别先例，形式正义原则的另一面要求不同案不同判，[1]法官此时需要推翻先例，那么不同判时法官又应该如何作出判决？这也正是区别先例的后果之一、先例原则的第三项内容——创制先例。

在区别先例之后，先例的规则无法适用于新的具体案件中，或者先例的原则适用于该案会导致明显的不公平或不合乎常理，此时法官就可以创制先例。正如博登海默所言，"对于所受理的案件，尽管存在着规则或先例，但是法院在行使其所被授予的权力时，考虑到该规则或先例在此争讼事实背景下总的来说或多或少是不完美的而拒绝适用它的情形"。[2]法官拒绝适用先例之后，英美法系中的衡平原则就发挥了重要作用。衡平原则认为，具有普遍性的规则一旦适用于某个别案件会导致不合情理或不公正的结果时，就有正当理由不适用它。[3]此时法官可以遵循正义和公平的原则作出判决，这不是逻辑的方法，用公平正义的判决理由作出判决必然与传统、社会的方法相衔接。综上，司法过程中的方法并不能只有逻辑，若逻辑的方法被极端滥用，法官都僵硬地遵循着类推规则裁判案件，那么案件中的特殊情况就会被忽视，真正的正义在逻辑的滥用中消解。同时，当只运用逻辑方法导致法官没有创制先例的自由空间时，先例就无法跟着社会的变迁不断更新，法律也会如一潭死水，无法得到创新和进步。

二、司法过程中的经验：自由裁量的范畴

社会变迁，法律却具有安定性，此时自由裁量就需要发挥弥补的立法功能——"正如社会现实的变化是生活的法律，回应社会现实的变化则是法律的生命。"[4]司法过程中，法官在严格遵循逻辑方法之外，尚有自由裁量的权力，此时法官则需要使用历史和传统的方法对案件进行审视，这正是司法过

---

[1] 孙海波：《普通法系法官背离先例的经验及其启示》，载《法商研究》2020 年第 5 期。

[2] ［美］E. 博登海默：《法理学——法哲学及其方法》，邓正来、姬敬武译，华夏出版社 1987 年版，第 56 页。

[3] 王洪：《论判例法推理》，载《政法论丛》2018 年第 3 期。

[4] ［以］巴拉克：《民主国家的法官》，毕洪海译，法律出版社 2011 年版，第 300 页。

程中经验方法的部分体现。

卡多佐认为："历史在照亮昔日的同时也照亮了今天，而在照亮今天之际又照亮了未来。"[1]霍姆斯认为："对法律的理性研究在很大程度上仍然是关于历史的研究。"[2]卡多佐与霍姆斯的思想存在相似之处，他们都肯定了历史因素在法律中的重要作用。"历史是一个表演场，在上面进行着各种追求正确的法之尝试。"[3]卡多佐认为，法律本身就是历史发展演化的产物。从对法律进行纵向考察，不难发现法律本身会受历史的限制。部分规则从法律的外部而非内部来到我们面前，其难以用逻辑的方法推理得出，它们是历史演化的产物，是历史经验的规范表达。例如在不动产法的历史中，封建土地占有制相关的法律难以通过不动产的抽象概念演绎推理得出，其根植于当时封建土地占有制的土壤，若不对当时的历史进行考察则难以理解其法律制度，故历史的方法具有天然正当性。历史的方法启示着法官在决定案件时应当关注法律概念和法律原则的起源。设身处地于历史情境，根据当时立法所考虑的因素、所服务的社会目的进行司法裁判，可以将法律适用的外延适当扩大到当前的生活需要。历史的方法可以帮助法官解决成文法中没有明确规定的案件，具有重要意义。

历史的方法很重要，传统的方法同样不可忽视，传统即习惯。美国社会学家希尔斯认为："传统决定性的标准是，它是通过人类的行动、思想和想象创造出来的，代代相传。"[4]社会存在决定社会意识，习惯作为一种社会意识，根植于社会存在的土壤中，例如，在两次工业革命中，蒸汽和电的技术革新衍生出了新的习惯。卡多佐认为，社会生活塑造了行为，维护并确认了习惯，从此，人们在处理问题时，都会为了群体利益自觉或不自觉地遵循习惯，这在某种程度上成了人民日常的信仰和实践。若司法过程中忽视习惯的方法，公众对习惯的感情会受到伤害，正常的生产生活秩序可能遭到破坏，会导致最后的裁判可能偏离正义的道路。

那么司法过程中应该如何适用习惯？能够运用到司法中的习惯也具有特

---

〔1〕［美］本杰明·卡多佐：《司法过程的性质》，苏力译，商务印书馆1998年版，第74页。

〔2〕O. W. Holmes, "The Path of the Law", *Harvard Law Review*, Vol. 110, No. 5（1997），p. 1001.

〔3〕［德］阿图尔·考夫曼、温弗里德·哈斯默尔主编：《当代法哲学和法律理论导论》，郑永流译，法律出版社2002年版，第13页。

〔4〕Edward Shils, *Tradition*, The University of Chicago Press, 1981, p. 77.

殊性，需要经过一定标准的检验，即习惯必须具有合理性。对习惯的合理性的论证需要从观念、功能与文化三个维度进行：其一，该习惯需要在观念上符合普通善良大众的价值取向，以确定该习惯在日常生活中符合常识；其二，要探寻这个习惯合理化的目的以及它的功能取向是什么；其三，要厘清这个习惯与其适用场域之间的内在联系，找出该习惯对这个场域特殊的文化意义。[1]从这三个维度对习惯进行深入分析后，便能够对习惯在司法过程中的适用作出取舍。

同时，习惯的方法具有极大的创造力，对推进法律的革新有着重大意义。卡多佐认为，大多数情况下，习惯是一种司法过程中的检验标准，但其同时是社会存在的产物，能够在一定程度上反映社会的需求。若其需求足够大，法官也可谨慎行使对习惯予以法律批准的权力，推动法律本身的发展。

三、二者的协调：终极价值为导向

卡多佐将司法比作酿造化合物的过程，哲学、历史、传统和社会学的方法是其酿造的成分。然而各成分的比例如何确定？司法过程中逻辑和经验方法应该如何平衡协调才能达到和谐？这都是引人深思的问题。"法律所服务的目的将支配所有这些方法。"[2]此时，平衡的依据回到了法律的目的。经历漫长的思想流变，从僵硬的法律形式主义到法律实用主义，卡多佐眼中的法律的目的并不是法律本身，而是社会的需要。

庞德指出："法律不是为科学而科学。科学性是实现目的的一种手段，它必须通过它所达到的结果而不是其内部结构的精妙所评判；它必须根据它所满足目的的程度来衡量其价值，而不是以它的规则从它视为基础的教条中推导出来的逻辑过程的优美或严格来评判。"[3]卡多佐和庞德的思想有异曲同工之妙。在卡多佐看来，实现逻辑与经验二者的协调，需要运用社会学的方法，并始终以法律的终极价值即社会福利为导向。社会福利非常宽泛，其大致可

---

〔1〕 刘顺峰：《习惯何以成为法律——基于法人类学的考察》，载《甘肃社会科学》2023 年第 3 期。

〔2〕 [美] 本杰明·卡多佐：《司法过程的性质》，苏力译，商务印书馆 1998 年版，第 105 页。

〔3〕 R. Pound, "Mechanical Jurisprudence", *Columbia Law Review*, Vol. 8, No. 8 (1908), p. 605.

以理解为社会公众的朴素正义观，即他们所坚持的集体的善以及其所带来的社会收益。在 1877 年出版的《法律的目的》中，耶林将目的视为法律的创造者，法律是"透过国家的强制力量所获得的，确保社会生活条件之形式"。[1]法律为社会而存在，故法律并非冷冰冰的机器，若司法过程不考虑社会学的方法，与社会大众的朴素正义认知相背离，那么法律的目的和终极价值便走向了虚无，正义难以实现。卡多佐运用社会学的方法坚持法律实用主义的观点，对僵硬的法律形式主义进行了修正，在重视法律本身的同时，强调社会实践与实际需求，始终以社会的主流风气和价值观为终极价值导向，引导法官走向正义的司法裁判之路。

卡多佐的社会学方法除了可以成为平衡经验与逻辑的依据，保障司法的社会正义性，还对法律本身的发展有着重要价值。以社会福利为导向的方法可以在一定程度上为填补法律空白提供思考路径。现实世界复杂又千变万化，法律不可能涵盖现实中各个领域的各个部分，实践中总会出现法律遗漏的情况和法律无法及时约束的新情况，法律总是存在着漏洞和空白。而在填补这些空白时，利用社会学的方法可以更加深入地了解这些空白背后的社会情况，正如深入冰川之下的海底，能够突破冰山一角而窥得其全貌，从而使空白的填补能够始终坚持社会正义的导向，推动法律的进步与革新。同时，社会学方法也能在一定程度上监督法官行使自由裁量权。在逻辑与经验的方法中进行平衡协调本就是法官的自由裁量行为，若法官始终坚持个人的主观想法，导致逻辑与经验失衡，作出错误的、与正义背道而驰的判决，就会无益于对法律本身的发展。而社会学的方法无形中为法官创设了限制，即法官的判决会受到社会大众的审视，大众会用社会正义去衡量法官的决定，如此，法官便不会封闭自己，而是开放地去接受社会主流的观点，以社会福利价值为自己自由裁量的导向，从而作出判决。

四、结语

法官并非机器，只是将法律条文与案件事实僵硬地匹配而得出决定，法官作出司法决定的过程中蕴含丰富的智慧。正如卡多佐所言，这是一个将不

---

〔1〕 转引自吴从周：《概念法学、利益法学与价值法学：探索一部民法方法论的演变史》，中国法制出版社 2011 年版，第 572 页。

同成分以不同比例混合来酿造化合物的过程。无论是逻辑与经验方法的平衡艺术，还是以社会福利为导向的法律目的论，都能够助力法官作出更加合理的司法决定。该书虽立足于普通法的背景，但其文本内容具有普适性和启发意义，值得我们吸取教益。

（张杨杨　西南政法大学民商法学院）

理论重塑与法律整体性的当代价值

——读德沃金《法律帝国》

20世纪六七十年代，美国国内外一系列阶级、民族、社会矛盾交错催发：侵略战争在世界史上不得人心，美国深陷越战乌云的同时为此付出了沉重的人道代价；随着美国国内社会思潮的变革，美国学生掀起了一系列反战反军备竞赛运动；反对种族歧视和压迫、争取民权的群众斗争于同时期如火如荼；与之相伴，麦卡锡主义的政治恐怖席卷，"美式生活方式"逐渐破土并觉醒⋯⋯意识形态分歧所造就的迷惘与动荡充斥整个社会思想领域，思想上的混战引发了美国社会信仰体系的危机，甚至隐隐导向整个西方哲学所构建的社会价值权威的倾圮。

在这一历史背景下，基于对整体社会现状的理智思考与深刻探寻，德沃金断言，个人权利与国家权力的不对等是彼时美国的阿喀琉斯之踵，而这种对抗需要从法律角度剖析方能消弭。《法律帝国》一书应运而生，立足于对"法律是什么"这一基础性概念的发问，再到对因袭主义和实用主义的理论解构，最后提出法律的整体性这一全新思路。德沃金坦言，他曾于卷帙浩瀚的传统哲思中载渴载饥，而问津问渡后方知整体性法律可于种种困顿中突围。可以说，对法律内涵的思索是德沃金理论的起点和归宿，对概念的重塑是其对学界意旨的升华与展望。

一、概念剖析："法律是一个事实昭然的问题"

越本源的问题，越难界定。谈及法律的概念，柏拉图在《法律篇》中提出正义论，其所强调的法律权威旨在维护城邦利益；奥斯丁将法律权威解读为习惯性的命令和服从等一种没有理性的事实，即"威胁命令说"〔1〕；哈特所著《法律的概念》则是对这一观点的推翻与重新陈述，其称法律的真正依据在于整体社会承认基本关键规则，这一规则将立法权赋予特定的人或集团〔2〕；而无论流派、学说、争议，究其本源，法律始终与社会相连，不止于灰烬深处有余温的历史书卷，亦不限于社会治理的冷漠工具，它始终与人偕行。

"法律是一个事实昭然的问题"，在《法律帝国》一书开篇，德沃金如是断言。在经验主义律师秉持的激进观点、法学院教室里学究式的结论以及门外汉茶余饭后的闲谈中凝练出的互异态度中抽身，诚然，作为一个历史维度的命题，法律从不取决于道德。法官往往将类推、技巧、政治智慧和自己的职责感融合以作出决定，其"领会"法律更甚于解释法律；而当学者以相当严肃的语气论及法律的概念时，这种事实昭然的描述亦嬗变为一种规范的法理学。〔3〕上述争论在一定程度上弱化了法律意识形态力量，使其见证的重要功能晦涩不明——法律实践存在争议，法官判决在方式与程度上受到阶级意识和经济状况的影响，判决因此沦为仅仅反映社会变化和冲突的镜子，既未予以解决，亦未加以促进。批评学家警告说：当我们如人类学家般陷于某种古代原始文化的神学争论，纠缠于法律的命题是否或为何是矛盾的哲学争论，那么我们又何尝不是偏离了真正重要、亟待纾解的困境？

德沃金通过对法律概念界限的定义、综合语义学理论以及对阐释性概念的深刻研究一针见血地揭示出，在法律实践中，所有角色的举手投足均有赖于命题的真实性：一方面，这些命题的意义由实践赋予，唯有处于实践范围内，其生命力方能被激活；另一方面，实践的价值亦在对这些命题的展现与讨论中得以升华。〔4〕须知法律以其对历史、人文、宗教、政治等方面的饱蘸，使其在任何时代都无法成为独自浅吟低唱的孤岛。如若过于强调法理反而忽视经验，那么"法律是事实昭然的问题"这一在理论上居于统治地位的观点则无法成为一种理论，而是一种遁词。

斯坦利·卡维尔指出，即使是艺术家具体而微的意图也会存在很多问题，

〔1〕 ［英］约翰·奥斯丁：《法理学的范围》，刘星译，商务印书馆 2022 年版，第 17~24 页。

〔2〕 ［英］哈特：《法律的概念》，张文显等译，中国大百科全书出版社 1996 年版，第 101~103 页。

〔3〕 ［美］R. 德沃金：《法律帝国》，李常青译，中国大百科全书出版社 1996 年版，第 74 页。

〔4〕 ［美］R. 德沃金：《法律帝国》，李常青译，中国大百科全书出版社 1996 年版，第 216~218 页。

进而使讨论复杂化。"运用"这个目的抽象却不偏不倚出于历史角度重塑了一种与过去相去甚远的主张，正如创造性阐释的建设性叙述所暗示那般：不拘泥于佶屈聱牙的纯粹语词和理论，而是从社会规则衍生至法律的生命与价值，进而源源不绝发掘其现代价值。

二、理论解构：比较因袭主义和实用主义

滥觞于德沃金之于法律权限见解的诘问：人们能否充分论证假定存在于法律和强制之间的联系？是否有理由要求国家只能墨守过去政治决定并以传统权利义务为圭臬采取武力？若对上述问题的回答为肯定，则导向因袭主义。因袭主义承认法律强制性的特点，认为政治道德无需向历史致敬。故而，当惯例的力量消灭之际，法官必须提出全新的、高瞻远瞩的理由，以作为判决的依据。颠扑不破的习惯背后，是"装在套子里"的法治体系，唯有打破方能彰显重塑的力量。

作为衡平法律传统与法律实现的桥梁，因袭主义是一种见解，亦即一种阐释。法律惯例能否从实践中凝练而来可谓其命运实现的依托，以盘石桑苞的理论基础构筑起后续一切阐释性主张。在之后的论述中，德沃金将因袭主义划分为"严格的"因袭主义和"不明显"的因袭主义。其中，严格的因袭主义主张在法律中存在空白，此空白要求在立法出现含糊模棱的情况下，法官应当积极运用远超法律的自由裁量权去制定新法；反之，不明显的因袭主义者则会凭想象提出更为抽象的主张，辅以详尽阐述，使其法律主张为人接受，进而产生效力。不难看出，因袭主义这一见解的积极部分是隐匿于法律实践表面下的一座巨大冰山：如若在法律习惯明示范围内所作的描述条件得以满足，那么为何多数案件未能诉诸法庭？对因袭主义消极部分深入挖掘不仅促使学者正视法律惯例疏漏以致辩护软弱无力这一积弊，更有助于夯实公众对民主公正理想的信仰。

与因袭主义相对——"法律的生命不是逻辑而是经验"，这是美国实用主义法学倡导者霍姆斯的信条，[1]映射出从凯尔森对康德不可知论的极端推崇

---

〔1〕 ［美〕小奥利弗·温德尔·霍姆斯：《普通法》，郭亮译，法律出版社 2021 年版，第 1 页。

到奥斯丁对恶法亦法的拥护，[1]其中一以贯之的是一种对法律道德底色与社会意义的漠视，反而是对法律的形式和结构的极端重视。它否认真实的、非策略性的法律权利，踯躅于久远的立法者的意图，即那些晦涩不明、引发争议却又无益于公众的意图。它指出，在某个时代被奉为圭臬的公众服务性政策在另一个时代却引起怀疑，因此这些策略会在司法进程范围内自然发生流转。德沃金揭示：他只需掩饰社会颇难接受的观点，或许正是他那行将过时的信条。

正如我们永远无法假设戏剧徘徊延宕的本质是一个固定于真实性中的客观事实，因为世界之外有一个空泛且玄妙的世界，而剧本的含义就蕴含其中。[2]同理，沉思明达之际，我们会对两种观点自然萌生出外在怀疑主义的观点，并运用怀疑主义的隐喻与修辞法，驳斥那种认为阐释的含义是在"世界之外"的宇宙中而正确的法律判决位于"玄妙的现实"之中的见解。我们会将所有见解归结于想象一类而非发现，德沃金于结尾处承认，他在强调的主要观点即我们大多数人的客观信仰，是道德的而不是形而上学的信仰。质言之，与其漫溯于理论的浪潮逐宕失返，放任过多的泛理论化形成狭隘的思维掩体，反使灵魂龃龉于方寸之间，不如将法治光环之下提灯前行的先辈哲思、日常生活无处不在的法治纠纷以及有序法治下人情难以释解的苦痛、微小细节中迸发出的人性光芒相结合：无常中有常不死，承认法治的存在就是人类对"相对确定"的追求。[3]

三、法律整体性：提出、阐释与嬗变

德沃金提出了两种有关政治整体性的原则：一种是立法原则，其要求立法者设法使法律与道德取得一致；另一种则是审判原则，其启示公众尽可能将法律理解与道德相统一。相比于政治美德这一定义，整体性更像是仅存于乌托邦中的一种独立理想，它与其他理想的矛盾在政治中屡见不鲜。[4]例如，

---

〔1〕[德] 伊·康德：《纯粹理性批判》，韦卓民译，华中师范大学出版社 2000 年版，第 392~393 页。

〔2〕[美] R. 德沃金：《法律帝国》，李常青译，中国大百科全书出版社 1996 年版，第 205 页。

〔3〕罗翔：《法治的细节》，云南人民出版社 2021 年版，第 23 页。

〔4〕[美] R. 德沃金：《法律帝国》，李常青译，中国大百科全书出版社 1996 年版，第 196 页。

一类哲学家认为，一旦脱离公平，正义将毫无意义，唯有通过公平程序发生的一切方能被称为正义，这在某种意义上从属于将正义等同于公平的极端观点；另一类哲学家则坚信，对政治公平的唯一检验标准是对结果的验证，程序产生的政治决定唯有符合正义的独立检验方能证明其公平性；作为中庸，折中立场主张二者相互独立，公平正义之间并无直接的因果关系。法律整体性由此应运而生。

罗尔斯在其初始观点中承认，人们存在天然义务去支持符合抽象正义标准的制度，并且他拟将该义务延伸至适用于支持非完全彰显正义的制度，至少就个别非正义情况出现在多数人赞同的制度所作出的决定中而言是如此。"棋盘式"的法律将公众秩序视为根据正义分配原则以分配的商品，基于任意理由对种族歧视或妇女堕胎等事故或情况采取相异的处理方针，这无疑争议颇大。哈特则旗帜鲜明地反对形式主义法学对法律确定性的肯定，他强调："任何选择用来传递行为标准的工具——判例或立法，无论它们怎样顺利地运用于大多数普通案件，都会在某一点上发生适用问题。"[1]学界将这种不确定性定义为空缺结构。富勒亦曾指出，法律制度一般是适用于将来的。若法律皆可溯及既往，不仅毫无意义，且荒诞不公。[2]但若一旦面对疑难案件就将矛盾归咎于缺乏唯一正解，不仅是对法律不确定性的夸大，而且与公民法益的保障渐行渐远，与法治的理想臻境背道而驰。

德沃金提出，代入整体性的观点来看待法律，我们会发现，它不仅是一个"封闭完美的体系"，更是一个开放的、流动的、多层次的复杂系统。这一认知于当代不断变迁的社会可谓意义深远，且不论中国特色法治治理现代化的进程中对法治思维的现实需求已然构成当今学界无法回避的实质困境，亦不谈治理现代化命题下的主体之维与客体之维剖析之难、掣肘各治理主体之间的冲突关系，单只看自 2017 年以来便居于法律界焦点的人工智能议题，法学的"野心"亦体现于人工智能法学中的整体性。[3]人工智能法学当充分认识到人工智能前景的广阔蓝图。"'进化'这个中性词反映了法学的发展是如

---

〔1〕 ［英］哈特：《法律的概念》，张文显等译，中国大百科全书出版社 1996 年版，第 135 页。

〔2〕 ［美］富勒：《法律的道德性》，郑戈译，商务印书馆 2017 年版，第 70~71 页。

〔3〕 程龙：《从法律人工智能走向人工智能法学：目标与路径》，载《湖北社会科学》2018 年第 6 期。

何进行的。"作为一门科学，法学的发展却绝非能以自然规律来衡量。在人工智能发展的大趋势下，法学的进化绝非对策性的、局部孤立的演进，而是作为整体被推进：人工智能会深入法律实践。

正如几十年前混乱的思潮中德沃金在《法律帝国》中锤炼出真正温良的法律心声。"理论是灰色的，而生命之树常青"，整体的法律观是一种力量，它从法律确定性的广袖中迤逦走来，在法律灵活性的追求里潜滋暗长。在纷争中寻觅妥协的路径，将相异的法律引向更为一致的步调——与其说德沃金的理论是规则与事实间的理论桥梁，毋宁说是理想主义与现实主义之间的衡平，以理性的思索瓦解宿命的悬崖，以整体的恒常征服生命的变迁。

（高亦悦　西南政法大学人工智能法学院）

第三编
欧洲法学综观

论伦理权利理论的规范精神

——读耶林《为权利而斗争》

欲探究法律问题便绕不开把握权利问题，而耶林《为权利而斗争》一书作为"关于权利之学《圣经》地位"的有力竞争者更是应当被认真对待。耶林《为权利而斗争》的著述也并非一座"飞来峰"，一个人的知识不外直接经验的和间接经验的两部分。[1]《为权利而斗争》作为知识的外化同样可以化约为这两部分。这意味着要拨开文本的迷雾，就需要回归至思想家的生活本身，将著述放置作者整个思想的长河观之。

如今人们已视耶林为功利法学的代表者，毋宁说他是一个"探险家"，功利法学不过是耶林在有限生命中客观上探索到而并非其主观上最终欲达到的"风景"。不过，相关的论述与此次研究的定义域，暂时按下不表。但无论如何，可以肯定的是《为权利而斗争》无疑是耶林探索到的不可忽视的"琪花玉树"，其中蕴含着的朦胧美可谓是"第一提琴手"。具体而言，耶林一生的法学思想演进大致可以描述为"历史法学—概念法学—功利法学"三个阶段。《为权利而斗争》处在"概念法学—功利法学"的过渡阶段，它上承《罗马法的精神》，下启《法律目的论》。[2]《罗马法的精神》主要是概念法学阶段的产物，即使在《罗马法的精神》第二卷下册中有"自然科学的历史方法（naturhistorische Methoden）"的萌芽发轫。总而言之，《为权利而斗争》是耶林对概念法学自觉清算、探赜更广阔天空并试图"破茧成蝶"的尝试。这种过渡的朦胧美一方面深深吸引着许多读者，另外一方面也成为理解耶林思想的密钥。

---

〔1〕《毛泽东选集》（第1卷），人民出版社1991年版，第288页。

〔2〕杜如益：《"法律的斗争"抑或"为权利而斗争"——耶林本意的探求与百年汉译论争考辩》，载《中国政法大学学报》2018年第2期。

耶林在著述末尾将此总结为关于权利的伦理学说。[1]就其内容而言，其中确实着重强调法感以及维护主观权利等具有伦理性质的内容。此书出版的背景也赋予其伦理的秉性，《为权利而斗争》是献给利特罗夫人——一位并非法律人的女权运动领袖。正如耶林自己所透露的："如果我这本小书是写给一位男性，他就不会在形式上如此细致小心地编辑；因此这本书是在您未意识到的帮助下完成的。"[2]但是，当人们提到著述时并不会将其归入伦理学的范畴，而是自然而然强调其寓于权利语义中的法律逻辑。规范精神为法律领域筑起"符号壁垒"，职是之故所谓的法律不过是一种规范精神。本文尝试运用如今法学的普遍视域——规范性视域来探赜《为权利而斗争》，以期挖掘其中有益的养分为中国式法治现代化添砖加瓦。

一、从伦理到规范：带着法律与权利"手铐"跳舞的"斗争"

正如"为权利而斗争"已经被作为澎湃的标语一般，"法律的目标是和平，而实现和平的手段是斗争"也成为大家口口相传的法学名句。借用《庄子·外篇·秋水》的故事，庙堂之中将乌龟用于卜卦的时间一长，有些人甚至就忘了用以卜卦的其实就是乌龟。换言之，上述的法学名句伴随标语化、口号化而被赋予了一种伦理色彩，但是其内在的本质可能就被人遗忘。要使其中的本质显现出来，最有效和妥当的方式就是回到文本中。

"为权利而斗争"标语化的一个最突出表征即日常生活中许多人以此为自己非理性的暴动作正当性背书。他们无休止地强调斗争，并搬出耶林所说的："法的生命就是斗争。"[3]他们也并非完全曲解"为权利而斗争"的内涵，而是放大其中的伦理性。其伦理性在否定方面的具体内容就是对"人为刀俎，我为鱼肉"思维的摒弃。进一步而言，肯定方面就是对不辛劳的享受应当反抗的支持。但是，这种伦理内涵并不是无边无际的。简言之，斗争应当是例外而不是常态，这种片面的伦理性强调是本末倒置地将例外常态化。

当然，这只是如今的普遍性误解，耶林理论本身也并没有停留在伦理层

---

〔1〕［德］耶林：《为权利而斗争》，郑永流译，商务印书馆2018年版，第84页。

〔2〕 Siehe Frau Helen Ehrenburg, Rudolf von Jhering in Berifen an seine Freunde mit zwei Abbildungen, Breitkopf & Härtel, 1913, S. 351.

〔3〕［德］鲁道尔夫·封·耶林：《权利斗争论》，潘汉典译，载《法学译丛》1985年第2期。

面。相形之下，其整体理论是不自觉向规范性倾斜的。"为权利而斗争"其中的"斗争"固然很重要，但是从通常的语言逻辑来看，"斗争"仅仅是手段的表征，而为"某某"的内容才是真正的目的表征。"没有目的，我们没法确定生活的中心。"[1]因此，对于目的的内涵解读就尤其重要。实际上，导致上述误解的一个核心原因就是企图以手段表征代替目的表征抑或完全忽视目的表征。在耶林的语境之中，他始终强调的是为"权利"，也始终没有放弃围绕"法"进行理论建构。例如，他一直说的是"'法'就不能免于斗争""'法'的生命在于斗争"[2]而非其他。不论是权利还是法，实质上都是将"斗争"限定在法律与权利的框架之内，而不是未加限制的恣意。换言之，"斗争"是在法律与权利这一规范领域内的"斗争"。

学术界对于这本书的翻译从另一个侧面印证"斗争"是戴着规范的"手铐"跳舞的。在中文的语境之下，该书书名有比较具有代表性的九种译法。[3]作为手段表征的"斗争"虽然具体译法不同，但其核心内涵基本达成共识。然而，作为目的表征的是"法律"还是"权利"理解却大相径庭，不过不论是哪种译法，其共同指向的规范问题才是学者们真正关注的核心。无独有偶，法文译者、英文译者和日文译者在翻译时也自觉地聚焦于究竟是"法律"抑或"权利"为目的表征的规范领域的问题中。

总而言之，将作为标语的"为权利而斗争"祛魅，被强伦理性遮蔽的规范本质随之显现出来。欲深刻把握此书应当深入规范语境去探求关于规范性的具体问题。

二、从规范到规范性：寓于法的两个面向中的主观权利（Subjektives Rech）

上述的论述揭示了"为权利而斗争"核心要素落于规范领域，但"事物

---

〔1〕 ［澳］John Kleinig：《目的和手段》，刘玮玮译，载《道德与文明》2016 年第 3 期。

〔2〕 ［德］鲁道尔夫·封·耶林：《权利斗争论》，潘汉典译，载《法学译丛》1985 年第 2 期。

〔3〕 权利竞争论、为法律而斗争、法律奋斗论、法律的斗争、权利斗争论、法（权利）的抗争、为权利而抗争、为权利而斗争、为权利而争战。杜如益：《"法律的斗争"抑或"为权利而斗争"——耶林本意的探求与百年汉译论争考辩》，载《中国政法大学学报》2018 年第 2 期。

的性质主要是由取得支配地位的矛盾的主要方面所规定的"，[1]核心要素落于规范领域并不意味着该理论主要是规范性理论。因此，需要将书中核心探求的法的两个面向问题的性质进行分析。此时，一个前置性问题需要回答，即为何法的两个面向问题是此书的核心问题。首先，我们已经得出该书是关于规范的理论的基本结论。那么，规范问题不论以什么具体面向展现出来，其终究是围绕"法"的。其次，从量上看，耶林在进行理论建构时多次自觉地强调法的两个面向问题。更进一步而言，虽然他在许多地方并没有直接点出法的两个面向问题，但其论述实质上是在这一前提下展开的。这些地方也应当被纳入耶林对法的两个面向的强调。最后，从质上看，耶林关于法的两个面向的论述是整个理论的枢纽，上承对"法"的论述，下启法感理论的出场。

耶林强调："'法'（Recht）这个词，众所周知，在使用上有两重意义，即客观的意义和主观的意义。"[2]他进而解释："主观意义的法，就是抽象规律（Regel）在人的具体的权能中具体的铸型。"[3]在书中他明确自己选择的是主观权利的斗争，虽然并不否认斗争在法的客观意义上的作用。规范性在耶林将目光自觉聚焦在主观权利时就集中显现。

第一，法的两个面向中体现规范性的主观权利具有优位性。耶林将客观意义上的法解释为通过国家维护的法律原则的总体，[4]简言之就是通常意义上的法秩序，若将其理论化就表达为"规范"。通常意义上，不论是朴素的法律逻辑还是许多学者的论述都将规范层面的客观法秩序置于优位。但是，耶林的理论中主观权利并非附属于客观意义上的法，而是相反。具体而言，"谁主张权利，实际上就是在自己的权利范围内捍卫法律；我的权利就是法律，对权利的侵害和主张，就是对法律的侵害和主张"。在这个意义上，客观意义上的法要依靠主观权利提供"养料"。这种法的两个面向的"哥白尼转向"直接实现理论从规范向规范性的飞跃。

第二，功利作为具有规范性的主观权利的"动力泵"，即使主观权利的出场为理论注入了规范性，但主观权利也并不是"永动机"。"不是意志，也不

---

〔1〕《毛泽东选集》（第1卷），人民出版社1991年版，第323页。

〔2〕［德］鲁道尔夫·封·耶林：《权利斗争论》，潘汉典译，载《法学译丛》1985年第2期。

〔3〕［德］鲁道尔夫·封·耶林：《权利斗争论》，潘汉典译，载《法学译丛》1985年第2期。

〔4〕［德］鲁道尔夫·封·耶林：《权利斗争论》，潘汉典译，载《法学译丛》1985年第2期。

是实力，而是利益，构成权利的实体。"〔1〕功利的因素被注入主观权利之中成为其不竭动力。值得注意的是，这里的利益、功利不能划归为狭隘的物质欲望，还包括了人类奋斗与努力所追求的一切目标：名誉、爱、工作、教育、宗教、艺术、科学。〔2〕

第三，为权利而斗争具有义务面向的规范性。为主观权利而斗争不免需要溯源到受害者诉讼的最初动力。耶林也深刻观察到了这样的事实：受害人提起诉讼往往不是为了金钱利益，而是为了消除遭遇不公正的道德痛苦。〔3〕这一论断会自然延伸至法感理论，但法感已经超越规范性的内容，故在此暂时按下不表。相形之下，关于为权利而斗争是一种社会义务的结论也被自然析出。正如耶林的比喻："为了抵御外敌，社会有权召集权利人联合起来，为了共同的利益牺牲身体与生命，懦夫的逃跑被认为是对共同斗争事业的背叛。"〔4〕义务作为与权利形影不离的对合词汇，其规范性也不言而喻。

三、从规范性到超规范的规范性：作为"奇珍异宝"的法感理论

要问耶林《为权利而斗争》为人类的法律智慧宝库提供了哪一款独特的"珍宝"，那么一定非法感理论莫属。在西方的语境下，关于规范的探赜至少可以追溯到柏拉图。关于主观权利的理论也至少可以追溯到格劳秀斯的拉丁文著作中对 ius 的双重语义的使用。〔5〕同样的，功利主义法学也不足以支撑耶林被称为"独特"。但法感理论的确是耶林极具原创性的理论，这一理论也整体上透露出此书的价值旨归。

耶林通过军官、商人、农民对于不同功利的不同敏感程度来形象阐述何为法感，但法感的出场似乎带来了一个麻烦。作为统摄的法感理论具有强伦理性，似乎上述的规范分析的价值都要被清空。伦理性作为该书理论的终极意义再次出场。同上述已经说明的一样，法感理论具有强伦理性并非代表伦理是其唯一属性。实际上，法感的真正实质是一种超规范的规范性，具体论

---

〔1〕 ［德］耶林：《为权利而斗争》，郑永流译，商务印书馆 2018 年版，第 350 页。

〔2〕 ［德］鲁道尔夫·封·耶林：《权利斗争论》，潘汉典译，载《法学译丛》1985 年第 2 期。

〔3〕 ［德］耶林：《为权利而斗争》，郑永流译，商务印书馆 2018 年版，第 13 页。

〔4〕 ［德］耶林：《为权利而斗争》，郑永流译，商务印书馆 2018 年版，第 21 页。

〔5〕 Siehe Glück, Ausführliche Erläterungen der Pandekten nach Hellfeld, 1796. Vom "Recht, subjectives", HRG（Handwo rterbuch zur Rechtsgeschichte），Band 4, S. 254.

述如下。

一方面，所谓的超规范性实际就是伦理性。就"法感"一词来说其也并非耶林首创，而是 1810 年克莱斯特的中篇小说《米迦勒·寇哈斯》让其成为德语世界的宠儿。[1]与简单的正义感、是非观不同的是耶林将其具体化为一种纯个人主观的法情感。不过就具体的内容来说，法感体现的终究是一种与道德相关的正义感、是非观。在这个维度内，法感的确是伦理的。

另一方面，法感并非纯伦理性的，而是以规范性作为框架。谈到耶林的法感理论不得不提到这一比喻："法律就像一个漫游者，他在黎明接近日出时离家出游，历史是太阳，而法权感是漫游者的影子。在日出前法权处于冷清状态，也没有影子，日出后或太阳照耀时，影子从法权后面移到旁边，最后出现在法权的面前。"[2]首先，在不细究具体内容的情况下都能轻易得出所谓的法感理论是离不开"法"的基本领域的，耶林的描述也是深深围绕在"法"的领域中，而法与规范紧密相连。其次，耶林明确指出法感不是源于天赋，而是源自历史。至少在来源这一维度上，耶林拒绝承认法感的纯伦理性。那么法感就必然是规范性吗？实际上确定如此。历史的逻辑之中规范的内容将正义感、是非感不断塑造为法感，而并非"经济感""政治感""社会感"。最后，耶林自己将民族法感归于法学家的法感。与其说是归向法学家的法感，不如说是对法学家内在的规范性思维的肯定。这种规范性思维领先于具体的法律，在这种规范性的领先指引下人们自己才能够成为法律承担者，把握法律本身不是纯伦理。

总而言之，法感理论作为耶林为法律世界贡献的"奇珍异宝"绝对不是纯伦理的。其本质上是从主观权利这一规范性出发的超规范的规范性，然而又回头去指引具体的主观权利并最终回归于"法"这一规范之中。

四、代结语：从分析一个民事案件总结伦理权利理论与规范精神

从现代民法的角度看，《为权利而斗争》揭示了权利与义务之间的紧密联系。在民法中，权利和义务是相互关联的，没有无权利的义务，也没有无义务的权利。耶林在书中也强调了这一点，他认为为权利而斗争不仅是权利人

---

〔1〕 杜如益、童佳宇：《"法感情"缘何在德语中流行》，载《检察日报》2017 年 9 月 5 日。

〔2〕 ［德］耶林：《法权感的产生》，王洪亮译，载《比较法研究》2002 年第 3 期。

的权利，更是他们的义务。这种义务感可以促使权利人更加积极地去行使和维护自己的权利，从而实现民法的价值和目标。耶林在书中明确提出了"为权利而斗争"的主张，并强调了这一斗争的必要性。他指出，所有的权利都面临着被侵犯、被抑制的危险，因此权利人必须时刻准备着去主张和维护自己的权利。这种斗争精神，实际上也是现代民法中权利本位思想的体现。在民法中，保护私权是其核心任务之一，而要实现这一任务，就需要权利人积极地去争取和维护自己的权利。

耶林是一个善于通过比喻和讲故事来传达观点的思想家。本文受此启发，将尝试通过对具体民事案件分析的"故事型"论述代替抽象的文字总结，为通篇对《为权利而斗争》伦理权利理论的规范精神的整体判断进行总结。在此，将选取"泸州遗赠案"展开论述。由于该案大家早已熟知，故对于具体案情不再赘述。早些年学界对于"泸州遗赠案"围绕法律原则进行讨论，实际上可以将其化约为伦理权利理论与规范精神的关系。

第一层次，从伦理到规范。"泸州遗赠案"是一个婚姻继承领域的民事案件，婚姻继承这一定义域极具伦理性，案情内容里面给"小三"的遗赠是否有效就更具有伦理性。然而，这一纠纷作为一个真实的民事案子被法院立案，并最终法院作出民事判决。判决的伦理基础在于公平正义、人权保障和利益平衡，同时需具有明晰的法律依据、严格的程序正义、透明度和公开性等要素，故从这一层面而言，判决这一司法行为实际上已经明确使原本伦理性的内容进入规范的领域之中。

第二层次，从规范到规范性。当其作为一个规范领域的真实案件，支撑双方当事人的实质理据不能仅仅是简单的伦理性内容。更准确地说，就当事人而言"为自己的权利而斗争"不能简单理解为伦理上的功利，而是具体的规范性要求。在此案中则表现为"公序良俗原则"与"婚姻家庭利益"两种规范性内容，具体体现为《民法典》中相关的、具有明确稳定特性的条文。当事人通过运用上述相关条文，将其作为主张自身权利、追求伦理价值的工具时，即将应予规范的伦理价值转化成可表述、可援引的规范性文件。

第三层次，从规范性到超规范的规范性。从当时的判决结果来看，"公序良俗原则"被法官采纳。实际上，这种判断是法官法感外化的集中体现。不对判决结果作价值判断，从外观上来看法官"公序良俗"的伦理性占据优位。

其实这是一种误解，法律规范与社会价值观、伦理原则具有紧密联系。其一，要明确法官作出判断的基本场景是在司法活动中，而不是纯道德的调解中。其二，"公序良俗"是法律规范里面明确规定的规范性内容，而并非外来的纯伦理内容。其三，法官最终是以规范之中的"公序良俗"作为判决依据，而并非以纯粹的法外伦理因素作为判决依据。

总而言之，"为权利而斗争"虽由于主客观因素而逐渐伦理化，但是这并不意味着耶林构建的是一套能够摆脱法学根本的规范精神的纯伦理权利理论。更准确地说，耶林是在规范精神的基本框架下的广阔天空中为"权利"与"法"注入伦理的因素。从肯定方面来说，伦理的因素为"权利"和"法"注入符合"人"本性的温情。从否定方面来说，伦理的因素在法的领域不应摆脱规范的精神而成为"脱缰野马"。因而，耶林的理论为天理、国情、人法统一的具体路径提供了良好的思路。

（邓伊鸿　西南政法大学民商法学院

尹铭育　西南政法大学行政法学院）

占有概念体系的构建与反思

——读萨维尼《论占有》

　　《论占有》是萨维尼的成名之作，自罗马法起源以降，法学家们对占有概念的讨论极为罕见，而萨维尼通过对罗马法体系的研究，将占有概念问题带至台前。萨维尼在1803年写就的《论占有》，一经问世，反响热烈。这不仅开启了占有理论的新时代，也为整个物权体系的重塑提供了前提。蒂堡（Thibaut）因此盛赞萨维尼为"我们的一流民法家"，[1]奥斯汀（Austin）则夸赞此书为"在所有关于法律的著作中，是最完美、最精致的"，至今《论占有》仍被视为法学解释学的精品之作。《论占有》共出版7次，其中第7次出版时因萨维尼已经辞世，故由鲁道夫（Rudorff）代为修订出版。此书出版后，占有话题逐渐成为普赫塔（Puchta）、黑克（Heck）等著名法学家论战的焦点话题，以至于美国著名法学家霍姆斯（Holmes）称之为德国法学家用来锻炼智力的工具。当然，这些法学讨论推动了《德国民法典》的占有规定的变革，并且在后续出台的《路易斯安那民法典》中也带有它们的烙印。[2]综上，可见《论占有》无论是对现代学术学说的发展还是立法规范的形成都起到了巨大的推动作用。接下来，本文将从《论占有》之思想渊源、《论占有》之重要观点、《论占有》之批判观点三方面来展开论述。

一、《论占有》之思想渊源——康德哲学

　　在阐述《论占有》的重要观点之前，需先对《论占有》的思维渊源进行

---

〔1〕 舒国滢：《萨维尼和他的三部巨作》，载《中国政法大学学报》2015年第6期。

〔2〕 朱虎：《萨维尼的〈论占有〉及其贡献——法学、立法以及方法》，载《比较法研究》2006年第6期。

溯源。鉴于萨维尼占有体系本身的高度抽象性，只有掌握萨维尼的思想渊源这一"任督二脉"，方能从灵魂处掌握萨维尼占有体系。

萨维尼的占有学派，被后世称为人格保护学派。如若只关心表象，则对于此种命名，怕是难思其妙。所以这时候需要把视线回溯到德国哲学的另一位伟大先哲——康德（Kant）。自19世纪初降，法学文献中"人格"之表述开始频繁增加。这源于康德的哲学影响，康德哲学以人的意志为核心，尊崇人的自在目的性，这在康德自身的占有理论中也有体现。依康德之见，对经验占有，即本义占有的侵害，并非对外在权利的侵害，而是对"内在的我"，即自由人格的侵害。[1]他指出："经验的占有是分析命题，因为它不外乎是说如果我是一物的持有者，未经我的统一同意而对之施加干扰之人，即干扰并侵害了内在的我（或者说我的自由），他的行为就直接与权利的原则和公理相矛盾。"[2]这段话比较抽象，一言以盖之，则是康德认为，对于有主物的自主侵占，本质是对于先占人人格的侵害。当然，这是康德的个人主张，萨维尼对于康德的论述几乎照单全收。以至于弗朗索瓦（Francois）感慨道："萨维尼的占有理论从根本上烙印着康德的个人主义。"康德的个人主义和人格保护思想几乎成了萨维尼的占有体系完整的思想渊源，例如典型的占有双重性质说和占有保护人格缘由说。占有既是事实也是权利，究其本质而言，占有是事实，究其法律效果而言，又相当于权利。由其事实本质决定，占有保护的正当性存在于对物事实支配与占有人的联系中，此等联系使得占有侵扰波及占有人本身。根据人格的不可侵犯性，占有人理应得到保护来对抗上述侵扰。虽然在侵害中，并不存在一个独立的权利和人格一起受到侵害，但是，却发生了对其不利的事实。针对个人之暴力行径，只能通过恢复原状或保护对物的事实管领得以消除。萨维尼认为占有保护的真正依据在于占有人人格的不可侵犯性，目的在于保护占有人免受外在侵扰的自然意志力。两相对比可以看出萨维尼对康德的推崇，以至于康德的哲学灵魂在萨维尼的占有体系中四处飘荡。

正如弗朗索瓦所言，对康德哲学思想的吸收成为萨维尼的法学思想底色，

---

〔1〕 吴香香：《占有保护缘由辩》，载王洪亮主编：《中德私法研究11：占有的基本理论》，北京大学出版社2015年版，第3页。

〔2〕 Immanuel Kant, *Metaphzsische Anfangsgrunde der Rechtslehre*, Konigsberg, 1797, S. 63.

也是萨维尼这一占有体系的最大特色，"对人本质的理解和洞悉，是萨维尼占有体系的灵魂"。[1]但是不可否认的是，对于康德思想的过度继受，使得萨维尼的占有体系几乎与人格保护理论绑定，并且丧失了从客观上对占有理论的解释条件——这一点也成为萨维尼物权体系的痛点[2]（当然这并不能否认萨维尼占有理论本身的伟大之处）。就算是《论占有》第7版的修订者，萨维尼最坚定的支持者鲁道夫（Rudorff），也不赞同萨维尼对占有保护缘由的人格保护解释。在学术上，萨维尼的占有保护人格解释学说，饱受耶林（Jhering）本权保护说和黑克（Heck）维护利益理论的攻击。而据立法例来看，无论是德国还是中国，占有保护缘由都采公法保护说，[3]即认可公法秩序才是占有保护的基础，[4]在此解释路径上，萨维尼的观点遭到了巨大的反对，但是这并不意味着基于人格权保护思想展开的萨维尼占有体系的轰然倒塌。相反，在刨除康德人格权保护思想外的占有概念之上，萨维尼的占有体系体现出了磅礴的生命力，时至今日，体系中的部分重要观点仍具有极强的借鉴意义。

二、《论占有》之重要观点——占有心素的提出

《论占有》中最重要的观点就是对占有和持有的概念划分，以及在划分基础上衍生的自然意思体系。自《论占有》出版后，持有和占有这一组近似概念才得以被区分。在书中，萨维尼对其的区分颇为有趣："在占有（Besitz）某物的情况下，我们通常假设了这样一种状态（Zustand），据此，不仅你自己有可能在物理意义上支配该物，而且还能排斥其他任何人支配该物。这样，渔夫占有他的渔船，而不占有他行使于其中的水域，尽管他是为了自己的目的

---

[1] 杨代雄：《萨维尼法学方法论中的体系化方法》，载《法制与社会发展》2006年第6期。

[2] 这与耶林（Rudolf von Jhering, 1818—1893年）的观点显然大相径庭，后者创立了所有权保护说，认为占有制度保护的是本权。参见王洪亮等主编：《中德私法研究11：占有的基本理论》，北京大学出版社2015年版，第3~9页。

[3] 史尚宽：《物权法论》，中国政法大学出版社2000年版，第587页。

[4] 王泽鉴：《民法物权》（第2版），北京大学出版社2010年版，第534页；谢在全：《民法物权论》（下册），中国政法大学出版社1999年版，第1218~1219页；梁慧星主编：《中国民法典草案建议稿附理由：物权编》，法律出版社2004年版，第423页；王利明主编：《中国民法典学者建议稿及立法理由：物权编》，法律出版社2005年版，第566页。

而使用二者。"〔1〕在《论占有》中，这种状态（Zustand）就被称为持有（Detention），在萨维尼的理论下，它是各种占有概念的根基，它自身无论如何都不是立法的指向对象，其概念也不是一种法律概念。简而言之，要区分占有和持有，则要端视持有人心中的意思要素而定。占有包含着一种占有心素，即支配意图，即占有人必须事实上意图对物进行支配且不承认他人比占有人自己更有资格。在准占有之中也同样需要此心素，即对于不承认他人比自己更有资格行使占有的权利。但是，此项仍然存在例外，即传来占有，也称继受占有，这种占有根据他人的原初占有而产生，是从前占有人那里转让而来的占有。即使在传来占有中仍然存在占有心素，虽然这种心素不是支配意图，而是享有之前属于他人的占有权利的意图。〔2〕

在持有和占有基础上创设出来的占有心素，实际包含着一个重大的启示，对于占有体系排他性的强调，即对于一个物不可能同时存在两个或两个以上的占有，基于上文对占有心素的分析，便可得出两个很明显的规则：只要前占有存续，则新的占有就必然不会开始；只要新的占有被承认，那么前占有就必须被认为已经终止。民法中潘德克顿体系的物权排他性原则的起源就在于此，基于占有的排他性，物权的排他性和对世性开始有了原典，并成为物权的绝对权属性的最大标志。虽然在后续的立法发展中，基于占有理论又诞生出间接占有和直接占有等对占有排他性进行挑战的解释理论，但是无可置疑的是，《论占有》中的占有心素的提出对潘德克顿物权体系的建立具有重大影响。揆诸当下，德国民法仍然将由占有心素演变来的自然意思作为德国物权体系的重要理论，〔3〕不光如此，我国民法的学说通说中，也采占有意思一词，究其词源，仍旧是萨维尼所提出的占有心素。当然，在法教义学的背景下，一种解释要经历无数次审视方能屹立于法解释学的殿堂之上。萨维尼在《论占有》中提出的这些观点，遭遇了与此相对的无数学术观点的攻击，其中

〔1〕［德］萨维尼：《论占有是什么》，常鹏翱、槐斌译，载王洪亮、张双根、田士永主编：《中德私法研究》（第1卷），北京大学出版社2006年版，第156页。

〔2〕朱虎：《萨维尼的〈论占有〉及其贡献——法学、立法以及方法》，载《比较法研究》2006年第6期。

〔3〕具体［德］鲍尔、施蒂尔纳：《德国物权法》（上册），张双根译，法律出版社2004年版，第105页以下；［德］曼弗雷德·沃尔夫：《物权法》，吴越、李大雪译，法律出版社2002年版，第77页以下；孙宪忠：《德国当代物权法》，法律出版社1997年版，第107页以下。

的反对者不乏耶林（Jehring）、普赫塔（Puchta）、黑克（Heck）这样的法学大家。

三、《论占有》之批判观点——关于占有性质和保护缘由的争议

耶林（Jehring）对萨维尼《论占有》的批判，是一种时代的后发审视，耶林在文章中说道："这只是24岁年轻人的第一部作品，在我看来这是一颗短暂流逝的璀璨的流星，这篇文章只具有文献史的价值，而不具有学术价值。该作品的基本观点中，没有任何一个未曾遭到反对；一些已然反对成功的某些观点已被普遍认为站不住脚。而他的其余观点能否摆脱此厄运，将留待未来决定，在我看来，无一能够幸免。"[1]耶林将萨维尼的物权体系拆了个底朝天，在其文章中，处处都是对萨维尼《论占有》的反对观点。耶林的观点有待商榷，称之为偏激，也未尝不可。值得深思的是，耶林的此篇文章并未获得类似于萨维尼之篇的高度评价，并且在后续历史的演变中，也并未被立法者所采纳，不过耶林在此篇中所提出的"为所有权便利是保护占有的缘由""对权利的占有"等观点，在客观上催发了后续利益法学学派的诞生。[2]而耶林的思想，也催生出了德国私法中的占有本权保护学说。至今在德国私法体系下，当我们在进行占有问题的阐述时，通常都会向下追问一层，占有的本权为何？这是耶林的批判所带来的概念进步，概念法学的进步往往建立在批判之上。

不过就像在第一部分思想渊源所表述的那样，萨维尼的占有缘由的人格权理论饱受耶林等法学大家的攻击，虽然这一理论也受到布伦斯（Bruns）、兰达（Randa）、温德沙伊德（Windscheid）等人的拥护，[3]但是它在与耶林的本权利益保护学说以及鲁道夫的和平秩序维护学说的缠斗中逐渐败下阵来。不仅如此，即使是在人格权保护缘由学说内部，就占有的性质认定也存在极大的分歧，有的学者将占有定义为权利，有的将其定义为事实，当然也有部分认可萨维尼的事实和权利双重属性认定。这说明即使是在萨维尼的学说内

---

〔1〕　柯伟才：《论占有保护之原因：以耶林的观点为中心》，载《私法研究》2011年第2期。

〔2〕　吴香香：《占有保护缘由辩》，载王洪亮等主编：《中德私法研究11：占有的基本理论》，北京大学出版社2015年版，第4页。

〔3〕　吴香香：《占有保护缘由辩》，载王洪亮等主编：《中德私法研究11：占有的基本理论》，北京大学出版社2015年版，第5页。

部，也仅仅只有部分人对萨维尼的人格权占有保护学说和双重属性学说这一整体保持认可。当然，就占有性质而言，萨维尼并不孤单。

在占有的性质这一问题上，耶林和萨维尼罕见地持有类似的学说主张，即认为占有具有双重属性，它既是事实，也是权利。就占有本质而言，自然是物理属性上的一种事实状态，但是就占有人占有这一事实而言，其又会催生出一系列的法的效果，这种效果，则自然又被认为是一种权利。[1]这种双重属性的提出饱受学界批评，但是在德国法学界却又有非常广的受众群体。纵使是在汉语民法体系内，占有的双重属性，仍旧是占有性质解释论中的强力学说。[2]

当然，此种双重属性，成了继占有保护缘由之外，萨维尼占有体系的另一个受诟病之处。管见以为普塔赫（Puchta）在《占有属于何种性质的权利?》一文中的观点很具有攻击性，普塔赫敏锐地意识到，萨维尼在《论占有》中，未将"占有权"和"对占有的权利"进行很明确的辨析，然而这是致命的。在萨维尼的论证下，占有所生的权利和占有本身就重合了，对占有所生的权利即占有本身。这个论断略显荒谬，因为两者本身确实不可重合，而按照萨维尼的行文逻辑，其主张重合，可推断出占有并非权利。原因如下：占有可以生产出权利，但是这并不意味着占有本身是一种权利。否则，"交付的法律原因"本身也可成为一项权利。所以说，萨维尼在此处的论断将陷入一个悖论，他要么认为占有是一种权利，但是这个权利不只包含占有产生的权利，要么认为占有不是权利，而是一种法律事实，可以影响权利，但是自身非权利。综上所述，占有既是一种权利又是一种事实的学说假设并不成立，因为他是在混淆"占有权"和"对占有的权利"上产生的推断。这是对占有双重性质学说的重大冲击。

四、结语

萨维尼的占有体系在德国私法上有着显赫地位，《论占有》一书作为萨维

---

〔1〕 ［德］弗里德里希·卡尔·冯·萨维尼：《论占有》，朱虎、刘智慧译，法律出版社 2007 年版，第 183 页。

〔2〕 史尚宽：《物权法论》，中国政法大学出版社 2000 版，第 137 页。

尼占有体系的基石，被誉为萨维尼的"三大经典著作之一"。[1]虽然《论占有》一书时间悠久，具有一定的时代局限性，但是其中的很多思想和观点，对现代私法研究，特别是物权法的体系研究仍具有重要的指示作用。如果想弄清楚现代物权体系的来龙去脉，《论占有》会是一本非常好的指引手册。[2]通过阅读《论占有》，读者能清晰地看见萨维尼法学方法论的展开，看到法学中体系思维的运用并促进读者对体系概念的不断思考。[3]

（高家农　西南政法大学刑事侦查学院）

---

〔1〕 舒国滢：《萨维尼和他的三部巨作》，载《中国政法大学学报》2015 年第 6 期。

〔2〕 杨代雄：《萨维尼法学方法论中的体系化方法》，载《法制与社会发展》2006 年第 6 期。

〔3〕 陈金钊：《法学思维的体系整饬》，载《安徽师范大学学报（人文社会科学版）》2020 年第 5 期。

法源与法治

——读孟德斯鸠《论法的精神》

　　路易十五时期，孟德斯鸠已经发表了大部分的关键性文献，然而，这些文献所揭示的社会议题，实际上早在路易十四的统治阶段就已经根深蒂固了。以《论法的精神》这本书为例，孟德斯鸠许多著作的理论假想敌都是他所处时代的王权和教权。与霍布斯等学者拥护的君主专制以及卢梭等学者拥护的共和制不同，孟德斯鸠选择了一条中间道路——他赞成君主立宪，主张改良。这很大程度上取决于他的宗教观，书中很明显地体现了这一点。

　　在孟德斯鸠看来，必然有固定的规则存在于世界的运动之中。换句话说，孟德斯鸠主张，世界上的一切事物都必须遵循自身的规则，因此，一个国家的法律体系必须与这些规则相匹配，并且要与政治体制、气候、土地、宗教信仰、习俗和人口等因素保持一致。同时，好的法律还应该反哺这些社会因素，最终实现社会的良治、善治。

一、法的精神在法律之外

　　法的精神究竟是什么？孟德斯鸠给后人留下的一大重要的启示就是"法的精神在法律之外"，这句话可从两方面加以分析，一个是立法，一个是用法。

　　首先，从立法的角度来说，除立法程序复杂外，立法内容本身也是由多方面决定的，包括政体、地理位置、贸易、人口、宗教等。而法的精神就是要协调好法律和这些复杂因素之间的关系。简单以政体为例，不同的政体有着不同的原则，所以会孕育出不同的法律体系。孟德斯鸠提出政体可分为三类——共和政体、君主政体和专制政体，并分别对其性质作出解释："由全体人民或部分人民掌握政治权力的政体叫共和政体；一个人单独掌握政治权利，不过这个人是以固定和确立的法来掌权的政体叫君主政体；同样也是一个人掌握政治权利，不过他是以自己的意愿以及多变的情绪来处理所有事务，而不是法律，这种政体叫专制政体。"〔1〕共和政体意味着绝大多数人民或者一部分贵族掌握国家最高权力，其对应的原则是人性的良知与美德，所以此时最需要的是一种选举代理人的法律；君主政体意味着君主是国家最高行政官，其原则是个人荣誉和身份等级，在此种制度下，贵族扮演着约束君权、协调君民关系的重要角色，所以此时最需要的是一种有关贵族权益保护的法律；专制政体是一个人或一个小集团的无序统治，其原则是恐怖和欺骗，所以此时最需要的是一种可以维持专制政权正常运行的行政法律。再如气候环境，孟德斯鸠提到了人的生理机能问题："严寒空气会使人体外部纤维的末梢收缩，这就增加了纤维的弹性；纤维还因寒冷而变短，这就使得纤维更有力。血液从末端向心脏的回流，在这种纤维的作用下变得更容易。而炎热空气对纤维的作用是降低其弹性和张力，因为它使其末梢舒张，令其长度增加。因此，寒冷环境使人精力充足而旺盛。"〔2〕所以孟德斯鸠继而引出，气候寒冷或者地势险峻、山多土贫地区的人们往往骁勇善战、崇尚自由，所以容易诞生共和制度，法律也应该严谨复杂；而气候炎热或者地势平坦、土壤肥沃地区的人们往往懒惰怯懦、眷恋生命，所以更适合专制统治，法律则应该简单粗暴。可见，立法需要结合社会各要素，因地制宜。

接着，从用法角度来看，目前已知的各种成文法律给人的第一印象，或许都是严肃、强硬的，但事实并非如此。从法律诞生来说，法律是道德的派生物，是具有强制力的道德形态。孟德斯鸠认为，一般法可简单分为自然法和人为法两种。"自然法只起源于我们的存在本质，别的起源一律没有，所以才称作自然法。"〔3〕自然法先存在于各种规律，单纯渊源于人类生命的本质。但是进入社会后，"任何社会的任何人都想方设法地霸占社会的关键利益，他们认为自己已经变得足够强大了，具备了这样的实力，于是，人们之间的战

---

〔1〕 ［法］孟德斯鸠：《论法的精神》，张雁深译，商务印书馆 2020 年版，第 30 页。
〔2〕 ［法］孟德斯鸠：《论法的精神》，张雁深译，商务印书馆 2020 年版，第 458 页。
〔3〕 ［法］孟德斯鸠：《论法的精神》，张雁深译，商务印书馆 2020 年版，第 21 页。

争便开始了"。〔1〕为了约束作为"社会的存在物"的人们，立法者们提出通过道德的规律来规劝他们，这便是人为法的原初。但不具有强制性的道德约束缺乏效力，此时法律应运而生。美国的现代综合法理学家博登海默曾提出："那些被认为是社会关系交互的基础而必需的道德正义原则，在一切社会中都被赋予了极高的强制性质。这些道德公正原则的约束力的增强，是通过将它们转化为法律条文来实现的。"〔2〕也就是说，法律本身就具有道德的内核。进而孟德斯鸠提出反对酷刑，提倡耻辱刑，指出要重视人们心灵的培育，强调要重视预防犯罪而非惩罚犯罪。正如孟德斯鸠在书中所说："刑罚可以防止邪恶的许多后果，但是无法铲除邪恶本身。"〔3〕

继而可以看出无论是在立法还是用法的领域，孟德斯鸠都给了我们鲜明的启示——法的精神在法律之外。无论在法律的设置还是运用上，都不能只局限于法条本身，应兼顾法的内核和外观，融法情于法理，化法旨于法意。

二、法的本质是社会治理模式

学者罗斯科·庞德说过："社会控制是需要权力的——需要那种用其他人的压力来影响人们行为的权力。法律秩序，作为社会控制的一种高度专门形式，是建筑在政治社会的权力或强力之上的。"〔4〕而孟德斯鸠在《论法的精神》中对法的本质的分析与庞德的思想有相似之处，但从根本上看并不相同。孟德斯鸠着重分析了法律与政体、自由、贸易、货币、人口的关系以及与宗教的关系。他始终围绕着社会治理模式来分析法律，认为法律是用来辅助社会治理的工具，所以可以说法的本质是一种社会治理模式。

从政体角度来说，孟德斯鸠认为："一切有权力的人都容易滥用权力，这是亘古不变的一条经验。"〔5〕继而他创造性地提出了应将国家权力分为立法权、行政权和司法权三种，并分别由议会行使立法权、君主控制行政权、法院掌握司法权。他认为无分权则无自由，即若国家权力不被划分，则国家最

---

〔1〕 [法] 孟德斯鸠：《论法的精神》，张雁深译，商务印书馆 2020 年版，第 24 页。

〔2〕 [美] E. 博登海默：《法理学：法律哲学与法律方法》，邓正来译，中国政法大学出版社 2004 年版，第 391 页。

〔3〕 [法] 孟德斯鸠：《论法的精神》，张雁深译，商务印书馆 2020 年版，第 645 页。

〔4〕 [美] 罗科斯·庞德：《通过法律的社会控制》，沈宗灵译，商务印书馆 1984 年版，第 26 页。

〔5〕 [法] 孟德斯鸠：《论法的精神》（上册），张雁深译，商务印书馆 1959 年版，第 184 页。

终必然导向专制政体，那么国民的自由也就无法得到保障。同时，除了权力的分立，他还十分强调权力的制约和平衡，避免权力的集中化，认为一个无私的政体只能诞生于一个各种权利互相制衡的体制下。也就是说，在孟德斯鸠看来，法律的拟制首先应该在分权与制衡这样的国家政体下开展。

从自由的角度来说，由于自由这个语词本身内涵和外延的不确定性，所以在孟德斯鸠的讨论中，他将自由区分成了哲学自由和政治自由两类。按照他的区分，哲学自由是处于意志中的，具有内在性和思想性，所以很难受到约束和限制，而政治自由是处于现实中的，具有外在性和行动性，所以必须受到约束和限制。因此，一方面，孟德斯鸠注重国民的民主权利和政治自由，提倡言论、信仰自由；但另一方面，孟德斯鸠又提出"自由是做法律所容许做的一切事情的权利；如果一个公民能够做法律所禁止的事情，那么他就不再自由了，因为其他人也同样会有这个权利"。〔1〕即没有绝对的政治自由，只有在法律约束下的自由。

从贸易、货币、人口的角度来说，孟德斯鸠基于现实具体的需要，提出贸易活动是人类社会前进的一大重要推动力，所以必须制定出与国情相适应的各类贸易法，以保护和促进贸易活动的有序高效进行。同时，自由与平等原则也是贸易最重要的原则之一。"国家为了让人们享有贸易自由，应该在贸易与海关之间进行调和并保持中立。不公允的关税承办者可能会对贸易造成破坏，其破坏行径主要是专横地征收过高的关税，除此之外还有故意找麻烦，把手续设定得特别复杂。"〔2〕因此他提出贸易自由不应受国家机构的干涉，且贸易平等也要求特权阶级不能经商。对于货币，孟德斯鸠认为："货币这个价值符号，代表一切商品的价值。由于经久耐用、难以损坏和多次分割的便利，金属成了惯用的价值符号，而便于携带的要求又选中了贵金属。金属很容易使货币表现为同样的成色，因此把它作为共同的计价手段，是相当合适的选择。为了让自己货币的形状和重量既符合标准又独具特色，各国的金属货币都有专属的标识。"〔3〕所以货币本身并不是财富，只是人们创造出来的用于商品交换的一种工具，即其本身的价值是标识性的、主观性的、拟制性的。同

〔1〕 〔法〕孟德斯鸠：《论法的精神》（上册），张雁深译，商务印书馆1963年版，第154页。

〔2〕 〔法〕孟德斯鸠：《论法的精神》，张雁深译，商务印书馆2020年版，第663页。

〔3〕 〔法〕孟德斯鸠：《论法的精神》，夏玲译，红旗出版社2017年版，第768页。

时，货币作为贸易活动的必然产物，在印制和发行上必然要受到国家机器的控制，需要相关法律加以规制。此外，孟德斯鸠对于人口的探讨，最为伟大之处就在于他不仅从物质层面进行了分析，还兼顾了制度层面。孟德斯鸠强调以人类本性为出发点，强调法律的制定是人类高级思维活动的表现。人类是推动这一进程的主要力量和目标，因此人类的行为必须符合客观必然关系，必须符合自然运行的理性原则，否则将受到自然的惩罚。因此，只有以人性为基础，遵循法律的根本精神的法律才能被视为恰当的法律。法律是世俗世界中人类活动的基本规范，人类的行为必须遵守法律规定，否则将受到法律的制裁。孟德斯鸠从法律角度强调必须重视人的权利，详细阐明了社会各阶层人的地位与作用。

孟德斯鸠还指出宗教对于社会治理的意义。在他看来，虽然各类宗教确实都有与自己相匹配的国家政体，但宗教与政体应该分开行事。宗教中的一些戒律能够弥补某些法律的缺陷，同时世俗法律也能修正伪宗教的谬误，但不能将二者概念混淆、肆意滥用。人应当理性地区分和明确相关律令或戒规的适用场景。正如孟德斯鸠所说："有些事应该由人制定的法律负责，千万不要交给神制定的法律，同样的，有些事应该交给神制定的法律负责，千万不能交给人制定的法律。这两类法律来源不同，针对的对象不同，性质也不一样。"[1]

综观全书，孟德斯鸠始终围绕社会治理这个中心轴去分析社会各主体、各方面的法律问题——法始终是服务于社会治理的工具，法的目的是社会秩序正常运转。

三、法的适用中要不断回归法的本质

法律，作为社会运行的轨道，其实质不仅是规范人们行为的工具，更是维护社会秩序、实现正义的载体。法律的适用过程是一个不断进行法律解释的过程，是一场不断寻找平衡点的探索——如何在变化莫测的现实中，寻得最能体现法律精神的协调点。因此，法律解释分歧的产生总是在所难免。每当分歧产生，探究法的精神、回溯法的本质和目的往往是破题之道。法律概

---

〔1〕 ［法］孟德斯鸠：《论法的精神》，张雁深译，商务印书馆 2020 年版，第 935 页。

念是抽象且机械的语词，而法律适用却是具体且真实的场景，只有将生硬的词条放到整体社会坐标系中去理解，从具体的社会治理中找准法的定位，才能探清法律的真谛，焕发法律的生命力。

孟德斯鸠对法律在政体中适用的理解为我们作了表率，揭示出了法律与社会形态之间紧密且复杂的关系。他提出，在共和政体中，人们的生命、财产等都受到保护，所以刑法的设计和适用都应该细致化、繁多化，但也应轻刑化、人性化；在君主政体中，人们最为重视荣誉和等级，此时剥夺他们的荣誉可以起到类似于刑罚的效果，所以在刑法的设计和运用上就可简化和轻化；而在专制政体中，由于人们整日生活在极端恐惧中，刑法要想起到威慑作用，其严厉程度就必须高过这种恐惧，所以刑法的适用应该从严。正如谢晖教授所言："现代国家治理，是围绕法律而展开的。"〔1〕社会治理和法律发展本身就是相辅相成的关系，社会治理模式铸就了法律的核心内涵，良法也为社会治理提供着新动力。

2018 年，《我不是药神》这部电影揭开了药神原型陆勇案的面纱。陆勇帮国内患者代购抗癌药，但因未经国家食品药品监督管理局的批准而被提起了公诉，半年后又宣布不起诉，其中正是对道德与法律交织的直接考量。当道德楷模的行为触犯法律，于情上似乎毋庸置疑的东西于理上却貌似失之偏颇，此时势必有一方要做出让步。然而，情理交织并不意味着情可以凌驾于法之上，法律仍应始终保持自身独有的神圣性、庄严性和专业性。只是当矛盾出现时，解题的密钥往往藏在法律之外——始终需要牢记的是为何立法，为谁立法和对谁用法。法律毕竟不能囊括社会生活，不断衍生的社会新问题给法律自身的革新与淘汰提出了更高的要求，在执法过程中，除了对法律正确统一适用的坚持，还必须思量其社会效果。其中的柔性与兼顾，体现的是一个社会的文明程度，也是每个时代的文明课题。

从我国司法实践的语境出发，纷繁复杂的司法案件要想矫枉纠偏，实现良法与善治的统一，必须不断回到法的本质，从最质朴的法情、法理、法源去思考。我国司法改革和运作的基本逻辑就是一个社会长期运行和发展的有效逻辑。湖北省社会科学院的李涛教授就曾提出"法治和改革是发展的关键

---

〔1〕 谢晖：《法律至上与国家治理》，载《比较法研究》2020 年第 1 期。

词"。[1]最终，我们必须认识到，法的生命力源于其与时俱进的能力和与社会实践的密切联系。法律不是一成不变的，它必须随着社会的发展而发展，随着时代的进步而进步。这样的法律，才能真正焕发出生命的活力，成为维护社会秩序、推动社会发展的有力工具。新时代下，法治中国一体建设的重中之重就在于法治社会的建设，法治社会建设的核心要义就是实现社会的善治。

(何钰婷　西南政法大学人工智能法学院)

---

[1] 李涛：《改革与法治：法律制定的中国实践研究》，载《求是学刊》2019年第6期。

法律的沟通进路

——读胡克《法律的沟通之维》

　　《法律的沟通之维》（Law As Communication）是比利时法学家马克·范·胡克以一种新颖的法律视角，引入"沟通"这一概念，来讨论法律的定义、法律方法论、法律的合法化等问题。其中，较大篇幅论证了法律自治性和合法性的关系以及之间一种张力的产生与化解，在后形而上学时代的背景下，一种独具特色的"沟通主义法律观"[1]得以形成。《法律的沟通之维》不仅仅体现了马克·范·胡克关于法律的较为个人主义或者理性主义的观点，其还结合了哈贝马斯的法律商谈理论，于哈贝马斯的"沟通行动理论"中获得了启发，从而提供了一种"作为沟通的法律"之视角。本文以其中饶有兴味的一组三角关系——以沟通为核心的三角关系为切入点，梳理、分析和探讨马克·范·胡克推进的法律之沟通进路，和他试图化解法律自治性与法律合法性之间张力的智识努力。

一、沟通与沟通的三角关系

　　法律的本质在于沟通，法律的另一种存在形式是沟通。这是马克·范·胡克的中心观点与中心论题。正如法学中其他理论观点一样，其也着重于一个中心点，即沟通。沟通本身既是法律的某一具体特征，又是关于法律现象的一种新视角、新洞见，则其概念显然不能是一个最低限度的宽泛或者模糊的日常定义。关于沟通的更为精确的法律定义所能涵盖的，为全书作引，也是全书的基础与铺垫。

---

　　〔1〕　邓正来：《后形而上时代的"沟通主义法律观"——〈法律的沟通之维〉代译序》，载《社会科学》2007 年第 10 期。

何为该种法律语境下的沟通？"沟通"（communication）在广义上，指"互动"。狭义上，在不同语境具有不同含义，可指"在特定社会、文化和政治条件下提出并协商意义的实践"，也可指"基于习俗决定的意义规则而象征性地建构起来的互动"。[1]但在一个最低限度上具有共同的意义，即与语言相关，意味着联系与信息交换。[2]而这里的沟通，具有更具体和狭窄的意义，包括更外显的、身体上的互动。[3]在法律的各个领域和环节中沟通无处不在：立法者与公民之间维持着持续的对话，法院与诉讼当事人之间也保持着交流，而立法者与司法者之间则相互进行沟通和理解，甚至在契约的双方之间也存在着必要的沟通。在某一具体的审判过程中沟通也是不可或缺的。因而这里沟通在法律语境下的定义，建立在"法律人之间的一种合乎理性的对话是'正确'地解释和适用法律的最终保证"[4]的理论基础之上。

人之行动离不开人际关系，而人际关系暗含了沟通。既然法律能够为人类行为设定明确的界限和规范，那么它同样能为人们之间的互动与沟通构建一个有序的框架。法律经由沟通产生并发展，其本身上也是基于沟通：从备案的议会辩论到形成判例的司法裁决，从未来立法的成文到百家争鸣的学术变革，广泛的沟通是法律合法化的重要基础。

在此重要性及维度上，马克·范·胡克引入了一组新颖的关系，即一种三角关系、一个基于充分有效沟通所构建的三方互动体系：规范发出者—表达—规范接受者。这种三角关系揭示了一个很重要的事实：法律文本的意义并非仅由制定者单方面赋予，也非仅由接受者单方面理解，而是双方通过沟通和交流共同构建的产物。沟通进路中，规范发出者、规范接收者和规范文本相互依存，一方是另一方存在的前提，共同决定规范的意义，且规范的意义的解释、适用与确定不是单纯归属于其中一方的，即规范的沟通不是单向地发

---

[1] 仇思颖：《反身法的结构与认知——以法律沟通为线索》，上海交通大学 2017 年硕士学位论文，第 13 页。

[2] 仇思颖：《反身法的结构与认知——以法律沟通为线索》，上海交通大学 2017 年硕士学位论文，第 21 页。

[3] ［比］马克·范·胡克：《法律的沟通之维》，孙国东译，法律出版社 2008 年版，第 14 页。

[4] 孙国东：《自治性与合法性之间——〈法律的沟通之维〉译者导言》，载［比］马克·范·胡克：《法律的沟通之维》，孙国东译，法律出版社 2008 年版，第 13 页。

生。[1]语言作为一种交流媒介，其真正的价值体现在它是连接表达者（发出者）和承受者（接受者）之间的沟通桥梁，这构成了整个沟通过程不可或缺的一部分。同时，立法也是一种特殊的语言沟通形式。立法者制定出一系列社会规范，传达给众多现有的以及未来的法律主体，这些法律主体被期望能够尊重并遵从这些社会公正秩序与规范。[2]至此，这个沟通的三角关系从法律规范至表达再到接受方面，形成了一个完美的闭环。

与沟通的三角关系紧密相连的是，"沟通"是法律合法化的渊源。如前所述，马克·范·胡克的沟通主义法律观受启发于哈贝马斯的法律哲学思想，以规范为链的沟通的三角关系也不例外。哈贝马斯在他的《在事实与规范之间》一书中探讨并揭示了法律现象里事实与规范之间的张力问题，认为事实与规范可以理解为事实性与有效性。在《在事实与规范之间》的行文之中，哈贝马斯提到事实性与有效性在司法领域具体又可以体现为自治性与合理的可接受性。据此，用"规范"一词为踏板，不难从事实性与有效性推导到自治性与合法性，从而使"沟通"为核心的三角关系迈上一个新的台阶：自治性与合法性。

二、自治性与合法性：张力形成之间

马克·范·胡克开宗明义地提到，与数学系统不同，法律系统并不是独立于其所适用和组织的社会的。相反地，在一定程度上，法律是依赖于社会结构和社会关系的一种转化形式。这种依赖性产生了合法化的问题，而法律上的社会、经济、道德哲学等合法化又与社会之自治性直接相关。由此，谈及"沟通"这一种作为法律的存在方式，必然联系到这一语域下的自治性与合法性。

如何理解这里自治性的定义？为回答这个问题，马克·范·胡克区分出"形式"自治性（formal autonomy）和"实质"自治性（substantive autonomy）。"形式"自治性主要体现在一种循环性上，例如欧盟法律的等级性。欧盟的机构在成立时基于各成员国一致同意的条约，而欧盟机构又有权对成员国制定具有强制性的规则和决定。"实质"自治性是强调立法规则所赋内容或

---

[1] 仇思颖：《反身法的结构与认知——以法律沟通为线索》，上海交通大学 2017 年硕士学位论文。
[2] [比] 马克·范·胡克：《法律的沟通之维》，孙国东译，法律出版社 2008 年版，第 177 页。

者法律解释，较大程度上取决于非法律事实、规范等外部输入，此时的自治依赖于这一事实并系统地选择并转换这些外部素材。简而言之，在讨论法律的自治性时，我们实际上是在探讨法律作为一个"自我指涉"的体系如何运作：法律本身具备固有的明确性，法官可以依赖自身的理性，独立地解读并应用法律条文作出判决。

而合法性抑或是合法化，可以帮助理解法律的规范性效力和完全的约束力。合法性，按照接受的普遍程度，可以被分为弱势意义上的合法性与强势意义上的合法性。弱势的合法性，即认为法律系统是一种事实存在而实际接受，亦即法律被其所适用的人们大体上接受；强势的合法性，不仅仅指法律被其所适用的人们接受，还指在一定程度上被"外部世界"所接受。法律作为一种人之行动理由的规范，应该在人之接受的理由上在沟通语境中被看到。从这一维度上，又呼应了书中"这种广泛的沟通是法律合法化的基础"[1]的论题。

但是，法律的自治性与法律的合法性之间会产生一种张力。就像哈贝马斯从事实性与有效性推导到自治性与合法性一样，事实性与有效性的张力也不难推导出自治性与合法性之间形成的张力。译者孙国东总结道，这种紧张的张力来源于自治性与合法性之间的吊诡：过度注重法律的自治性，可能会使其脱离现实生活的多样性，造成与丰富世界的隔阂，从而威胁到法律的合法地位；而法律的合法地位对于法律体系的稳定性和公众信任至关重要，由于人们无法因不满法律系统而随意离开国家，因此法律合法性的确立和保持就显得尤为关键，人们对于法律的合法性就有着更高的期待和更迫切的需求。法律自治性理论的流变既是与"形式法治"（"自由主义形式法范式"）和"实质法治"（"福利国家实质法范式"）交替产生、拉锯互动的过程相一致的，也体现了法律的自治性与合法性之间的张力。[2]这种张力，抑或表现为紧张的价值，用德国学者马克斯·韦伯的话而言，"是形式的法律思想具有的逻辑一致性与追求经济目的，并以此为自己期望基础的私人之间不可避免的矛盾造成的"。[3]

---

〔1〕［比］马克·范·胡克：《法律的沟通之维》，孙国东译，法律出版社 2008 年版，前言。

〔2〕王孟林：《法律自治理论的流变——以现代性问题为中心的思想史考察》，吉林大学 2009 年博士学位论文，第 56 页。

〔3〕［德］马克斯·韦伯：《论经济与社会中的法律》，张乃根译，中国大百科全书出版社 1998 年版，第 308 页。

如何正确地化解这二者的张力，不同的学者探索和走过不同的道路。哈贝马斯主张不同的、跳跃的视角与立场，并最终走向了法的商谈理论；德沃金引入"原则"，将原则纳入法律以便通过原则本身的功能特征来弥补法律的漏洞；[1]凯尔森等法律实证主义者主张法律与国家是统一体，"一个'国家的机关'就等于一个'法律的机关'"，[2]把法律理解为具体适用之规则组成的闭合体系。关于张力如何化解的问题，既是文中沟通概念的铺垫之理由和自治性与合法性存在之目的，又是法律的沟通之维度的方法论，马克·范·胡克的沟通主义法律观开创性地为化解这种张力提供了一种沟通之道。

三、化解张力的沟通之道

沟通作为法律的存在形式以及特质之一，既会影响法律相对其他学科而言的科学性，也会影响指导实践的法律方法论。而当下的法律现实之中，一种循环化结构越来越明显，传统的绝对性的自治性以及合法性概念，与当下的法律现实不相吻合，必须进行解构与重建。马克·范·胡克为其方法论所做出的智识性努力，就在于他提出了化解两者之间张力的办法，迫切地重塑并巩固法律的自治性与合法性，亦即将自治性改造为循环的自治性，将合法性改造成沟通的合法性。[3]利用这种循环性趋势与马克·范·胡克的沟通主义法律观来重建传统意义上的自治性与合法性，把形式和实质联系起来，是一种将顺应社会现实之趋势的要求与沟通法律方法论相结合而化解二者之间张力的创举。

如前所述，循环的自治性为现实社会所体现，是化解张力的现实要求。这种循环性的特性体现在，在一个法律体系的层级结构中，高级规范在指导低级规范的同时，也受到了低级规范在某种程度上的影响与制约，从而形成了一种相互作用的关系。除前文提及的欧盟法律的等级性这一个完美的循环之外，在法律实务的推进过程中，循环性的例子愈发丰富，并与这些完美的

〔1〕 刘海：《论司法裁判中的法律原则——以对德沃金法律原则理论反思为线索》，上海财经大学 2023 年硕士学位论文，第 24 页。

〔2〕 何室鼎：《析凯尔森实在法体系的"现象外"与"现象内"——在与奥斯丁实证主义法理学的对比中看》，载《河北民族师范学院学报》，2023 年第 3 期。

〔3〕 孙国东：《自治性与合法性之间——〈法律的沟通之维〉译者导言》，载 ［比］ 马克·范·胡克：《法律的沟通之维》，孙国东译，法律出版社 2008 年版，第 13 页。

循环模式相呼应。例如立法机关与司法机关之间的权力分配与制衡：19 世纪，欧洲大陆认为立法权与司法权之间存在明显的等级区分，即司法机关从属于立法机关，[1]而如今越来越多的法院用司法权否弃立法，迫使立法机关更改法律，即使这并不被当下全部国家所认可与倡导。由此可见，立法权决定着司法权，司法权又反过来对立法权起到一定的影响——又一个完美的循环。将自治性改造为循环的自治性，亦正如之前沟通的定义，这除了是一个循环的运作方式，实质上也是一个促进深度交流和理解的桥梁。

在形式合法化与实质合法化的联系与平衡基础上，能够更进一步地拓展出沟通的合法性这一进路。沟通合法性相比形式合法化和实质合法化而言，是取而代之的一种更好的选择进路。要建立和转化为沟通的合法性，必须区分出法律系统的"形式合法性"和"实质合法性"。因为要构建沟通合法性的框架，需要先构建一个联合体，其中形式要素与实质要素互为前提、相互依存。实质上的合法性的核心在于对规则和裁决的要求，形式上的合法性是改变规则和审判规则而体现的法律系统的合法性。而法律系统的合法性在很大层面上体现在其形式结构上，但一种纯粹的法律形式合法化是不可能的，因为甚至这种形式合法性本身就不可避免地建立在实质性价值和原则上。所以实质与形式的纠葛不清，或者互为前提，促成了第三种更为合理的合法化形式，沟通的合法性。

赋予自治性循环价值，并附着上合法性沟通的意义，既不割裂二者的联系，又达成一种微妙的法律系统的平衡，进而自然而然地化解了紧张的张力。也正由于法律商谈的存在，合法化才由此变得越来越具有循环性，法律系统与其他系统、法律系统内部各子系统之间才能够更加自洽。[2]在多数情况下，化解这种紧张关系的沟通途径的实质是法律从业者、政治决策者、大众传媒以及普通公众之间通过持续交流所形成的一种共识，这也被后来的学者或读者们认为是马克·范·胡克构建法律之维度的沟通主义法律观的具体运用与最有理论价值之处。

---

〔1〕 [比] 马克·范·胡克：《法律的沟通之维》，孙国东译，法律出版社 2008 年版，第 58 页。
〔2〕 张欣：《优美的循环：对范·胡克的法律职业化与法律自治性理论述评》，载《北京政法职业学院学报》2013 年第 2 期。

四、结语

"对任何法律理论而言，其焦点必须是人的互动和沟通，而不是个体或者法律系统本身。"[1]《法律的沟通之维》为法律人的行动提供了一种框架——沟通的框架。[2]与其说该书结合了各个理论的进路，不如说其是开创了一种跨学科的沟通之进路。在这一进路和框架之下，立法和司法活动等更应被理解为交谈、对话和沟通的过程，而不是传统意义上的强加和接受、命令和服从这类权力运作的过程。马克·范·胡克以自己的思考提出一组沟通的三角——"发出者—表达—接受者"，再引申到自治性与合法性的概念，而分析了一种紧张的张力的形成，最后给出化解这种张力的沟通之道的法律方法论。三个层次衔接紧密而自然，使一系列的领域通过沟通而联系起来。其既是结合哈贝马斯商谈论形成的商议沟通观，也是凭自己的智识努力为法律的另一特质——沟通特质，更进一步铺就出后形而上学时代的沟通主义法律观的法律进路。

（田沛鑫　西南政法大学人工智能法学院）

---

〔1〕 〔比〕马克·范·胡克：《法律的沟通之维》，孙国东译，法律出版社 2008 年版，第 18 页。

〔2〕 〔比〕马克·范·胡克：《法律的沟通之维》，孙国东译，法律出版社 2008 年版，第 13 页。

论社会契约中的自由与主权

——读卢梭《社会契约论》

　　《社会契约论》是一部经典的政治哲学著作，由法国启蒙思想家卢梭于18世纪中叶撰写。[1]18世纪中期，欧洲启蒙运动正值高潮，这场"思想革命"强有力地穿透了人类生活的一切领域，奠定了欧洲资本主义范式的现代性思想基础与发展路径。[2]然而，欧洲社会仍然存在着严重的不平等和不公正现象。封建制度的束缚和专制统治的压迫使人民陷入困境，也促进着人们自我意识的觉醒和对社会思考的深入。思想家们开始关注个人权利和自由的重要性，他们呼吁建立一种新的社会秩序，以确保人民的权利得到保障。正是在这样一个时代，一位来自法国的伟大思想家——卢梭，以其敏锐的洞察力，开创了社会契约论。在《社会契约论》这本超前的著作中，他阐明人们在自然状态下拥有平等的权利和自由；只有通过社会契约，才能建立起真正公正和谐的社会秩序，这一观念也为后世政治哲学的发展奠定了坚实的基石，影响深远。

一、社会契约论中的天然自由与契约自由

　　"人人生而自由，却无往不在枷锁之中（L'homme est né libre, et partout il est dans les fers）。"卢梭的话语跨越千年仍然字字珠玑，此处的"枷锁"可引申为"社会契约"。在现代社会中，由于人类具有社会属性，虽然人类自出生起就拥有自由意志，但是每一个人在社会生活当中都需要遵守各种各样的规

---

　　〔1〕　〔法〕卢梭：《社会契约论》，钟书峰译，法律出版社2017年版，第137页。
　　〔2〕　梁超：《德国启蒙思想的价值与反思——读〈启蒙运动与现代性〉》，载《政法论坛》2008年第4期。

则和法律，承担各种责任和义务，这些都是社会对人类自由的限制。

卢梭将此处的"自由"划分为天然自由和契约自由两种，也指两个阶段。天然自由处于初级阶段，而契约自由建立在社会的基础之上，当契约自由形成之时，人类也就进入了更高级的阶段。而契约所具有的世俗性，它所隐含的平等、自由、功利和理性的原则完全有可能作为一种新的模式被用来构建国家和社会。[1]

如果整个世界没有社会的存在，那么契约的形成将无从谈起。这种不具有社会属性的人类可以完全享有天然自由，没有任何束缚，因为他的行为不会对他人产生影响，个人的行动将不再受到道德规范的约束，他只需要考虑自己的利益。可是他也面临一个问题，那就是他必须完全依靠自己。没有其他人与他分享资源或提供帮助，他便只能依靠自己的能力来生存和发展。没有社会契约的保障，他的生产力将受到限制，因为他无法从其他人那里获得技术、知识或劳力的支持。虽然这种情况下的个人将体验到无限自由，却也失去了社会互动所带来的合作和互助的好处。

何时人类从天然自由上升为契约自由呢？卢梭指出，由于人类无法创造全新的力量，而只能结合并运用已存在的力量来应对生存的挑战，在客观物质生活条件的压力下，为了克服阻力，人类别无选择，只好抱团形成一股足以克服那种阻力的力量。这种抱团的过程，实际上是人们自愿让渡一部分天然自由，以形成契约。契约的形成不仅是对客观条件的适应，也是力量凝聚的保障。"在哥梯尔的理论中，契约的达成并不依赖于所谓'无知之幕'。"[2]他强调的是作为理性经济人的每个缔约者在充分知情的情况下进行决策，即他们知晓特殊的个人信息和要求。这里的"理性"意味着缔约者会采取一种更好的策略来生活，而"经济人"则揭示了他们的本质——自利，即以最大化自我利益为出发点。

此外，契约自由是否意味着自由的减少呢？卢梭认为自由本质上意味着"不受制于人"，即不被他人的意志所左右。这与普拉特纳（Planner）对卢梭

---

〔1〕 苏力：《从契约理论到社会契约理论——一种国家学说的知识考古学》，载《中国社会科学》1996 年第 3 期。

〔2〕 刘睿、蔡根凤：《社会契约论的当代发展——基于权利正当性证明的分析》，载《法理（法哲学、法学方法论与人工智能）》2019 年第 1 期。

的"自由"的理解相同。[1]当人们在充分知情和理性的基础上，自愿让渡部分天然自由以形成契约时，他们实际上是从一种天然自由的状态上升到了契约自由。这种契约自由并非意味着自由的减少，而是意味着人们通过自我立法，将自由置于一个更加有序和理性的框架之中。因此他们实际上并不是在服从其他人，而只是在服从自己的意志。因此，在这种情境下，人们依然能够保持像以往一样的自由，即按照自我意志行事。这种自我立法的方式，使人们在共同体中实现了更大的自由。

诚然，卢梭的观点从多种维度上引起了人们的共鸣和深思，但人们常常忽略了用理性冷静地分析卢梭思想的内在冲突及其潜在的缺陷。部分批评者犀利地指出，卢梭的理论饱含着理想化的色彩，个人利益与社会利益之间的冲突在他的理论中有所忽略。在书中，他曾主张法律应体现大多数人的意志，但是他如何能够基于这一观点而否定少数人的意志与权利？我们能否断言大多数人永远能够准确地把握真理并满足全体成员的需求，[2]从而实现所有人的自由呢？这些问题都需要我们进行更多深入的思考。

概括起来，社会契约存在的目的就是推动合作，促进共同发展。它在为社会创造更安定秩序的同时，也提供了对个体的道德规范。通过缔结协议、共同共生的行为，人们可以形成精神与伦理的共同体，而集体也从这一行为中实现了自己的统一。这样一种相互依赖的关系，使得个体可以通过合作、互助的方式获得更多的资源和机会，可以自由地挥洒汗水，以追求在社会上获得更大的自由度。

二、文明社会之中的社会契约

不同社会发展阶段订立的社会契约在意义上是有所不同的。若说原始社会的人们通过社会契约组成团体是迫于生存压力，那么文明社会的社会契约则是为了追求更高层次的安定与幸福。而文明社会之中的社会契约的外化——法律，规定了政府的权力和职责，以及公民的权利和义务。通过这种社会契约，人们能够建立起一个有序的政治体系，维护社会的秩序，以实现

---

〔1〕 姚禹辉：《解读卢梭〈社会契约论〉的"普遍意志"概念》，载《金陵法律评论》2022 年第 0 期。

〔2〕 刘大力：《卢梭法律思想的内在冲突：评〈社会契约论〉》，载《比较法研究》1988 年第 4 期。

共同的目标和利益。

需要明确的是，法律并不是束缚人们生活和生存的"枷锁"。相对于枷锁一词所隐含的束缚的含义，卢梭眼中的法律是人们自己确立的，也就是人民意志的记录。这一点也得到了罗伯斯庇尔的支持，他在《革命法制与审判》中写道："法律是自由而庄严的，人民的意志也是如此。"并且又一次强调："法律的效力是以它所引起的爱与尊重为转移的，而这种爱与尊重是以内心感到法律的公正与合理为转移的。"于是人民对法律的服从就等于对自己的服从。尽管卢梭承认社会契约对自由有一定的约束，但他同时也看到，这种约束实际上是有必要的，对社会秩序和公共利益都是如此。正因为法律是人民通过集体意志制定的，所以它要体现人民的利益和意志。它的客体也是具有普适性的，针对特定客体的公共意志是永远不会有的。这些观点对当时人民提出参与政治决策要求的专制统治而言，是一种革命性的思想。这样，人民群众的主观能动性也被充分调动起来，对于希望在稳定的社会秩序中维护公共利益、追求更高层次安定幸福的人们来说，更是一种无形的鼓舞。

在如今的文明社会，社会契约论为我们打开了理解公力救济和私力救济这组法律概念的新窗口。公力救济是指当权利人的权利受到侵害或者有被侵害的可能之时，权利人行使诉讼权，诉请人民法院依民事诉讼和强制执行程序保护自己的权利的措施。与之相对的，一般认为，私力救济（自救行为）是指在本人的权利受到他人侵害的情况下，个人通过自己的力量和手段维护自己的合法权益，属于紧急行为。[1]私力救济是最悠久的纠纷解决方式，公力救济产生于私力救济的夹缝中。[2]在今日的社会存在的客观现象是，人类愿意放弃一部分自由和权利并交由国家来管理和保护，以换取国家提供的公共服务和保障。那么在社会契约论的观点下，从单一的用私力解决问题演进为以公力救济为主导可以视为人们在社会契约下的一种约定，即通过国家公权力依据法律来解决纠纷和冲突，以维护整个社会的秩序和平衡。

---

〔1〕 郑超：《论刑法中的私力救济》，载《清华法学》2023 年第 6 期。

〔2〕 徐昕：《论私力救济与公力救济的交错——一个法理的阐释》，载《法制与社会发展》2004 年第 4 期。

公力救济为主导有多方面的原因。首先，随着社会的发展和复杂化，很多争议和冲突超出了个人或团体自行解决的能力范围，需要更公正的解决办法。其次，强力型的私力救济往往存在滥用、暴力的问题。一旦私力被滥用，不但不能解决问题，而且还可能激化社会矛盾和冲突，所以就需要对其加以规范。而公力救济通过法律来开展，具有更为广泛的公正性和权威性，能够更好地维护社会秩序和公共利益。与社会契约论相联系的是，实现公力救济需要以社会契约为基础。为了获得更加稳定的幸福和安定，从国家的角度来看，每个国家的公民都不同程度地让渡了一部分自由给国家这个整体概念。每个公民若想在复杂的社会环境中获得最基本的安全保障，就需要将强制执行力交给国家，由国家来统一行使强制执行力。这是社会运行的规律，也是人类谋生的一种方式和手段。这样的思考方式对于现在的世界来说也是有启示作用的。

自由并非无限制，而是需要受到法律约束。因此当人们遭遇不公或权益受损时，可通过法律提供的具体的救济机制捍卫自己的权益。通过法律的保障，公民的权利和自由得到更好的保障。而私力救济和公力救济作为不同的权益保障途径，将随着时代和社会的变迁不断演进。随着社会的发展，人们有可能达成新的社会契约，寻求更加完善的权益保障途径。可见，《社会契约论》进一步丰富了大众对法律和社会的认识与理解。

三、人民主权与人民参与政治决策的重要性

卢梭创造性地提出了人民主权的概念。[1]主权是至高无上的权力，是人民的意志和智慧的集中体现。人民将权力委托给政府，因此政府权力就必须充分考虑并吸纳公民的创造性和积极性，[2]政府是主权的执行者，必须按照社会契约的原则行使权力，为人民的利益服务。这种观点与当时的绝对君主专制观念形成了鲜明的对比，更是对当时君主专制制度的一种挑战，同时为后来的民主思想奠定了基础。

---

〔1〕 张龑：《没有社会的社会契约——对卢梭公意理论与传统民意观的批判性考察》，载《清华法学》2012 年第 6 期。

〔2〕 湛中乐、肖能：《若干法观念的探析与更新——论政治社会中个体权利与国家权力的平衡关系——以卢梭社会契约论为视角》，载《政治与法律》2010 年第 8 期。

在卢梭看来，若非将作为意志的自我加以摧毁，意志通常都是不可转让、也不可代表的。无论采取何种方式，每个主体的意志必然可以转变为法律上和政治上的公意。[1]而主权是基于公意产生的，因此"主权是不可让渡的，也是不可分割的"。[2]这是由于主权是所有个体意志的代表，是个体让渡自我权利形成的整体权力，是浑然天成的。整体影响着部分，也具有部分不具有的功能。我们所看到的细化的权力，如立法权、司法权、外交权、税收权等，都是主权这个整体的外化，是主权的具体执行。因此，将权力具体化并不等于分割权力。

与此同时，卢梭强调了人民主权的重要性。首先，他认为决策应经由公议程序，当公共决策过程本身转化为意见或偏好的普遍化过程时，公民自身转化为立法者（真正的自我立法），"现实人民的主权"也就同时成为"普遍意志的主权"。[3]基于社会契约，个体将其所有权利让渡给整个集体，促成国家或主权实体的诞生，而民众作为公民直接参与这一主权的行使。这一主权不具备可转让性，故而，不存在主权者与政府之间所谓权力转移的"统治契约"。[4]尽管如此，由于主权者或国家无法亲力亲为所有政务管理，建立政府成为必要。卢梭的视角中，政府起到的是主权者与作为公民消极面向的臣民之间的桥梁作用，其组成人员应被视为公众的仆人而非主宰。政府的运行需遵循体现全民共同利益、共享目标及公共福祉的公意，任何违背这一公意的政府都将面临解体或被颠覆的命运。

除此之外，卢梭的一些观点仍然值得商榷。他提出："人民应当直接参与决策，充分贯彻公共意志。人民的参与不仅可以确保政府的合法性和公正性，还能增加政策的可行性和接受度，因为公共意志永远正确。"然而，其中有极大的理想化的成分。毕竟社会的阶级性、贫富差异还无法完全消除，公共意志能否得到充分贯彻也无法保证。其次，卢梭认为当个体将所有自然权利交给国家后，即使这些法律可能涉及对个人的限制或剥夺，大多数人通过的法

---

〔1〕 张龑：《没有社会的社会契约——对卢梭公意理论与传统民意观的批判性考察》，载《清华法学》2012年第6期。

〔2〕 ［法］卢梭：《社会契约论》，钟书峰译，法律出版社2017年版，第53页。

〔3〕 翟小波：《人民主权原则的规范逻辑与实践技艺：以卢梭的〈社会契约论〉为根据》，载《北大法律评论》2010年第1期。

〔4〕 徐国栋：《论卢梭在社会契约论思想史上的地位》，载《法治研究》2011年第4期。

律也会对所有人产生绝对的约束力。然而，卢梭在赋予国家绝对立法权的同时，又似乎承认了个人的自然权利。[1]除此以外，在实际操作中，社会契约理论还面临着契约的达成与执行等诸多挑战。这些挑战让卢梭的理论很难在现实中得到彻底的贯彻。对比来看，哈贝马斯的观点更可取。虽然哈贝马斯认为人民主权固然是民主的本意，民主离开了人民主权，离开了人民的政治参与就找到不到其合法的基础，但是他放弃了在当今国家中人民直接实行政治权力的想法，主张人民主权体现在通过对话商谈形成共识的过程中，是交往行动的集体认可过程。[2]

值得肯定的是，作为最早提出人民主权概念的先驱，卢梭在向人们揭示人民参与决策重要性的同时，也激发了人民对民主的追求，为后来的政治制度和社会变革提供了重要的思想基础。

四、结语

总而言之，《社会契约论》对个人自由、公共秩序和社会契约的概念以及它们之间的关系都进行了详细的探讨。政府是主权者的执行者，而非主权本身，公共意志也是通过法律行动来体现。而社会契约实质上是人们相互认可后而达成的一种合作协议，小到家庭，大到国家，都有体现。纵观这一切，我们不得不承认，在这个复杂而精密的社会中，人与人之间的先天条件可能是不平等的，他们的社会阶层也可能有所不同，但通过社会契约，任何人都能够实现基本权利的平等，有自己的意志，表达自己的声音，人类文明也便迈上了更加进步的台阶。正是因为《社会契约论》对社会运行逻辑、自由与人民主权都进行了深刻的揭示，所以它成了政治哲学领域中当之无愧的里程碑。

尽管这本著作的理想化气质引起了不少争议，但是瑕不掩瑜，它仍然是人类政治哲学领域不可或缺的一部分。时至今日，在这个日新月异又充满挑战的时代里，《社会契约论》仍然是一个可以被继续挖掘的宝藏，大众可通过回顾其中的思想和观念，从中汲取养分，突破问题表象的局限，直

---

〔1〕 刘大力：《卢梭法律思想的内在冲突：评〈社会契约论〉》，载《比较法研究》1988 年第 4 期。

〔2〕 陈顾：《自由、公意与立法者——卢梭立法理论的当代意义》，载《地方立法研究》2017 年第 4 期。

视其本质，同时努力寻找那个既能保障个人自由又能促进社会发展的"社会契约"，不仅可为人类未来的发展指明方向，还有望实现社会的进步和更大的繁荣。

（王艺潼　西南政法大学国际法学院）

论法律的适当性与正确目的

——读孟德斯鸠《论法的精神》

孟德斯鸠在《论法的精神》第二十九章中集中描述了其对于立法所应当具有的特征与品德的期望。在其看来，法律的制定往往会受到多方面的影响，即使法律的制定目的与初衷向好，在实施的过程中仍然存在着背离与南辕北辙的可能。这些是法律本身具有的特点导致的，与法律自身的阶级性和人文性等性质有关。与此同时，公私法对于良法善治的追求，以及宪法主导的法律体系对于法律同一性的检验，都向我们宣示了立法目的适当与正确的必要性。促进法律原则落实，推动所谓"良法善治"的产生，对于我们社会的立法实效与认识提升而言具有重要意义。

一、法律实效同立法初衷背离的价值谬论

法律天然具有严格性与强制性，这是法律作为国家统治阶级意志的自然体现。作为统治阶级维护社会稳定，促进社会和谐的工具，对于"善"法的追求，是成文法自颁行以来，国家统治阶级与社会法学家所关注与探求的重点。但是，何者为"善"法，何者为"恶"法？是从立法的初衷来看，希望或假定能够产生积极的社会影响，有利于促进社会发展的法律为"善"法；还是以法律对于社会所产生的最终功效的大小来判断何为"善"法？

在对于"善"不同定义的思考与探寻之中，我们清晰地意识到，法律实施效果与立法目的并不具有必然的一致性，两者甚至会相违背。[1]以维护社会稳定为出发点的法律或许会给社会安定带来负面影响，而某些侵犯重要法

---

〔1〕 **宋爱琴**：《立法效果评估理论与实证研究——以〈上海市历史文化风貌区和优秀历史建筑保护条例〉为例》，上海社会科学院 2008 年硕士学位论文，第 31 页。

益的法律或许在某一方面能够产生不错的社会收益。这样的法例似乎在浩如烟海的人类立法之中较为常见，例如出于促进就业而颁布实施的法律可能会加大企业压力而致使企业裁员与社会失业人数增多；又或是曾经被认为侵犯人权的法律条文在特殊时期对于打击犯罪起到了有效的作用。这种立法目的与法律实效背道而驰的立法困境无不提醒着人们在立法时需要对法律可能的实施效果加以估量或评判。同时也暗示着立法者，立法并非简单地将社会习惯或个人见解上升为法律使其达到强制效果，并向我们揭示了以立法初衷为主导的立法和以实际操作为主导的立法模式或许不尽相同。

孟德斯鸠在立法初衷和实施结果的对应问题的探讨上，提出了立法目的与结果相悖的四种情况，以此来论证相同的目的和法律表现形式并非产生相同的法律后果：

即使是相似的法律，也并非有相同的法律效果。凯撒曾经禁止公民的个人储蓄过多，通过这样的方式来调整债权人与债务人之间的关系，促进了资金的流转与社会的和谐。而"体制"时代的法国借鉴了同样的法律却产生了惨重的灾难，政府以毫无价值的证券掠夺了人民的金钱。由于政府实施过程不同，故而虽然法律条文相似，但是也并不一定产生相同的法律效果。[1]

即使是相似的法律，也并非拥有相同的法律动机。罗马的继承法受到基督教会的影响，公民认为自己的遗产继承是信仰的体现，推动了罗马的继承制度形成。而法国认为遗产继承是遗产分配的证据，其目的并非宗教信仰，而是遗产公信。因为法律颁布的社会环境有所不同，故而在不同的立法目的下也可能产生相似的法律。

或许相反的法律，也可能拥有相同的立法动机。罗马和法国都主张保护公民的住宅安全，但中古法国在必要时可以在居住所对公民和自由人进行传审，罗马却不允许。这是由于法国认为在公民住所地传审不同于司法审判，不涉及侵害住宅安全，而罗马却认为在住所地传审同样会侵犯住宅安全。出于不同社会对于同一事物的不同认知，即使是相反的法律，也可能会出自相同的立法动机。

即使是同一部法律，在不同的时间也会产生不同的法律效果。正如不同

---

〔1〕［法］孟德斯鸠：《论法的精神》，张雁深译，商务印书馆 2020 年版，第 58 页。本段以及下面三个部分举例皆来自《论法的精神》。

的时代有不同的法律，体现着不同时代的背景。奴隶社会有奴隶社会的法律，封建时代有封建时代的法律，人权时代有追求人权的法律。中国古代儒家观念倡导"亲亲相隐"，父为子隐在封建时代具有合法性，在法治时代却可能符合隐匿罪的司法特征。即使在同一时代，罚款在经济萧条的时期打击犯罪的效果也要强于经济鼎盛的时期。在既定的时空条件下，只有一种法律制度是最合适的，不加限制和修正的法律移植是危险的。[1]同一部法律在不同的时间也往往产生着不同的法律效果。

孟德斯鸠局限于所处时代，故其论证主要对比了古罗马法与中古法国法律的不同。但是伴随社会时代的发展，目的与结果相背离的现象时有发生，困扰着一代又一代的立法者，即使在现代也并不罕见。这种困境不仅存在于实体法中，也广泛存在于程序法中，因为当事人、法院与法官自身的利益与目的不同，参与诉讼活动所产生的结果也往往与民事诉讼制度的目的背离，而民事诉讼目的的实践与立法的背离，会使得民事诉讼制度的目的难以实现。[2]由此可见，对于立法全过程的研究与探讨，思考如何推进效果同一，如何具有可实施性，对于追求"善"法而言，是有意义的也是必要的。

二、实效背离与恶行易施背后的法理缘由

当我们以虔诚的希望制定"善"法时，我们或许难以想到法律目的与结果背离的原因，也或许难以预测其背离的程度和背离的方向——这正是法律制定之时所面临的难题。或许法律的歪曲与背离的背后并非某个固定的因素发挥着作用，而是社会历史环境下各因素共同发挥作用的结果。

实效背离的背后也许不是明确而显眼的原因，而是在社会生活中难以思索与企及的细微节点。故而恶行易施，对于法律效果的分歧绝非一蹴而就、一日之功，而是伴随着法律执行过程逐渐产生的——这些既有立法中产生的纠纷，也有执法中产生的难题。这正是我们需要探寻的关键，并在立法、执法中对于背离难题加以修正，以此达到立法目的所希冀的效果，向着立法所

---

〔1〕 张羽君：《孟德斯鸠立法思想评述——从一个维度解读〈论法的精神〉》，载《河北法学》2009 年第 3 期。

〔2〕 段厚省：《民事诉讼目的：理论、立法和实践的背离与统一》，载《上海交通大学学报（哲学社会科学版）》2007 年第 4 期。

想的"善"法的目标稳步前行。

首先，法律的制定具有阶级性和人文性，法律的制定总是受着统治阶级与立法者个人的影响。故而良法的制定有赖于睿智贤明的立法者，而恶法的蹂躏往往来自昏庸残暴的立法者。[1]法律具有阶级性，反映着一定阶级的利益和意志，维护着一定阶级的社会利益，是法律的本质属性。受不同阶级属性的影响，不同阶级在思考与认识问题时有其局限性，这种局限性既体现在同一时代法律只能对于部分事物加以规范，而无法对事物的总和确立总则；又体现在不同时代随着社会经济的不断发展，落后阶级的法律逐渐无法适应新发展的时代，故会逐步产生落后于时代甚至背离目的的情况。与此同时，法律也会受到立法者的知识结构、认识水平、思维方式和生理特征的影响，同样的立法背景下不同立法者也会产生不同的法律。这正如孟德斯鸠所言："亚里士多德有时企图满足他对柏拉图的嫉妒，有时企图满足他对亚历山大的感情。"[2]受立法者个人因素的影响，当立法者不能全面认识与理解社会实际背景状况时，仅有良好的立法出发点与高超的立法水平，显然也不足以遏制法律实效的偏离。

其次，立法具有较强的目的性，在立法时难以做到适中、温和的立法。立法往往因社会实际与规范必要而产生，每一项立法的背后可能存在一定的社会事实与立法背景。这正如德国法学家耶林认为立法目的是"全部法律的创制者"，每条法律规则的产生都源于一种目的，即一种事实上的动机。[3]正因如此，法律在制定之初便具有了较强的目的性。立法的目的性促使其在成形之初较为单薄，条理严格。但是最严格的法律往往难以成为最好的法律，正如"过激无度"不会成为一种常见的"善"一样。立法需要一定的空间来给予宽和缓存，法律需要一定的自我校正与优化的空间。此外，温和、适中的立法所带来的适用与量刑上的区别也将更有利于法律在其颁布、实施的过程当中不断完善，推动其向着最初的目的与方向发展。

再次，法律具有滞后性，新法产生后天然落后于其所处的社会背景与法

---

〔1〕 张羽君：《孟德斯鸠立法思想评述——从一个维度解读〈论法的精神〉》，载《河北法学》2009年第3期。

〔2〕 [法]孟德斯鸠：《论法的精神》，张雁深译，商务印书馆2020年版，第73页。

〔3〕 [德]鲁道夫·冯·耶林：《为权利而斗争》，郑永流译，法律出版社2007年版，第21页。

治需求。法律制定取决于立法者的认知水平等一系列因素，当在制定某个法律的时候能够被预测的情况总是有限的，而社会又是快速发展的，那么先制定下来的法律对出现的新情况可能有顾及不到之处，或者说法律自其产生那一刻便具有滞后性，不可能时刻反映社会变化。正如"立法者不是预见一切可能发生的情况并据以为人们设守行为的超人，尽管他们竭尽全力，仍会在法律中写下星罗棋布的缺欠和盲目"。[1]法律的滞后性与社会发展的复杂性将永远是一对矛盾。故而立法者需要运用原则规定主动弥补法律漏洞，以满足公众对于正义的期待。一些缺乏灵活性与适应性的法律条文也应当及时参与社会变革，以免产生与立法初衷相悖的结果。

最后，法律需要具有可执行性与现实性。任何法律都不是空中楼阁，都需要与现实相接触来产生实际的社会效果和社会影响。故而法律需要具有较好的可执行性与现实性，为其在现实的风口浪尖中保驾护航。在现实中，除法律本身所需要的可执行力之外，执法机关也应该积极主动执法，推动法律更好地实施。正如在执法过程中所产生的漏洞和缺陷，可能导致规则执行的不完善和不公正；在司法领域中，如果调查取证不充分或者审判程序不公正，就会致使冤假错案的发生，从而导致法律实效与立法目的背离。故而对于法律可执行性与执行过程中的程序性的把握，也是一部法律能够实现目的与实效统一的关键。

正是这些立法过程中的缺陷与不足，在法律的颁布与实施的过程中不断影响着法律的实际后果，以细微而潜移默化的方式产生了法律的目的与结果的分歧。对此，一代代法学家们不断研究并提出了法律无效定律、[2]后果主义道德推理[3]与绝对主义道德推理[4]，企图论证在立法过程中目的与实际统一的可能性与必要性。这既体现了一代代法学家们对于法律功效问题的思考，也展示了世界各国学者对于立法、司法态度的严谨与热爱。

三、"良法善治"与实效同一显现的法治价值

实效同一基础上的良法善治作为历代法学家的根本追求，其本身有着独

---

〔1〕 徐国栋：《法律局限性的处理模式分析》，载《中国法学》1991 年第 3 期。
〔2〕 薛兆丰：《经济学通识》（第 2 版），北京大学出版社 2015 年版，第 107 页。
〔3〕 ［英］杰里米·边沁：《政府片论》，马兰译，海峡文艺出版社 2018 年版，第 136 页。
〔4〕 ［德］康德：《实践理性批判》，邓晓芒译，人民出版社 2016 年版，第 79 页。

特的社会价值与实践价值。如实效同一的良法善治能够有效地维护社会稳定、定点解决社会矛盾纠纷、调整社会关系等，这些都是良法善治基础上的社会价值。而实效同一则有利于法律的具体颁布与实施，在法律的推行过程中不会发生背离，更有利于法律在更广范围内的推行——这正是实效同一的良法善治所能够带来的基本价值。

然而，伴随着近代以来法学基本价值的逐步确立，实效同一基础上的良法善治除其本来具有的基本价值之外，逐渐显现出了其在不同法学领域的独特法治价值。在宪法的统一领导下，逐渐产生了以民法为代表的私法体系和以刑法为代表的公法体系。对于良法善治而言，一方面，对于良法善治的追求贯穿着公私法的颁布与执行，是检验一部法律实效的重要标准；而另一方面，对于实效同一性的检验也在以宪法为主导的多阶层法律体系中有所体现。

首先，实效同一基础上的良法善治有利于维护意思自治的私法原则，推进以民法为代表的私法体系的运行与完善。以民法为代表的私法体系在很大程度上奉行意思自治原则，即根据当事人的自主约定产生一定的法律效力，在法律效力之上产生与完成私法范围内民事法律关系。但是私法之内仍然存在着需要强制力保障的特殊法律关系，这在确立市场经济公平性的原则规定、贯彻市场主体共同发展的理念政策、完善知识产权保护的运行机制、构建民众经济权益的制度保障等方面尤为重要。[1]总而言之，对于私法而言，落实良法善治有利于统一与贯彻基本的民法精神和原则，维护私法条文的稳定，保护在日常的生活和交流中产生的法律关系，更好地体现私法之中的意思自治原则。

与此同时，实效同一基础上的良法善治也是"法不禁止即自由"的理论表达。通过提高立法能力和水平，减少法律实效与初衷背离的可能与程度，避免在法律解释时进行不必要的扩张解释或限缩解释，有效地保护公民在合法正当范围内充分的自由权，减少国家立法权与司法审判权对于公民基本自由的压迫与剥夺。

其次，实效同一基础上的良法善治有利于确定罪刑法定的刑法原则，促进以刑法为代表的公法体系的构建与规范。孟德斯鸠所生活的年代，是血色

---

〔1〕 徐健：《社会主义市场经济的良法善治——研读民法典的一些思考和分析》，载《广东经济》2020 年第 8 期。

与恐怖的年代，也是枪炮与流血的年代。孟德斯鸠推崇立法者宽和适中的立法精神，在一定程度上为罪刑法定原则奠定了基础，正如"罪刑法定主义不仅仅是宽和适中的立法者精神的宣示，也是其中蕴含的低一层次的基础精神"。[1]推行实效同一基础上的良法善治，以宽和适中的精神替代严格绝对的律令，对于减少刑法等公法对公民的恐吓作用，保障犯罪人以及广大民众基本的人权，确定罪刑法定的基本刑法原则有着重大的意义。

刑法是依靠国家强制力执行的公法，也被称为"犯罪人的大宪章"。通过实效同一的良法善治，在刑法的基本原则下对具体条文予以一定时期内的固定，能够更好地发挥罪刑法定原则的人权（human rights）保障机能：第一层次是通过规定刑罚制止和惩罚犯罪，第二层次是限制刑罚权保证罪犯的人权。[2]而通过假定嫌疑人在司法确认前的"善良公民"地位，有力地体现了刑法作为善良公民大宪章的特点，确定了公法领域"法无授权不可为"的特点。

最后，实效同一基础上的良法善治也有利于形成以宪法为主导的多阶层法律体系。宪法是一个国家的根本大法，在绝大多数国家的法律体系中具有着主导地位和特殊地位。宪法的特殊性对于法律制定的宽和精神与实效同一提出了更高的要求，唯有让宪法保持一定时间的固态稳定，经历时间的检验，才能更好地在宪法为核心的基础上构建多阶层法律体系。多阶层的法律体系也需要紧紧围绕宪法展开，尊崇下位法服从于上位法的基本立法原则。这也使得宪法的实效同一与长期稳定更为重要，在国家的立法中起着至关重要的作用。

此外，制宪权和宪法内容的双重根本性使宪法得以在实质与形式合法性两个角度对国家法治体系实现授权和监督的双重调整，确保国家治权由始至终反映国家主权意志，法律体系由始至终不背离人民主权和人民民主原则。[3]这体现了制宪基础上的同一与宪法内容的严谨，对于社会法治来说尤为重要。

人类的社会活动具有较强的社会历史性，故在立法中遇到的问题也应具

---

[1] 郭耀天：《罪刑法定主义的立宪主义逻辑——以〈论法的精神〉为文本》，载《湘江青年法学》2020年第1期。

[2] 陈兴良：《规范刑法学》（第2版），中国人民大学出版社2015年版，第43页。

[3] 朱海波：《良法何以善治：依宪治国的治理逻辑之辨》，载《岭南学刊》2023年第4期。

体分析解决，不应强求一致。但是对于"善"的无限追求，对于法治的无限憧憬，或许正是孟德斯鸠《论法的精神》的出发点，也是每一个法律人毕生的梦想。法治的路仍然遥远而漫长，但是幸运的是路在脚下。在法治的茫茫大海中自由翱翔，或许我们总能找到正确的方向。

（夏静远　西南政法大学民商法学院）

论法律漏洞的填补中法官自由裁量的
优势及其规范

——读克莱默《法律方法论》

瑞士联邦法院前任法官曾表示："如果不能发现法，就必须创造它。"克莱默在《法律方法论》中论述了法律漏洞存在的必然性，亦指出由法官裁判进行补充的"互补性立法"已不可或缺。[1]尽管我们力求通过立法和司法实践来规范和维护社会秩序，但身处白云苍狗、一日千里的社会中，我们必须承认法律无法穷尽每一种情况。法律的制定受到多种因素的影响，包括但不限于法律本身的局限性、立法者预见能力有限以及社会的变幻莫测。面对法律的漏洞及成文法的局限性，法官合理的解释和填补可以及时维护公平正义，呵护良善，让审判闪耀正义的光芒。

一、法律漏洞与填补之道

什么是法律漏洞？我国学者黄建辉先生认为，法律漏洞是"指法律体系上违反计划之不圆满性状态"。精确而言，法律漏洞指现行法律体系中存在的不完善或缺失部分，这些缺失或不足导致立法者的目的不能完全实现，具体表现为对某一行为或情形的规定不足或缺失，进而在法律适用过程中产生争议，削弱法律效力。法律作为社会治理的工具，其准确性和统一性至关重要。然而，任何一个国家或组织都不可能做到使法典尽善尽美，它总会存在一些疏漏。[2]目前世界上多数国家的法律都以规范的形式调控社会关系，规范人们的言行

---

　　〔1〕 [奥] 恩斯特·A. 克莱默：《法律方法论》，周万里译，法律出版社2019年版，第205页。

　　〔2〕 [德] 萨维尼：《论当代立法和法理学的使命》，载法学教材编辑部《西方法律思想史》编写组：《西方法律思想史》，北京大学出版社1983年版，第528~531页。

举止。这种法律形式在调节社会生活的同时，也不可避免地存在成文法固有的缺陷。法律因社会需要而产生，但社会是动态的，社会需要也顺势而变。然而，法有限而情无穷，法律不可能预见并涵盖所有社会关系。因此，无论立法者有多严谨、法律有多严密，法律漏洞总是无法避免。有学者认为，法律漏洞不可避免的主要原因如下：

首先，法律所调控的对象是社会关系，而社会关系瞬息万变的属性决定了客观上固定不变的成文法律自颁布起就难以完全适应社会现实。法律存在一定的局限性和滞后性，无法全面覆盖所有社会关系，规范所有行为，更难以应对包罗万象、千变万化的社会生活。随着客观形势的持续演变，法律条文与社会现实之间的不协调与不匹配会愈发显著。其次，立法者在立法过程中受认知能力的局限，即使尽力避免，仍可能带来法律条文表述受限，这使法律在特定情形下捉襟见肘。再次，法律是一种既概括又抽象的工具，以普遍规则为基础规范社会关系。这一特征可能导致它在实践中难以适应特殊情形，产生应用上的争议。最后，概念是法律的载体。而法律概念的凝练性或多或少会导致表达的不明确，即存在"模糊边缘"。且法律在过去制定，但适用于现在并预设将来。一旦法律概念的"模糊边缘"无法通过解释适应新生事物，那么在法律修改需慎重考虑的情况下，我们就必须承认法律漏洞的存在。[1]

既然法律漏洞不可避免并会在一定程度上造成困惑、影响法律效力，那么，为维护法律的正常运行，法律适用者就必须像医生对患者做出诊断并进行治疗一样，确认并填补法律漏洞。不同的国家和法律制度有不同填补漏洞的方式，但归纳起来，填补法律漏洞的基本方式有以下四种：立法填补、司法填补、法官的自由裁量和学理填补。[2]

立法，是国家权力机关遵循既定程序进行的法律行为，涵盖了法律的废止、旧法的修订与新法的创设等多种法律行为。立法是法治建设的核心支柱。在任何国家的法治建设中，立法都占据着重要地位。尤其在大陆法系国家，立法填补是法律漏洞填补最关键的路径。

司法填补是国家司法机关依照法定程序行使法定职权，对法律进行解释、

---

〔1〕 杨解君：《法律漏洞略论》，载《法律科学（西北政法学院学报）》1997 年第 3 期。
〔2〕 李秀芬：《法律漏洞的特征与填补路径》，载《华东政法大学学报》2019 年第 6 期。

补充的法律活动，[1]通常包含对法律条文进行司法解释、通过判例法补充法律规则两种形式。不同于立法填补，司法填补更注重在现有法律框架内进行法内填补，有利于提高成文法的灵活性和适应性。

法官的自由裁量，是指在审理案件过程中，根据对证据的自由评估，对案件作出独立公正裁决的过程。资深法官 A. 巴拉克曾精辟阐述："自由裁量权是在两个或更多的备选方案中作出选择的权力，其中每一个可选项都是合法的。"[2]法官在运用自由裁量权时，必须根据自己的意志作出独立的决定，并且这些决定在法律范围内都是正确的。

学理填补是指国家宣传机构、科研单位或专家、法律工作者等非官方主体针对法律体系中存在的漏洞进行理论上的完善，是非官方的填补。虽然学理填补不具有法律效力，但它在法律发展历程中起到了不可忽视的作用。立法者、司法者弥补法律空白时会参考社会各群体对法律漏洞的填补建议，可能将非官方的讨论转化为具有权威的立法填补或者司法填补。可见，学理填补对法律漏洞的填补起不可忽视的先导和推动作用。[3]

二、法官自由裁量在漏洞填补中不可替代的优势

虽然立法填补与司法填补在司法实践中对法律漏洞的填补起到了举足轻重的作用，但是自由裁量权的行使仍普遍、不可避免地存在于司法的全过程。漏洞填补方式众多，为何法官的自由裁量这一看似主观，被部分人视为"依法司法"的一种威胁，甚至是对法治的一种威胁的填补路径会成为漏洞填补与司法实践中不可或缺的一部分呢？[4]首先，法律应当适应社会发展的需要。社会关系不断变化发展，而立法填补需经过立法机关的审议、表决等多项程序，耗时较长，难以迅速回应社会变化中出现的新问题。[5]相比之下，法官自由裁量权允许法官在审理案件时，根据案件具体情况，在法律原则的限制下灵活地解释和应用法律，及时补缺漏洞。由此可见，法官的自由裁量更加

[1] 唐健飞：《法律漏洞填补的司法进路》，载《社会科学》2014 年第 9 期。

[2] Aharon Barak, *Judicial Discretion*, Yale University Press, 1989, p. 7.

[3] 李秀芬：《法律漏洞的特征与填补路径》，载《华东政法大学学报》2019 年第 6 期。

[4] 王国龙：《自由裁量及裁量正义的实现》，载《上海政法学院学报》2020 年第 4 期。

[5] 江必新：《论司法自由裁量权》，载《法律适用》2006 年第 11 期。

具有实时性与灵活性。其次，立法填补与司法填补通常关注普世性的漏洞，注重顺应社会发展形成一般性规范。而法官在行使自由裁量权时，可以针对某一案件的具体事实、相关证据和法律关系，作出更加合理的裁决，实现个案公正，从而更加精准地填补漏洞。[1]可见，法官的自由裁量更具有针对性。古罗马法学家塞尔苏斯曾言："法律是正义与善良之术。"法官的自由裁量作为贯穿司法实践的核心环节，其本质不仅在于填补空隙，更在于对人性仁善和公平正义的体现。法律凝练而抽象，法律漏洞在现实案例中也时常体现。若仅机械地依照法律规定进行裁决，不顾人心所向，不仅会导致结果有失公正，更会降低法律的公信力。法律的权威来自老百姓最朴素的情感期待。只有充分合理发挥法官自由裁量权，填补法律漏洞，满足公众的合理期待，才能维护司法权威。

在实践中，法官自由裁量权的应用多次与人心深处对正义的呼唤产生共鸣，闪耀正义之光。二战结束后，为追究战犯的罪行，战胜国对纳粹德国主要战犯进行了一系列审判，造就了历久弥坚的德国纳粹法官审判案。在国际法尚未健全的情况下，法官们依据战争罪行原则，综合考虑法律条文、国际公序良俗等多方因素，顽强抵御政治干预和压力，坚守职业道德，充分合理地行使自由裁量权，维护了国际正义，也为战争罪行确立了国际法原则，对国际法的发展产生了深远影响。1951 年，美国被种族歧视的阴霾笼罩。其中，莱斯特·布朗等 13 名非裔学生家长目睹了自己的子女因种族隔离政策被公立学校拒绝录取的悲剧。面对不公，他们向当地法院提起诉讼。地区法院却依照"隔离但平等"原则裁定布朗夫妇败诉。但布朗夫妇没有止步于此，在 1954 年上诉至联邦最高法院，寻求公正。联邦最高法院在审理此案时，没有直接引用宪法中任何具体条款，而是依据更深层次的"平等保护"原则，运用法官的自由裁量权，判决公立学校的种族隔离政策违宪，并宣布分校而教本质即为不平等。法官对自由裁量权的合理应用使布朗诉托皮卡教育局案成了美国法律史上的里程碑，为美国的教育事业和民权运动开辟了新的道路。

---

〔1〕 张军：《法官的自由裁量权与司法正义》，载《法律科学（西北政法大学学报）》2015 年第 4 期。

三、规范法官自由裁量的必要性和依据

尽管法官的自由裁量能推动理论发展，实现正义，但由于每个人都有不同的法律观，法官行使自由裁量权被一部分人视为人治先于法治的体现。"没有裁量的规则，就不可能充分考虑根据特定案件的具体事实和情况来调整结果。"[1]在法律与秩序的天平上，自由裁量权是重大责任，甚至可能是对对象的生杀予夺之权。[2]然而，人的理性是有限度的，只有规范法官自由裁量权的行使，才能提升法官公正司法的能力和水平，更好地实现裁量正义。

自由裁量的自由并非为所欲为，而是受到法律严格约束的相对自由。在行使这一权力时，法官不能逾越法律，而是在法律框架内找到回旋的余地，从而作出合理裁判。无论法律体系有何差异，自由裁量权的行使必须以合法性为根本原则。在行使自由裁量权时，法官首先要遵循的就是国家制定的法律法规。自由裁量的特殊性体现在，法官必须根据个案的具体情况，在大量可能的选择标准中，接受法律内在约束，作出既合法又不失情理的裁判，实现个案公正。[3]自由裁量权的行使是根据法律进行裁判的过程。无论是公安机关的立案决策，还是检察机关的起诉决策，都必须按照程序法等法律的规定进行。只有在实体法和程序法的双重规范下进行裁量，才能既不逾法治之矩，又使法官根据具体案情的具体需求，对法律作出灵活解释，消除法律的含糊性，避免法律的不适用性。

除了法律，自由裁量权的行使还须受事实的约束。自由裁量权的行使必须以法庭查明的事实为依据。尤其在当今互联网发达、信息不胫而走的时代，常有案件引起公众的关注与热议。舆论的发酵会影响自由裁量权的行使，若缺乏约束和规范，甚至会导致自由裁量权的滥用。无论公众心中的正义之火燃得有多高，自由裁量权的行使不能脱离事实和证据。若以满足公众期待为先而脱离事实进行判决，则难免造成自由裁量权的滥用，使其沦为图谋不轨者的工具。此外，在司法实践中，对案件事实与证据的认定同样蕴含着自由

---

〔1〕 ［美］肯尼斯·卡尔普·戴维斯：《裁量正义》，毕洪海译，商务印书馆2009年版，第17页。

〔2〕 张军：《法官的自由裁量权与司法正义》，载《法律科学（西北政法大学学报）》2015年第4期。

〔3〕 王国龙：《自由裁量及规范化的角色定位》，载《内蒙古社会科学（汉文版）》2020年第1期。

裁量的元素。法庭调查是深入剖析案件的事实基础与证据材料的合法性和可信度，进而评估其是否足以支撑案件真相的揭示活动。在这个过程中，控辩双方往往各执己见，最终的裁判依赖法官在审慎权衡后作出的自由裁量。由此可见，自由裁量不仅需严格遵循法律原则，更须紧密依托具体证据，以确保司法裁判的公正与准确。

法国革命家罗伯斯庇尔曾言："法律是人民意志自由而庄严的体现。"自由裁量权的行使不仅要遵守法律、基于事实，更要合乎正义。正义是法律所应当与其协调的最重要的标准。[1]追求和实现正义是法律的目标，也是自由裁量权的目标。世界文化百家争鸣，但无论在哪种文化中，正义都被尊崇为超越实在法的崇高理念，社会中的实在法应当与之契合。然而，在现实案例中，有时会出现一系列具有奇特特点的事实情境，这些事实既不能与先前判例进行类比，也难以直接套用原有的规则加以裁判。面对这种情形，正义要求我们在一定的限度内对既有规范进行灵活解释，以确保案件能得到公正且令人满意的判决。[2]正如光明与阴影并行，法律保障一般正义的同时往往不可避免地损害个别正义的实现。法官自由裁量权正如一架天平，它的公正行使平衡着一般正义与个别正义。自由裁量权的行使推动法律从保守走向基于公平考量的开放，赋予法律更多灵活性，减少恪守法律可能带来的不公正和苛刻。[3]

四、结语

如克莱默在书中表明："尽管法律规定（依其文义进行判断）可以直接具有漏洞，但是整个现行法秩序被解释为无漏洞性。即使是在有法律漏洞的情况下，也有法律规定的最终是以宪法原则为依据的程序，指示法律适用者在这些情况下如何采取行动。"[4]既然法律漏洞的存在无可避免，就通过立法、规范法官的自由裁量权等途径填补。尽管立法填补与司法填补具有权威与信

〔1〕 ［美］E. 博登海默：《法理学——法哲学及其方法》，邓正来、姬敬武译，华夏出版社 1987 年版，第 259 页。

〔2〕 贾和平：《论法官自由裁量权的价值及其法律规制》，载《甘肃社会科学》2004 年第 3 期。

〔3〕 ［美］埃尔曼：《比较法律文化》，贺卫方、高鸿钧译，生活·读书·新知三联书店 1990 年版，第 59~60 页。

〔4〕 ［奥］恩斯特·A. 克莱默：《法律方法论》，周万里译，法律出版社 2019 年版，第 156 页。

服力，但其滞后性难以避免。因此，需要法官运用自由裁量权对具体案件作出具体判决，维护个别正义。毫无疑问，个体理性是有限的。故须对法官自由裁量权的行使加以规范和约束，防止自由裁量权的滥用，使自由裁量权的行使能更好地平衡个别正义与一般正义的天平。

（郑萌雨　西南政法大学人工智能法学院）

法律实证主义的规范性探索
——读斯巴克、明杜斯《剑桥法律实证主义指南》

在法律实证主义乃至一般法律理论的宏观体系下，规范性法律实证主义被视为规范性法学理论的产物。法律的规范性之所以能成为法学理论研究的焦点之一，其根源在于道德的不可知论导致社会成员对什么是应当作的判断存在广泛的道德分歧。[1]通过回溯法律实证主义与自然法学派的辩论，我们不难发现二者争论的本质是正确道德与法律的较量。鉴此，梳理法律实证主义的脉络与演化特征，文章将打破"评价性"和"描述性"方法论的禁锢，针对法律实证主义者的规范性学说进行理论研究。

一、双重面向：描述性与规范性的交织

描述性法律实证主义重点关注理论呈现，旨在通过对实在法的描述性分析来揭示法律体系的特征。在历史进程中，许多法律实证主义者坚持自己的主张属于"描述性的法律理论"，[2]例如哈特（H. L. A. Hart）认为他的理论是一种"描述性社会学"，奥斯丁（John Austin）则称法律科学的研究范围应严格限定于"描述性理论"之内，凯尔森（Hans Kelsen）主张的"纯粹法"学说在本质同样体现为描述性法律理论。毋庸置疑的是，在众多法律实证主义者的眼中，法律实证主义持有一种描述性而非规范性的立场，且大多数实证主义已达成了普遍共识：只有事实才是科学的研究对象，而科学是由描述性命题组成的理论体系，法律实证主义将尝试通过对实在法的描述性分析来

---

〔1〕 范立波：《分离命题与法律实证主义》，载《法律科学（西北政法大学学报）》2009 年第 2 期。

〔2〕 陈锐：《从外在视点到内在视点：哈特与法律实证主义的诠释学转向》，载《西南民族大学学报（人文社会科学版）》2005 年第 10 期。

揭示法律及其体系特征，进而将法律塑造成一门"科学"。[1]由此可见，法律实证主义的学说仅能成为一个描述性命题的集合。

但即使是前面提及的、严谨的描述性法律实证主义，也不可避免会沾染上"规范性"色彩。斯蒂芬·佩里（Stephen Perry）的观点深刻印证了这一主张，他论证的实质在于：在试图描述法律概念、确定法律目的的过程中必然会涉及一个评价性判断，这种判断将使一个最初看起来完全是描述性的方案在实际上成为具有规范性维度的方案，而相应的规范性维度又具有一些道德的方面。[2]

德沃金（Ronald Dworkin）的观点和佩里有相似的"道德"基础，这点可在其作品《法律帝国》中得到印证。德沃金主张在构建法律解释的进程中必须考虑两个关键要素：符合性（fit）和合理性（justification）。由此人们能够理解德沃金评价"何为法律"的双重准则："符合性"代表了法律实证主义的基础准则，意指适应现有的法律渊源；"合理性"关注的是道德考量，该标准不是依靠制度渊源识别规范的，而是由规范本身的道德性质决定的。[3]此外，在《认真对待权利》中，德沃金就法律与道德的关系问题对哈特的法律实证主义理论进行了彻头彻尾的批判——这里涉及法律实证主义理论的一项重要命题，即法律与道德的"分离命题"。在哈特与德沃金的交锋中，法律与道德的关系问题被具体化为：作为有效法律鉴别依据的承认规则能否嵌入道德评价，换而言之，道德可不可以被确认为评判法律有效性的标准。[4]根据"分离命题"的主张，法律观念和道德观念是相互分离的，即法的有效性独立于其道德层面的内容，二者之间不存在重叠之处。

再者，"分离命题"是具有明确范围的。在科尔曼（Jules Coleman）的观点中，分离命题仅涉及"法律成员资格判准的内容"或"合法律性判准的内容"。他提出的这一判准同时指向了两个与实证主义紧密相关的思考点：一方面，判准本质是属于客观事实范畴还是价值判断领域；另一方面，则需探讨

---

〔1〕 陈锐：《论法律实证主义的内涵、意旨及当下意义》，载《兰州学刊》2009 年第 9 期。

〔2〕 ［瑞典］托尔本·斯巴克、帕特里夏·明杜斯：《剑桥法律实证主义指南》，雷磊等译，商务印书馆 2023 年版，第 69 页。

〔3〕 刘叶深：《法律规则与法律原则：质的差别？》，载《法学家》2009 年第 5 期。

〔4〕 朱峰：《法律实证主义的命题研究》，载《法学论坛》2006 年第 6 期。

该判准的内容是否能够涵盖道德论证。前者关注了社会事实命题的认定，而后者则关联到分离命题。[1]如上所述，法律与道德无论存在关联与否，最重要的一直都是法律的判定标准，因为这涉及了"法律是什么"的问题，更深层次地指向法律的判准是否包含道德。

这里要补充的一点是，正义作为最具道德色彩的一种政治价值，很少有人会怀疑"法律应该实现正义这一价值"这句话的合理性。然而，对法律事实上是否能够完成这一任务，人们各执一词。许多人更倾向于采取一种保守的观点，即尽管我们可以对法律寄予道德期望或者进行道德评价，但这并不意味着法律的本质能够依据道德标准进行判断。[2]

二、两派论争：实证主义与自然法的分野

在法律实证主义的规范性维度上，道德始终扮演着复杂而微妙的角色，这一发现促使我们转向另一个法学理论的基石——自然法，以进一步加深对规范性维度下法律与道德关系问题的认识。从朴素的自然法观念出发，人们遵守法律是因为法律符合道德的准则，认为法律的形成与实践，始终紧密交织于道德、伦理、政治、经济和社会条件的复杂网络之中。在古老世界观的深刻影响下，自然法学说致力于从伦理道德及价值取向的角度对法哲学的根本问题进行阐释与回应，从而创造出西方法哲学史上具有深远意义的"道德命题"。[3]数千年来，自然法始终蕴含着人类崇高的道德追求。它致力于校正人们对法律的片面认知，确保纯粹的道德准则能在社会生活中得到践行，通过法律机制的运作促进道德秩序的建立。在这个过程中，道德观念逐渐渗入法律体系，赋予法律以持久的生命力。

自然法本身也具有灵活性的特征，由于不同历史时期的理论支撑存在差异，它在各个时代所代表的内容也不尽相同。随着社会的持续进步与演变，关于自然法的若干议题非但未曾淡化，反而愈发突出。诸如永久且形而上的

---

〔1〕 朱振：《哈特/德沃金之争与法律实证主义的分裂——基于"分离命题"的考察》，载《法制与社会发展》2007 年第 5 期。

〔2〕 罗时贵、郑玉双：《法律的本质：基于法实证主义与自然法之间展开》，载《广西社会科学》2017 年第 2 期。

〔3〕 刘杨：《道德、法律、守法义务之间的系统性理论——自然法学说与法律实证主义关系透视》，载《法学研究》2010 年第 2 期。

自然法是否确为真实的存在；法律的本质是否蕴含道德性以及法律是否单纯代表规范与秩序的概念等。仅是针对此类议题的研究和讨论，也足以支撑自然法观念长期地延续下来。[1]

历史车轮滚滚向前，直到法律实证主义出现，两大法学派展开争辩、相互借鉴并彼此补充、深化对这些问题的思考，至此相互对立统一。《安提戈涅》这一古希腊经典文学著作，曾被波斯纳（Richard Allen Posner）援引以暗示自然法和法律实证主义之间悠久的争鸣。[2]

面对悠久且强大的自然法传统，法律实证主义在构建其理论体系时，必须首先突破这一传统的束缚，进而在破解的基础上确立其独特的地位。早期法律实证主义者的奋斗取得了显著成果，不仅体现在自然法学者广泛学习其构建的法律体系，并以此为基点深入分析自然法在法律体系中如何运作的问题，还体现为法律实证主义从其起源至今仍是法律领域内一个极为重要的学派，占据当代法理学的显著位置。这些早期法律实证主义者的思考和努力，无疑为法律实证主义的历史演进和体系构建铺设了坚实的基础。

针对法律实证主义与自然法理论之间的核心争议和理论对立，自然法的批评者质疑的道德大多是那些具有真假值的普遍性道德原则，即哈特定义的正确道德。法律实证主义以"分离命题"否认、反驳自然法学之"道德命题"，斩断法律与道德之间所谓的"必然联系"，又以"社会事实命题"重构实证主义之法律观。[3]在探寻法学领域的科学化过程中，自然法的内容在自然法学家的探索中不断演变，其本身内容所呈现的混杂性和模糊性，也成了法律实证主义者拒绝将它作为价值标准的重要原因。当道德和法律逐渐脱钩，法律实证主义开始成为主流，自然法理论则日渐式微，旧时辉煌不复存在。1958年，在《哈佛法律评论》（Harvard Law Review）中与朗·富勒（Lon L. Fuller）论辩时，哈特似乎认为法律实证主义立场应当比富勒（或其他任何人）版本的自然法立场更受欢迎。[4]

---

〔1〕 吕世伦、张学超：《西方自然法的几个基本问题》，载《法学研究》2004年第1期。

〔2〕 ［美］理查德·A.波斯纳：《法理学问题》，苏力译，中国政法大学出版社2002年版，第71页。

〔3〕 刘杨：《道德、法律、守法义务之间的系统性理论——自然法学说与法律实证主义关系透视》，载《法学研究》2010年第2期。

〔4〕 ［瑞典］托尔本·斯巴克、帕特里夏·明杜斯：《剑桥法律实证主义指南》，雷磊等译，商务印书馆2023年版，第78页。

突破了自然法传统观念后，法律实证主义在构建一系列命题以支撑起理论体系的同时，还从法律概念出发，对法律概念进行逻辑、语义的分析，这也是法律实证主义区别于其他广义的实证主义法学流派的最明显特征。[1]一个法律概念并不仅仅是存在或不存在的事物，而是一种文化可以选择去服务于道德（或其他）的规范性目标的事物。[2]法律实证主义的道德的、政治的和其他规范性的优势"在不同的法律概念之间作出一个缜密充分的选择"，其基础是依据它们"推进"或"澄清"我们的道德考量来判断"一种法律概念优于另一种法律概念"。[3]

三、法理探寻：法律实证主义的源与流

从宏观的理论出发，我们见证了自然法与法律实证主义在对话与理论交锋中推动法学理论的不断发展。自然法与法律实证主义在法律与道德的关系上存在的观点分歧，不仅暴露了法律实证主义的规范性维度之复杂，也激发了法律实证主义内部的不断反思与自我革新。

法律实证主义作为一个法学领域内的多元且动态的流派，时常以不同面貌示人，其演变之复杂使得人们难以全面把握其发展历程。尽管当今学界存在一种普遍且合理的观点，即托马斯·霍布斯（Thomas Hobbes）的著作蕴含了现代法律实证主义的原始思想——法律与道德虽然表现形式不同，但本质上是相同的——但学术界的普遍共识是，现代法律实证主义的真正奠基者应当为杰里米·边沁（Jeremy Bentham）。

边沁的法律实证主义结合了两种核心的规范性观点，不仅将法律理解为排除法律主体（和执法者）对道德因素的直接诉求，而且还提出了一项更深远的构想：法律体系的设计应使法官——无论通过使用强制性制裁的强迫，还是通过制定和执行社会与司法规范——都将完全根据适当且严格定义的法而

---

〔1〕 陈锐：《拉兹的法哲学趣向——将法律实证主义导向实践哲学》，载《法律科学（西北政法大学学报）》2010 年第 5 期。

〔2〕 ［瑞典］托尔本·斯巴克、帕特里夏·明杜斯：《剑桥法律实证主义指南》，雷磊等译，商务印书馆 2023 年版，第 78 页。

〔3〕 ［瑞典］托尔本·斯巴克、帕特里夏·明杜斯：《剑桥法律实证主义指南》，雷磊等译，商务印书馆 2023 年版，第 79 页。

作出决定。[1]这一理念不只停留在理论层面的探讨，还深入了法理的实践应用中。此外，边沁的实体论法律实证主义进一步将法理学的主体分割成实然法和应然法两个分支，而他的方法论法律实证主义则关注于阐明描述实然法时应用的关键术语。因此，无论是从法律实证主义的规范性观点还是从法理学角度的研究，将边沁认作法律实证主义的先驱似乎是可行的。[2]

然而，在当代的法理学文献中，边沁"品牌"的规范性法律实证主义偶尔被批评为根本就不是实证主义。事实上，这种批评忽略了边沁时代语境下其理论的核心精神。在边沁的时代，根据边沁自己的法律实证主义观念（即使他没有确切地使用这个术语），他关于法律和道德二者关系的看法，以及他关于法官应该做什么的看法，要么是法律实证主义的定义，要么是法律实证主义必然产生的。[3]因此，这种批评实际上是基于对边沁思想的误解，未能准确把握边沁理论的实质与法律实证主义运动的内在逻辑所导致的。哈特曾指出："（边沁）在讨论法律与政治时坚持使用精确的、道德中立的词语，并将之作为使人类意识中实然与应然的区分清晰化这一更大关注的一部分。"这一评价实际上佐证了边沁在法律实证主义历史的先驱地位。

在边沁之后，现代法律实证主义的知识"百花齐放"，尤其值得一提的是哈特与德沃金之争。在《法律帝国》中，德沃金首先从一个全新的视角出发，对法律实证主义进行了全面的反思，特别针对其作为一系列"法律语义理论"提出批评。[4]紧接着，他对哈特的自由裁量权理论和规则理论发起强有力的挑战，通过关注哈特理论中的"语义学之刺"深入、扩展这一批评。[5]虽然德沃金的批评在当时逐渐得到了广泛支持，但这并不意味着哈特的观点就是错误的，事实上，哈特在"法律规则"方面的学术贡献对现代法理学的构建

---

〔1〕［瑞典］托尔本·斯巴克、帕特里夏·明杜斯：《剑桥法律实证主义指南》，雷磊等译，商务印书馆 2023 年版，第 73 页。

〔2〕［瑞典］托尔本·斯巴克、帕特里夏·明杜斯：《剑桥法律实证主义指南》，雷磊等译，商务印书馆 2023 年版，第 220 页。

〔3〕［瑞典］托尔本·斯巴克、帕特里夏·明杜斯：《剑桥法律实证主义指南》，雷磊等译，商务印书馆 2023 年版，第 74 页。

〔4〕闵奎元：《重访法律实证主义与反实证主义之争——以早期德沃金的文本为线索》，载《法律方法》2023 年第 3 期。

〔5〕泮伟江：《走向规范性的法律实证主义——超越哈特与德沃金之争》，载《比较法研究》2006 年第 2 期。

与演进起到了决定性的影响。面对德沃金的挑战，哈特在其身后出版的"后记"中做出了回答：一是对于德沃金将其理论概括成"依据标准的语义学"理论这一做法，哈特给出了坚决的反对意见；二是哈特对描述主义的理论方法进行了更深层次的论述。

在不断变化的环境下，法律实证主义从论战中不断汲取着其他学派的先进成果，并在坚守体系的基础上进行自我革新。为了让法律实证主义思想更好地适应法律实践的需要，哈特在保持法律实证主义传统观点的同时也对法律实证主义的思想进行了一些调整，使法律实证主义在现代法律实践中得以焕发蓬勃生机。

四、结语

尽管理论界对法律实证主义的讨论和研究一直无休无止，但在当前探讨的规范性法律实证主义范畴内，仍没有任何一种流派现在或马上能被确认为该领域的主流形态。值得强调的是，规范性法律实证主义的每一种版本在现在和过去都有杰出的支持者，因此对法律实证主义和法律实证主义传统的一种透彻了解将会包括对各种形式的规范性法律实证主义的了解。[1]

（高妍丹　西南政法大学人工智能法学院）

---

〔1〕［瑞典］托尔本·斯巴克、帕特里夏·明杜斯：《剑桥法律实证主义者指南》，雷磊等译，商务印书馆 2023 年版，第 81 页。

拉德布鲁赫刑法改革思想中的保安措施的研究

——读拉德布鲁赫《法学导论》

20世纪初，西方资本主义国家正处于民族—自由主义极权国家向社会的人民国家转变的时期，刑法领域也因此发生了许多变化。首先是刑罚观念的变化，社会保护思想、教育和保安刑法的理念代替了打击报复、威吓恐吓的理念。其次是刑事程序的难题，人们不再仅仅被看作"行为人"，也不再仅仅被放在偶然的个体行为视角去观察。最后是刑事政策方面的斗争。不再是有关刑罚目的是报复和威吓还是教育和保安的争论，而是确保法律安全和扩大刑事法官自由裁量权，以及在刑事司法中狭义的法治国家之间的较量。这一系列变化，使得刑法包括刑事执行存在大量疑点，改革成为必然。拉德布鲁赫据此提出了刑法改革所涉及的四个领域：刑罚制度、量刑理论、保安措施和刑事法官的地位。作为其中核心内容的保安措施，值得进一步探讨。

一、实施原理——责任能力与人身危险性关系之辨析

德国法学家李斯特提出过一个著名论断：刑法使国家有了双重的使命：保护共同体更好地对抗犯罪，同时也保护加害者免于受害者的报复。刑法不仅对抗犯罪人，还用来保护犯罪人。不仅确认国家拥有的在刑罚上的权力，也限制国家在刑法上的权力，既是可罚性的渊源，也是可罚性的限度，因而表现出悖论性：既要保护国家免于犯罪分子的侵犯，又要保护"犯罪分子"免于国家的侵犯；既要保护公民不受犯罪人的侵犯，又要保护公民不受检察官的侵犯，成为公民反对法官错误的大宪章。拉德布鲁赫将刑事诉讼程序中的原则——"有罪必有罚"和刑法典中的原则——"法无明文规定不处罚"概括为"合法性原则"。

惩罚针对的是人，而不是行为。人的任何行为，都是人格与环境这两种因素共同作用的产物。根据这两个因素在犯罪行为构成中哪一个居于主导地位，可以将犯罪人分为两种类型：一种是基于一时冲动或机会而导致犯罪行为发生的激情犯，外在条件的不幸形成，使这类人一下子成为罪犯，实质上并不具备持续犯罪的品格；另一种罪犯是因习惯或天性而走上犯罪的道路，通常被称为状态犯，他们是具有犯罪性质的犯罪分子。如果刑罚想要阻止他们再犯新罪，就必须寻求改变犯罪人的个性，并设法对他们进行改造。经验却表明，许多状态犯抗拒全部改造，重新走上犯罪道路。法律只能通过使之无害，通过持续或长期监禁来预防这些无法矫正者再犯的情况发生。与这些不具备矫正能力的罪犯不同，他们是那些不需要矫正的罪犯——情况犯。情况犯的根源不是反社会的人品，而是不幸的处境。对他们施以刑罚的目的只是在类似的情况下给他们一个明确的教训，所以只有警告的目的。据此，拉德布鲁赫提出了刑法目的的三分法：对情况犯进行刑罚警示，矫正具有矫正能力的状态犯，使不能矫正的状态犯不再受到危害。在量刑时，一方面刑罚应与罪行的轻重相适应；另一方面，必须符合犯罪人的人身危险性（考虑到预防犯罪的需要），前者是第一标杆，后者是第二标杆。无论如何，可以肯定的是，法定刑确定先确定责任刑（幅度或点），再确定预防刑。[1]

行为人受刑后并不必然意味着危险性的降低，行为人重新犯罪的危险仍然继续存在，没有减少。刑事责任能力是指行为人承受刑事责任的能力。责任能力可归结为明辨是非、凭此辨别而行的能力。[2]人身危险性实质上是指已经实施犯罪的行为人，有可能再次实施同一类型的犯罪行为。[3]限定责任能力意味着承担的罪责较小，但同时也意味着危险性较高。刑法上的责任应是相当的责任。[4]因此，拉德布鲁赫提出，在对无责任能力者作出无罪判决和对限制责任能力者作出减轻判决的同时，允许将其移交给治疗和看管机构；允许对有可罚性的习惯性酗酒人员在刑罚执行完毕后，送往戒酒机构接受治疗；对不能矫正的惯犯，允许在执行严厉刑罚后，在不确定的时间内采取保

〔1〕 张明楷：《结果与量刑——结果责任、双重评价、间接处罚之禁止》，清华大学学报（哲学社会科学版）2004 年第 6 期。

〔2〕 马克昌：《比较刑法原理——外国刑法学总论》，武汉大学出版社 2002 年版。

〔3〕 Herbert L. Packer, *The Limits of the Criminal Sanction*, Stanford University Press, 1968.

〔4〕 ［日］泷川幸辰：《犯罪论序说》，王泰译，法律出版社 2005 年版。

安管制措施。这就是处罚措施的双轨制——处罚和保安措施。

二、具体内容——以四原则为基础的改革措施

社会不断进步，刑罚总是由重变轻，违法犯罪后果总是由单一化发展到多样化；刑事制裁和刑罚的概念不再等同，也将成为历史发展的必然；非刑罚处罚也将从较少适用发展到较多适用[1]。犯罪法律后果的多样化趋势要求，刑事制裁不能仅限于刑罚，还应考虑将保安措施作为一种非刑罚方式加以应用。通过刑罚之外的、对不可矫正者规定的持续性的甚至终身受保安措施管束，刑罚本身就会转变为单纯的教育和保安处分，或者说必须由教育和保安处分代替。没有刑罚的刑法典也不再是乌托邦，而是立法的现实。而刑法发展的最终目的是单轨制，即不设刑罚的刑法典，是通过更好的选择来代替刑法，而非改良。作者认为，刑法典草案曾将乞丐、流浪汉和妓女等所谓的轻微犯罪在犯罪行为中一度删除，并不再规定对这些非社会生活方式的自由刑罚，而是规定了劳动教养这一行政措施。之所以出现这一规则，是因为期待改革工作的深入推进，将彻底摆脱刑罚的束缚，使跨越到未来的"保安管束法"成为可能。从该法对自己和社会有危险的人——精神病人、酗酒者、乞丐和妓女——进行保护和管束的背景出发，它将导致刑法在其真正意义上被废除：刑法作为一种专门针对危害共同体的管束法的特殊类型。刑罚通过剥夺或限制犯罪人的某种权益，给犯罪人带来一定的损失和痛苦，它是国家统治阶级为抑制犯罪而采取的一种强制措施。虽然保安处分也会给受罚者造成一定的痛苦，但由于其严厉程度远不及刑罚，故认为保安措施本质上具有矫正性、治疗性和教育性的特征。[2]

具体而言，保安措施可概括为四个原则：一是处分法定原则，限制司法权，防止对保安处分的滥用和对行为人的侵害。保安处分给予宣告机关很大的自由裁量，如果不加以约束，容易导致保安处分的无限扩大使用，那就会陷入另一场司法黑暗，所以该原则具有维护行为人的合法权益和人权保障的功能。二是必要性原则，保安措施是为了消除行为人的人身危险性，只有在其他手段都不奏效的情况下，出于社会防卫的需要，才适用于治安处罚。行

---

[1] 张明楷：《刑法学》（上）（第5版），法律出版社2016年版，第635页。
[2] 鹿业光：《我国轻罪刑罚体制改革路径探究》，载《法制与社会》2021年第9期。

为人的人身危险性，若用尽其他手段和方法都不能消除，且危险性会对社会造成危害的，才适用保安处分。保安处分的处罚力度可以说小了很多，但终归具有一定的强制性，滥用会侵犯公民的基本权利，所以必须坚持保安措施的必要性原则，严格控制适用保安处分的尺度和标准。从预防犯罪方面来说，保安措施在维护社会治安方面确实具有很高的有效性和目的性，但保安措施与刑罚不同，如果仅从有效性和目的性出发而不考虑伦理道德的容许性就对行为人的人身自由加以限制或剥夺，是不符合现代法治国家理念的。因此，我们必须清醒地认识到，适用保安处分不是为了惩罚，而是为了预防未然之罪，预防应当成为保安措施贯穿始终的主旋律，对行为人适用治安处罚必须慎之又慎。[1]三是处分均衡原则，是指适用保安处分应当做到行为人的人身危险性和社会防卫的保安需要之间的平衡，应当与行为人的违法性质、危险程度大小以及社会防卫预期达到的效果成比例关系。四是不定期原则，即对被处分者的处分期限具有不确定性。治安处分不像刑罚期限那样具有确定性，这也是其具有的特点之一，这种不确定性源于行为人的人身危险性。行为人的人身危险性何时消除是不确定因素。保安处分在于改善，改善目的能否得到良好的反馈需要在执行中不断考察确定，若给保安处分在不确定因素下设一个确定期限，保安处分就失去了弹性。

三、实施效果——从多方避免陷入重刑主义

在一个由刑罚—保安措施双轨制构成的刑罚体系中，名誉刑应当减少。被处刑者不应以丧失名誉为目的，而应以赎罪者的身份重归自由。社会对刑满释放人员的痛恨，本身就构成了他们重新融入这个社会的最大困难。法官宣告被判刑人名誉丧失的判决，进一步加强了给刑满释放人员的道德私刑，也使这种道德私刑通过法定的名誉刑得到确认。终身监禁属于自由刑，与剥夺生命的死刑相比，其威慑作用存在一定差异。[2]拉德布鲁赫认为，应该将囚禁刑和监禁刑合并为一种刑罚，因为囚禁刑会给被处刑者打上囚犯的烙印，从而像民事死亡那样消除这个囚犯的社会存在。面对犯罪率的攀升，社会大众总是第一个想到重刑，立法者和司法者也乐于迎合民众的诉求，他们对短

---

〔1〕 张明楷：《外国刑法纲要》（第2版），清华大学出版社2007年版，第436页。
〔2〕 单奕铭：《终身监禁的适用范围》，载《政法学刊》2024年第2期。

期效果不显著的刑事政策不感兴趣，要避免刑事司法陷入重刑主义的窠臼，就必须防范这种简单粗暴的思维模式和应对策略。[1]

量刑原则也将随着保安措施的实施而有所调整。量刑，即在认定犯罪性质及其法定刑的基础上，根据案件情节和加害人再犯危险性程度不同，具体选择适用的宣告刑罚或者决定免予刑罚处罚的审判活动。[2]根据罪刑关系这一基本原理，可以正确分析历史上各种莫衷一是的刑法理论。[3]现有的量刑原则并未照顾到罪责刑与原则性人身危险性相适应的要求。建议今后修改刑法典时，对量刑原则作较大修改，增加考虑人身危险性的条款。[4]为使今后量刑和处置手段的选择能获得与事实认定和判断同等的重视，作者认为应通过以下方式予以关注：明确列举了增加或减少可罚性的理由，为法官提供了一个法定的调查表，该调查表在每个具体案件中提供了一个对量刑具有标准意义的问题。所有这些法定的量刑理由，无非都是从刑法的量刑原则出发，在逻辑上得出的结果。著名的犯罪学思想家迈耶将量刑原则归纳为：性格加罪、动机减罪。行为的驱动力源于处境，可罚性降低；行为的驱动力源自行为人的秉性，可罚性因此而提高。实施扒窃行为的初犯、偶犯，与一个惯犯在罪责上是相同的；不同的是，预防初犯和偶犯的必要性要比惯犯低，所以他的责任也要比惯犯低。一个实施扒窃行为的初犯、偶犯，即使在有罪责的情况下，也可能无责任；或者至少与惯犯相比，由于预防必要性不高，责任弱化。[5]

刑事法官所扮演的角色也将随之发生变化。击者与被击者，杀人与被杀者，行者与受者，两方分际不均，法官所为，即在施刑罚以补其利益之不均而遂之。[6]刑事审判人员本质上是法律，法律为其规定了极小的裁判余地。而拉德布鲁赫则认为，未来刑事法官将在广泛的法律限制下完成更多的照顾和

〔1〕 马乐：《终身监禁制度的实践风险、理念偏差与本土反思》，载《河南财经政法大学学报》2024年第3期。

〔2〕 张明楷：《责任刑与预防刑》，北京大学出版社2015年版，第92页。

〔3〕 陈兴良、邱兴隆：《罪刑关系论》，载《中国社会科学》1987年第4期。

〔4〕 赵廷光：《论量刑原则与量刑公正——关于修改完善我国量刑原则的立法建议》，载《法学家》2007年第4期。

〔5〕 车浩：《"扒窃"入刑：贴身禁忌与行为人刑法》，载《中国法学》2013年第1期。

〔6〕 ［古希腊］亚里士多德：《尼各马科伦理学》，苗力田译，中国社会科学出版社1990年版。

安全任务，而不是简单地适用法律，他们将成为一种社会治疗专家，将类似于管理者而非民事法官。法官职责定位的转变，也必然会带来法官关注问题的转变：由罪责问题转变。现今法官的主要关注点是事实认定和行为的法律评价。[1]理解法律并不意味着去抠法律的字眼，而是要抓住法律的意义和效果。刑事判决充斥着对是否存在盗窃或者贪污、是主犯还是共犯、是单个行为还是多个行为等问题的详细解释，即使这一切事实上对于法官根据对案件的一般印象已经预先确定的刑罚没有任何影响；而且在大部分情况下，对量刑的理由极少说明，甚至一字不提。但反过来，被告和社会却较少关注被告为何要受处分，而更多地关注他是否受如何受处分。贯彻刑法主观主义，对于国家和社会的发达程度和水平，对于人的素质要求是非常高的，[2]培养一名优秀的全新型刑事法官，不应只是单纯的法学培训，而应包括刑侦技术、犯罪心理学、监狱学，但首先也应包括各种类型执行场所的实践经验。要保持法学准绳的垂直，人和生命知识的重量就必须增加，这不仅完全适用于法官，而且特别适用于刑事法官。在未来的刑事实践中，法官应该具备善于理解的心肠和坚定严厉的手段。[3]拉德布鲁赫在这里引用了歌德在《马哈德，大地之主》中所说的话：他应惩罚，他应宽恕；他必须以人性度人。

（杨曾曾　西南政法大学人工智能法学院）

〔1〕 ［德］卡尔·恩吉施：《法律思维导论》，郑永流译，法律出版社 2004 年版。
〔2〕 周光权：《刑法客观主义和主观主义的融合》，载《江苏社会科学》2003 年第 2 期。
〔3〕 ［德］拉德布鲁赫：《法学导论》米健、朱林译，中国大百科全书出版社 1997 年版。

实证主义下的犯罪社会治理

——读菲利《实证派犯罪学》

菲利对于刑事科学的论著诞生于 19 世纪末期，其实证派犯罪学的思想在龙勃罗梭的影响下已经凸显。相比于分析犯罪人的犯罪行为与法律属性，在面对代表个人主义和自然权利的古典派犯罪学所带来的一系列社会问题与前所未有的犯罪数量时，菲利在其《实证派犯罪学》中所展现的"大犯罪社会学观"将目光转向罪犯本身及其环境影响，他所主张的预防犯罪与社会治理的思想为我国的犯罪治理模式提供了借鉴意义。从刑事科学与实证思想理论的视角出发，在菲利看来，"犯罪的恶苗在生活的土壤中生成之后，减轻刑罚痛苦的工作固然可贵，但减少犯罪数量比减轻刑罚痛苦的工作对于人类的价值更大"。[1]

也就是说，刑罚的作用仅仅是作为一种解决犯罪问题的手段，而不是我们所追求的最终目标。如何应对和解决犯罪现象本身才是刑事科学以及犯罪学研究的使命，对二者的互动关联与因果联系需要进一步剖析，在减轻刑罚的同时逐步减少犯罪。如是，事先预防措施与事后补救措施之效同等重要。针对犯罪人的人身和其环境的研究能更好发挥刑罚的预防功能。《实证派犯罪学》从实证科学与辩证法的角度出发，基于人的属性多元论，解释犯罪的产生原因，为当下的犯罪治理提供实证意义。时至今日，菲利所体现的是刑事一体化思想，为刑事犯罪学的理论研究发挥着巨大的理论价值。

一、犯罪的社会本质——内在意志与外部条件之映射

犯罪应当是自我决定还是被决定的？犯罪应当是内在精神与外部条件结

---

〔1〕 ［意］恩里科·菲利：《实证派犯罪学》，郭建安译，商务印书馆 2016 年版，第 46 页。

合之产物，而非自由意志（free will）。从自我决定角度出发，康德在其绝对
道德律令中指出，道德之所以对人类具有某种强制力，是因为这些法则的创
造者正是人类自己的理性意志。法律能够约束自治者，是因为它获得了自治
者的自我确认，而这个确认是建立在他的自由意志的认可之上的。古典派犯
罪学脱离人类和社会本身的影响分析犯罪行为的主观性，故其主张自由意志
论，认为每个人都能够依靠其主观的意志自由而作出决定，从而一概认为除
法律明文规定的未成年人、先天聋哑人、精神病人等特殊主体外的犯罪行为
均满足相同的犯罪构成，并且机械地适用刑罚予以处罚。但近代心理学证明，
人的任何行为都是其人格和他所处的环境条件的相互作用，菲利重申，一个
人要成为罪犯，就必须使自己永久地或者暂时地置身于一种个人的、自然的
和道德的状态之下，并生活在从内部和外部促使他走向犯罪的那种因果关系
链条的环境之中。[1]诚然，犯罪是一种被决定的状态，自由意志论忽略了行
为人的主观状态与客观事实的联系，即使是从自由意志上折中出来的简单意
志（simple will）依然忽略了犯罪原因的剖析，在古典派犯罪学的眼中，针对
同一个杀人的事实，故意和过失之间的区分便黯然失色，作为与不作为的犯
罪形式也失去了其意义，人类行为的意志自由性是构成犯罪的基本要素之一。
犯罪行为作为一种意志的产物，其产生深深植根于犯罪者的主观意愿。在自
由意志的框架下，个人对其行为的决策和实施承担责任。因此，当自由意志
被承认时，犯罪者的行为便是其自愿选择的结果。任何其他的原因在自由意
志面前都是多余的。但引起犯罪的原因必然涉及社会环境的发展，在注重犯
罪行为的基础上不容忽视犯罪人的个性特征，自由意志论很明显忽视了习惯
和心理支配人们所做出的行为，具有一定的片面性。

此外，自由意志论违背了因果关系的自然规律。古典派犯罪学代表人毕
克麦尔便是自由意志的拥护者，意志自由与责任之间存在密切关联。若个体
不存在意志自由，则其无法承担责任。换言之，错误的行为抉择实源于自由
意志的行使。基于此，法律责任的概念便应运而生，即采取个别行为意志责
任的观点，这种责任以意志自由为前提，并在伦理责任概念基础上构成法律
责任概念。[2]很显然，自由意志下的刑事科学是有失公正的，其依旧沿袭中

---

〔1〕 ［意］恩里科·菲利：《实证派犯罪学》，郭建安译，商务印书馆 2016 年版，第 10 页。

〔2〕 ［日］木村龟二主编：《刑法学词典》，顾肖荣等译校，上海翻译出版公司 1991 年版，第 15 页。

世纪的罗马法汇编第 47 篇和第 48 篇的精神，即犯罪人受惩罚的程度要根据犯罪行为的道德过失确定——其滞留在个人道德责任的观念上，在道德选择与个人自由的讨论中，决策权是一个核心议题。自由意志的实现往往导致对传统道德义务的重新评估。人们倾向于拒绝那些限制个人选择的、过时的道德教条，而转向追求个性化的价值实现和意志表达。这样的转变，实质上是对行为自由与道德责任之间平衡的一种探索。菲利在实证研究的基础上并不承认自由意志。其提出以行为决定论为依据的社会责任论取代以自由意志论为依据的道义责任论。[1] 在每一个决定作出以前，即使是个体自身也难以预料即将作出的决定；相反，只有在某种决定作出的既存事实下，才能基于此反推当时的主观状态。因此，在任何特定的时候，决定个人意志的都是内部和外部条件的共同力量。简单一句"早知如此，就不"其实足以反映个体的内部意识与内在意志，从而否定自由意识之存在。从神学的角度而言亦是如此，若其强调上帝意愿的决定性与恩典的决定作用，那么就会自然而然否定人的自由意志。[2]

但有必要强调的是，否定人之意志自由，并非承认所有人犯罪的主观心理就是想要犯罪，而注重的是犯罪人处于特定的人格状态、内在意志和特定的必然犯罪的环境当中所导致的犯罪行为。如是，从犯罪的社会本质角度出发，利用实证思维剖析犯罪的原因及发生条件，形成犯罪人的具体情况与相适应的刑罚的精准匹配。在量刑与行刑时充分考虑犯罪人的个人特征，只有这样，才能使刑罚适用有效化。[3] 罪责刑相适应，体现刑事科学的预防功能与现代刑法理论的人权保障原则。

二、实证派犯罪原因观——三元因素作用论

犯罪的原因究竟是什么？在菲利的犯罪学研究中，他批判了古典派犯罪学中的自由意志论，即人们选择并决定是否犯罪的理念。菲利否定这种观点，并提出了一种全新的犯罪学理论。认为每一犯罪行为首先是一种自然的和社

---

〔1〕 王水明：《实证主义哲学影响下的实证派犯罪学——评菲利的〈实证派犯罪学〉》，载《人民检察》2017 年第 15 期。

〔2〕 胡万年：《奥古斯丁自由意志概念的辨正》，载《理论界》2009 年第 12 期。

〔3〕 陈兴良：《刑法的启蒙》，法律出版社 1998 年版，第 225 页。

会的现象，[1]即三元因素作用论——人类学因素、自然条件和社会成分的有机结合与相互作用。在此基础上，菲利根据犯罪原因以及采取治疗方案的不同，将犯罪人划分为五类：天生犯罪人、精神病犯罪人、习惯性犯罪人、偶发性犯罪人和情感犯。

首先，人类学因素在犯罪行为的发生中扮演着至关重要的角色，不仅包含罪犯的种族、年龄、性别、社会阶层等个人分身状况和智力、情感等心理状况，还与其颅骨异常、脑异常、各种能力异常等生理状况有关。在龙勃罗梭对天生犯罪人的生理和解剖学研究的基础上，菲利针对罪犯的心理结构的个性特征层面深入研究，从实证研究的角度对犯罪人的情感、道德观、犯罪行为发生前后以及当时的表现和其懊悔的心理进行分析。[2]而此分析适用于惯犯和天生犯罪人。

其次，是自然条件的影响。脱离超自然主义和唯心主义的片面主张，菲利的研究揭示了一个重要的观点：自然环境在很大程度上影响着经济状况。其中包括气候、土壤、平均气温等因素，它们在农业和气象等方面发挥着重要作用。故而可能导致贫穷，但贫穷是一切不人道和反社会情感产生的根源。[3]在对潘帕斯冷风和季节性犯罪的实证调查基础上，菲利认为自然因素对个人行为会产生一定的影响，在犯罪现象的研究中，自然因素与其他条件的融合对于可犯罪行为的激发具有显著影响。不仅体现在犯罪行为的具体实施上，还表现在犯罪现象整体的变化趋势中。通过对这些因素的深入分析，犯罪行为背后的动因以及犯罪现象在不同环境下的变化规律能够很好地被揭示。

社会因素同样不可或缺。社会因素是包括人口、舆论、宗教、公共管理、针对刑事法律制度以及任何有损于人类社会诚信与和谐的要素，均会不可避免地对国家的社会环境构成重大挑战。于经济学视域下，市场经济下自由竞争法则之本质是变相的同类相食，资源的有限性与人性的贪婪终会造成"鱼死网破"的局面，即使是财富增长的黄金时代，精神的空虚与闲荡腐化的漩涡亦会铸造罪恶，从而成为引起犯罪的经济因素。

菲利重申，三种因素的有机结合综合作用形成了一种自然的社会现象，

---

〔1〕 ［意］恩里科·菲利：《实证派犯罪学》，郭建安译，商务印书馆 2016 年版，第 27 页。
〔2〕 ［意］恩里科·菲利：《实证派犯罪学》，郭建安译，商务印书馆 2016 年版，第 29 页。
〔3〕 ［意］恩里科·菲利：《实证派犯罪学》，郭建安译，商务印书馆 2016 年版，第 32 页。

在实证研究的理论下正是因为人处于一定的自然和社会条件之下，多种原因相互作用才滋生了犯罪的意图。此外，那些难以适应其社会环境并在生理上呈现退化特征，发展成主动或被动型的变态人，最终才发展成罪犯，一种是退化型罪犯，即因为发展受到挫折而退化成其原始的野蛮状态的非自愿的变态型人，也是大多数罪犯的类型；另一种是进化型变态人，出于利他动机，反对的是现代社会秩序的不公允，从而触发其犯罪动机的罪犯。在道德和文化上反对法律所认可的社会秩序的形式的进化型变态人是有助于人类的进步的，因为其利他属性是一种有别于私利的品性。有利于人类生活状态的社会激情和不利于人类发展的反社会激情同样会影响裁判的考量，因为一个人具有正常的道德观念并且具有清白的过去，那么其因社会激情而引发的犯罪行为值得予以宽恕，实证派犯罪学的观点与现代刑事科学中的量刑原则不谋而合，自龙勃罗梭主张因人施罚论与个别预防论以满足刑罚之目的、功能时，实证派犯罪学的研究便极大促进了刑法理论的发展。相比于古典派犯罪学笼统地认为除未成年人、聋哑人、醉酒者以及精神病人外的每一个罪犯都是正常的、抽象的人而言，实证派犯罪学更加注重区分每一个罪犯的品性特征，全面、客观、综合地去评价一个罪犯的犯罪行为，菲利所传达出来的保安处分思想和刑罚主观主义思想从人权保障的角度出发，有利于预防犯罪、推动刑事制裁制度的完善，针对不同的罪犯更加精准地定罪量刑。与单因素说相比，多因素论不仅仅反映了犯罪现象本身的复杂性，而且也反映了犯罪学研究水平的进步提高。这无疑是犯罪学发展史上的一大进步。

三、实证派犯罪学推动犯罪趋势研究——犯罪饱和法则

基于菲利的研究，多数国家在事实上都存在推动犯罪发生和改变的三元因素共同作用，这三类因素又是不断变化发展的，因此犯罪现象也在不断变化发展。在实际社会中，犯罪率一般很难停留在理想犯罪率状态，因为导致犯罪发生的因素是多元的，这种多元的因素一直处于变动之中，因而一定社会条件下的实际犯罪率也会处在不断变动之中。[1]菲利强调，犯罪是一个必然的、有客观动态规律的社会现象，每一个社会都有与其适应的犯罪，这些

---

[1] 汪明亮：《犯罪饱和性生成模式：犯罪现象的一种理论解读》，载《中国犯罪学年会论文集》。

犯罪是当时的自然和社会原因引发的。就像一定数量的水在一定温度之下就会改变形态成为化学物质，但这并不会导致原子的增减一样，人类无法消灭全部的犯罪，[1]一定社会时期中的犯罪数量将会维持恒定，或者在一定的范围内波动，从而达到饱和与平衡。只有在社会环境异常的情况下可能会产生犯罪的超饱和状态。

对于一个国家而言，基于社会制度的变迁和社会问题的复杂性，犯罪现象及其变化是社会制度演进与社会问题复杂性的综合反映。在不同的历史阶段，犯罪类型和数量的变化趋势，映射出社会结构、经济条件以及文化价值观念的变迁，增与减保持平衡，即使是在一定较长的时期范围内，其自然和社会的条件也会积累成一系列犯罪风暴。总体上，犯罪的质和量与社会环境的比例是大体不变的，即犯罪的存在呈现一定的规律性特征，在发展当中呈现动态的平衡与波动。犯罪按照特殊的规律性在年年增长着，一定的原因按照特殊的规律性在产生一定的犯罪行为。[2]犯罪形式从原始社会对自然资源的争夺，到私有制和等级制度社会下涉及土地、财产和地位的争夺。而随着信息化和智能化发展，在 Web2.0 时代，财产犯罪、网络犯罪和各种轻罪等逐渐成为犯罪的主要形式。根据犯罪原因理论和犯罪饱和法则，在社会主义社会，随着犯罪治理能力的提升和生产力的进一步发展，自然犯和法定犯的数量均会得到一定控制，但与该社会形态相适应的犯罪形态难以遏制。

但值得注意的是，虽然从实证派犯罪学的角度出发，消灭犯罪是一件徒劳无益的事情，但从非宿命论的视角出发，依然可以通过有效的手段控制一部分犯罪。如前文所述，犯罪的差额是由物质条件和社会条件所决定的，即犯罪行为的差异性可归因于物质与社会环境的相互作用。那么环境塑造人，故而改变社会环境，尤其是相对容易调整的部分，将对犯罪率产生显著影响。立法者当然可以创造一个适宜的自然环境和良好公序良俗的社会环境，从而改变民众身心状态的影响，控制并减少一大部分犯罪行为的发生。

诚然，刑罚是社会治理的最终保障，在真正的文明社会中，减少犯罪的策略并不一定完全依赖于刑法典。相反，通过社会改良、民众共治和社会氛围打造等方式，通过社会生活和立法当中潜在的综合性救治措施来减少犯罪

---

〔1〕 ［意］恩里科·菲利：《实证派犯罪学》，郭建安译，商务印书馆 2016 年版，第 56 页。
〔2〕 《马克思恩格斯全集》（第 1 卷），人民出版社 1965 年版，第 623~624 页。

祸患更为适宜。这种方法，相比单纯依赖刑法典的威慑作用，更能从根本上减少犯罪的产生。具有预防性的，能更好减少犯罪的产生和影响。反对中世纪的酷刑是一个高尚的使命，但预防犯罪更为高尚。[1]为了尽量削减犯罪的根源进而减少犯罪，应当利用社会卫生规则，在经济、道德、政治和文化范围内推动社会的立法改革。跳出报应论的刑罚思想，将重心从镇压犯罪的手段转变为预防犯罪的措施。菲利提出了独到的"刑罚的代替措施"理论，深刻地影响了现代刑事司法实践，面对犯罪饱和法则下的犯罪趋势，警察预防和社会预防的比较下，应当更注重社会预防——在削减对即时直接的事后经验主义制裁下，通过更加长远间接的手段防止犯罪原因的产生。通过谋求经济和教育等间接的手段措施来挖掘并减少犯罪的原因，以预防的方式达到比惩罚更好的效果。

菲利的理念有助于我国不断推动预防性刑事治理的立法与司法工作，以更好地适应社会发展的需要和应对新型犯罪行为的挑战。2024年2月，最高人民检察院指出，我国犯罪结构发生深刻变化，在司法实践中，判处3年以下有期徒刑刑罚的案件呈现出增长的趋势，从1999年的不到55%，到最近几年稳定保持在85%以上，危险驾驶罪成为轻罪治理的重点。从2013年开始，我国犯罪案件判处5年以下刑罚的占比超过90%，3年以下刑罚的占比超过80%，犯罪结构呈现"双降双升"的特点。[2]如是，犯罪的治理是动态的，是法的效果实现的过程，面对我国轻罪时代的开启，轻罪化治理除刑事犯罪处罚手段之外，应形成"社会协助、公众参与、民主共治"的多元协同预防体系，以预防犯罪的视角出发赋能刑事一体化治理。菲利重申他的观点，刑罚作为治理犯罪的基本方式，其治理手段的单一性和刻板性并不能有效地应对犯罪这一复杂的社会现象，因其本身就固有自然和社会的属性。相反，通过谴责对刑罚的盲目崇尚，并根据犯罪饱和法则科学地制定预防目标、积极采取预防对策，是实证派犯罪学解决实际犯罪问题的可行之举。

四、结语

菲利在书中所定义与展望："今后凡研究犯罪与刑罚的科学，都必须在人

---

〔1〕 ［意］恩里科·菲利：《实证派犯罪学》，郭建安译，商务印书馆2016年版，第46页。

〔2〕 卢建平：《轻罪时代的犯罪治理方略》，载《政治与法律》2022年第1期。

类和社会生活本身中寻求社会预防犯罪的科学的基本事实。"[1]诚然，实证派犯罪学并不侧重从法律规范的视角探讨犯罪行为的法律属性，而是分析犯罪行为的背后动因，更加注重犯罪的本质与犯罪行为人。其在批判古典学派这一教条主义研究方法的基础上，将实证主义引入犯罪现象的研究之中，将犯罪学的研究重心从行为转向行为人。[2]从实用主义的角度出发，以解决实际犯罪问题为目的，以刑事一体化为思想，实证犯罪学从犯罪的自然起源入手研究，分析其相应存在的法律后果，更加高效地通过社会化治理和法律保障，预防并解决犯罪问题。如迪尔凯姆所言："社会现象是物，而且应该将它们作为物来研究。"[3]刑法作为一种重要的社会制度，在风险预防和社会管理方面具有特殊功能。[4]即使是适用刑罚，也应当根据不同的犯罪程度综合考量适用的刑罚手段，菲利的思想与研究对于现代刑法的基本原则与理念具有高度一致性。在未来社会中，随着社会正义深入而广泛地发展，刑事司法的必要性将相应降低。[5]对于刑事司法轻重有别的体系化治理视域下的今天，对推动非监禁刑为主的现代刑罚体系、积极发挥刑法社会治理功能都具有重大理论意义。

（汪嗣杰　西南政法大学民商法学院）

〔1〕　［意］恩里科·菲利：《实证派犯罪学》，郭建安译，商务印书馆 2016 年版，第 7 页。

〔2〕　张铮男：《实证哲学影响下的实证派犯罪学——菲利犯罪社会学思想评述》，载《河南公安高等专科学校学报》2008 年第 3 期。

〔3〕　［法］E. 迪尔凯姆：《社会学方法的准则》，狄玉明译，商务印书馆 1995 年版，第 47 页。

〔4〕　何荣功：《我国轻罪立法的体系思考》，载《中外法学》2018 年第 5 期。

〔5〕　［意］恩里科·菲利：《实证派犯罪学》，郭建安译，商务印书馆 2016 年版，第 44 页。